NOUS SOMMES L'ÉTINCELLE

L'auteur

Vincent Villeminot est né en 1972. Il écrit des romans depuis 2008, notamment pour les adolescents et les jeunes adultes.

Du même auteur, chez Pocket Jeunesse

Instinct, livres 1, 2 et 3, format poche
Nous sommes l'étincelle
U4, Stéphane, format poche
Comme des sauvages
L'île
Réseau(x) 1, format poche
Réseau(x) 2, format poche
Black Cloud, livre 1, Le Royaume
Black Cloud, livre 2, Créatures
Black Cloud, livre 3, La caverne
Black Cloud, livre 4, Seuls

VINCENT VILLEMINOT

NOUS SOMMES L'ÉTINCELLE

POCKET JEUNESSE
PKJ·

Directeur de collection :
Xavier d'Almeida

Loi n° 49-956 du 16 juillet 1949 sur les publications destinées à la jeunesse : août 2024.

Collaboration : Marianne Joly

ISBN : 978-2-266-31467-1
Dépôt légal : août 2024

À nos enfants, mon âme.
À leurs amis,
ceux qu'ils aiment,
et ceux qu'ils aimeront…

À Marcos, à la joie,
À la beauté des rêves,
À la mélancolie, à l'espoir qui nous tient,
À la santé du feu, et de la flamme…

À ton étoile, Noir Désir.

(Private Jack Bell :)

My dear wife,
you get something twisted out of your insides
by all this blood, filth, and noise.
I wanna stay changeless for you.
I wanna come back to you the man I was before.
How do we get to those other shores ?
To those blue hills ?
Love.
Where does it come from ?
Who lit this flame in us ?
No war can put it out,
conquer it.
I was a prisoner.
You set me free.

La ligne rouge, Terrence Malick

PREMIER JOUR

1.

[Mai 2061 – Réserve du D. – Dordogne – Quelque part dans la « Grande Forêt »]

Une toute jeune fille pêche au harpon, debout dans la rivière. La lumière du jour pénètre à cet endroit – trouée rare dans la canopée –, descend sur elle et l'illumine. Une cascade de cheveux très blonds, d'une blondeur irréelle même dans ce soleil, coule sur ses épaules nues. Les frondaisons de la forêt, entre elle et le ciel, mouchettent d'ombres légères son dos, un de ses bras et la surface tremblante. La forêt est immense, infinie autour d'elle.

Elle porte un débardeur blanc et un short très court, kaki, dont l'ourlet est mouillé. De l'eau jusqu'à mi-cuisses, elle doit se tenir en équilibre sur une pierre large et plate au milieu du cours d'eau car la rivière est profonde à cet endroit.

Silencieuse, immobile, ses yeux cherchent comme on furète sous la surface.

Son harpon est une arme sommaire, un outil d'avant l'écriture – branche souple et élaguée sur laquelle on a fixé trois dents en bois dur, imputrescible, du châtaignier sans doute, au moyen d'une cordelette de cuir.

Penchée en avant, dans cette position d'affût, elle scrute les eaux courantes.

C'est un ruisseau assez large, encaissé, une boucle vert amande qui semble presque stagnante le long des berges. Un bouleau, abattu par l'âge ou le vent, est tombé un peu plus haut. Son écorce blafarde capture la lumière et semble vouloir la restituer à l'ombre. En amont, assez loin, une chute d'eau bruisse.

Soudain, la jeune fille frappe la surface. Une bécasse des bois s'envole à tire-d'aile.

— Tu l'as eue ? demande une voix claire.

Sur la berge, là où elle descend en pente douce jusqu'à la rivière, deux gamins regardent la pêcheuse, assis sur la terre humide : un adolescent et une fillette.

C'est lui qui a posé la question.

Il est peut-être plus âgé que celle qu'il vient d'interpeller – mais d'un an tout au plus. Des cheveux noirs, la même peau pâle, de grandes jambes osseuses… Il flotte dans son bermuda beige. Torse et épaules nus, il paraît encore un môme, même si son corps est dur, nerveux comme une branche.

— Non, répond-elle.

— Essaye encore, encourage-t-il.

Mais la pêcheuse secoue la tête. Elle en a assez.

— Je veux essayer le harpon, moi, dit la fillette en se levant. C'est mon tour.

— Pas ce matin. On reviendra une autre fois.

L'enfant a les mêmes cheveux blonds et emmêlés que sa sœur et lui ressemble étonnamment. Elle a huit ans, une robe-chasuble de coton blanc, des membres ronds ; un visage sali de terre et poisseux des baies noires dont elle s'est régalée. Ses traits se sont illuminés quand elle a espéré se servir de l'arme – mais de nouveau, elle boude. Du bout de ses orteils, elle pousse un peu les trois truites arc-en-ciel posées devant elle dans l'herbe : bouches ouvertes, fentes branchiales béantes, yeux arrachés pour appâter les suivantes…

Le garçon jette un coup d'œil au ciel.

— Il va être temps d'y aller, dit-il. Les femelles vont venir avec leurs petits, d'ici une heure.

La jeune fille debout au milieu de la rivière approuve.

Elle tend le bras, mais elle a laissé son harpon dériver trop loin – elle doit descendre de sa pierre pour s'en saisir, s'immerge entièrement.

Elle revient vers eux, à la nage, poussant l'arme devant elle. Des brasses silencieuses. Seule la moitié supérieure de sa tête émerge de l'eau verte, comme celle d'un crocodile. On imaginerait volontiers des crocodiles, dans cette rivière. Il fait une chaleur moite.

C'est une matinée languissante, un été.

*

L'aînée des filles est remontée sur la terre mouillée de la rive. Elle se déshabille. Ses vêtements trempés ne se laissent pas faire, ils collent à son corps luisant d'eau. Entièrement nue, elle ressemble à une herbe de printemps lisse et souple. Elle essore son débardeur, son short, les expose au soleil sur l'herbe, se laisse tomber sur le sol un sourire aux lèvres pour s'offrir à l'air chaud. Le garçon se tourne vers elle, sourit – il ne semble pas gêné de voir ses jeunes seins pointus ni sa toison intime.

Il se remet à son ouvrage, achève de tailler en pointe une fine branche de frêne.

Les oiseaux ont repris leurs chants.

La petite est inquiète, depuis leur échange.

Elle se retourne sans cesse vers le bois sombre, derrière eux, et sursaute au moindre bruit.

Soudain, elle chuchote, avec effroi :

— Elles arrivent. Je les entends…

— Merde !

Le garçon a bondi sur ses pieds. Il fiche les trois truites par les ouïes dans la baguette qu'il effilait, cueille au vol deux ou trois affaires – un T-shirt rouge, ses mocassins de peau, une besace de cuir. La jeune fille nue passe une sacoche en bandoulière, ramasse ses vêtements à la hâte.

— Elles arrivent ! trépigne l'enfant, cette fois hors d'elle.

Ils courent tous les trois vers le plus grand arbre de la berge – un noyer sauvage. Ils y grimpent avec une vitesse et une agilité déconcertantes.

Le garçon et la plus jeune s'arrêtent au niveau de la première maîtresse branche, à une huitaine de mètres du sol. L'aînée des filles monte jusqu'à la branche supérieure. Elle s'y allonge à plat ventre, comme une panthère, toujours entièrement nue. Elle presse ses vêtements trempés contre elle.

Les deux autres se sont assis, jambes pendantes, à l'étage du dessous.

Les yeux braqués vers les fourrés, ils attendent tous les trois. Le harpon est resté sur la grève boueuse.

*

L'instant d'après, elles sortent de la forêt, toutes les cinq. Silencieuses. Dangereuses.

Les louves.

Cinq femelles, hautes sur pattes, dos gris sombre, fourrure épaisse malgré la saison, gueules pointues plus claires. Des louveteaux jouent autour d'elles – quatre ou cinq, pataudș, surexcités.

La fillette perchée dans l'arbre met une main devant sa bouche pour ne pas crier. Son frère passe une main autour de ses épaules, il sent la terreur de l'enfant : elle tremble de la tête aux pieds.

La louve alpha lève la tête vers eux. Elle les considère quelques instants, oreilles dressées, yeux clairs – si clairs qu'ils en sont presque morts ou gelés –, puis elle grogne sourdement et tourne au pied de l'arbre, agacée. Sent-elle finalement que ces humains ne sont pas un danger aujourd'hui ? Le devine-t-elle ? Elle s'approche des truites que le garçon a dû abandonner dans sa précipitation, les flaire, en mord une précautionneusement d'abord. Puis, elle la déchiquette.

Deux louveteaux se sont approchés avec intérêt. Ils happent dans l'herbe quelques restes de poisson que l'alpha leur abandonne et recommencent à se mordiller l'un l'autre.

Toute la troupe les rejoint.

L'une des louves, moins sombre saisit dans sa gueule le T-shirt du garçon (le vêtement d'un rouge usé a glissé de son short pendant son ascension). Elle commence à le mâcher. Une autre, énervée par l'odeur humaine qui imprègne le tissu, lui dispute sa prise dans des claquements de mâchoires et des morsures. Elles se l'arrachent toutes deux, grognent, jusqu'à ce que le textile se déchire, et que l'alpha produise un cri bref comme un aboiement.

Les deux femelles reculent, oreilles baissées, des lambeaux de tissu dans leurs gueules.

*

— Ha ha ha…

Le rire clair de la jeune fille éclate.

— Ha ha ha. Tu vas dire quoi à maman, pour le T-shirt ?

Elle regarde la scène et rit de bon cœur, sans plus pouvoir s'arrêter. Son frère et sa sœur, en dessous, sourient à leur tour.

Elle rit longtemps, aux larmes, alanguie sur sa branche. Au pied de l'arbre, les louves tournent, manifestement inquiètes de ce caquètement humain.

— Les poissons, le harpon, le T-shirt foutus… dit-elle quand elle a repris son souffle. Une sacrée partie de pêche !

— Le harpon, je m'en fous, grommelle le garçon. J'en ferai un autre.

Il a l'air amusé, lui aussi.

La fillette elle-même s'est détendue. La terreur a reflué.

Elle sait que les louves lui ont emporté un frère aîné – Jolan –, qu'elle n'a pas connu. Elle sait que les loups sont l'ennemi le plus à craindre dans cette forêt, à part l'homme – quand l'homme fait le monstre.

Mais puisque son frère et sa sœur n'ont pas peur…

— Bon, on y va ? dit l'aînée des filles.

Elle se lève, sur sa branche.

— Tu vas te balader cul nu toute la journée ? demande son frère qui se redresse, lui aussi.

Sur un genou, il aide la petite à se tenir au tronc.

— Maman n'aimerait pas ça, ajoute-t-il.

— Elle n'en saura rien, si vous fermez vos gueules.

*

Les deux aînés grimpent dans le houppier vers la cime de leur arbre. La jeune fille a passé son short, tout de même, mais elle est restée torse nu. Le lien de cuir de sa besace scie un peu sa poitrine – c'est désagréable, moins cependant qu'un T-shirt trempé collant à son corps.

Et l'air tiède sur sa peau…

Elle aime si passionnément être libre, insaisissable, depuis l'enfance, qu'elle aime se sentir nue.

Le garçon, torse nu lui aussi, bien obligé, a accroché la benjamine à son cou, dans son dos, comme un jeune singe ou un lémurien, une de ces créatures arboricoles qui écarquillent les yeux, perpétuellement stupéfaits, dans des jungles ténébreuses.

L'enfant a les paupières closes, paisible.

Elle s'agrippe, se blottit, là, à l'abri, dans ces épaules maigres, contre cette peau chaude, vivante. Mystère insondable du frère, de la sœur aînés, qui sont tout le savoir, l'explication, toute la protection et la justification du monde. Le monde pourrait s'écrouler autour d'elle – peut-être l'a-t-il fait ? –, elle garderait ce visage doux et tranquille.

Parce qu'ils sont là.

Ils sont là et cela suffit.

Du noyer, ils passent tous les trois à un frêne voisin. Ils s'aventurent lentement, prudemment, d'une branche à l'autre. Ainsi, ils atteignent le premier chêne, sont dans les frondaisons, gagnent la canopée, l'entrelacs de cent, de mille essences, un terrain d'altitude à trente mètres du sol, où les arbres les plus orgueilleux s'embrassent, leurs branches s'entrelaçant, écorces grises, brunes, vertes, lisses ou crevassées. Les enfants sont des maîtres, là-haut, funambules, seigneurs et acrobates, ils n'ont rien à y craindre, ni crocs, ni griffes, ni flèches – seulement les balles blindées des fusils, quand les hommes reviendront, s'ils reviennent.

Et encore…

Invisibles, leurs corps se fondent dans la pâleur du jour qui perce les jeunes feuilles et le feuillage marcescent de l'hiver précédent. Les louves les suivent des yeux, encore quelques instants, regardent ces perspectives de proies ou d'ennemis leur échapper. Autour d'elles, leurs rejetons se disputent, naïfs comme des chiots, et roulent au sol dans les ronces des mûriers rampants.

2.

— On va où ?

— À l'Abbaye. J'ai un truc à vous montrer…

Daniel ne discute pas.

Bien qu'elle soit sa cadette d'un an, il a l'habitude que Montana mène la danse.

Elle a fait obliquer sa route dans les hauteurs, se balance, bondit d'un arbre à l'autre, semble parfois courir – d'autres fois elle suspend son élan. C'est une danseuse sur corde.

La petite sœur, en revanche, s'alourdit dans son dos à chaque minute.

— Judith ? Tu t'endors ?

L'enfant se redresse contre ses hanches.

— Non, chuchote-t-elle. Je rêvassais.

Il sourit. C'est ce qu'elle fait le mieux : ce petit visage sérieux qui regarde le monde et dans les yeux duquel passent des images, des pensées, des idées… Petite sœur. Fardeau majuscule, émouvant. Précieux trésor…

Tout à l'heure, il a perdu son sang-froid, il a eu peur pour elle simplement parce qu'elle tremblait de tous ses membres. Son père n'aimerait pas ça. Son père dit qu'il doit avoir l'œil sur ses sœurs en toute occasion (sur Montana parce qu'elle est intrépide, et sur Judith parce qu'elle est vulnérable).

Il a merdé. Pourtant, c'est habituel, les louves. Il aurait dû s'y attendre : elles viennent au point d'eau tous les jours, en mai, avec leurs petits. Ils le savent. Ils vivent côte à côte. Ils se connaissent, les loups, les hommes, savent les habitudes de chacune des deux familles – leurs heures à la rivière, à la chasse, les territoires communs…

Les hommes, les loups. Deux meutes.

Les fauves prélèvent une proie, parfois, parmi eux, quand les humains commettent une erreur. C'est ce qui s'est produit autrefois avec Jolan.

C'est un deuil, une perte inconsolable.

Eux, les bipèdes, portent souvent les fourrures des loups quand vient l'hiver. Ils tuent les plus aventureux, les maladroits ou les isolés. Est-ce un deuil, chez les loups ? Non. Les loups ne sont pas comme eux.

« Il ne faut pas se confondre », dit la mère de Dan.

— Tu as eu peur, tout à l'heure ? Des loups ?

— Oui.

— Tu n'en parleras pas à papa, Judith. N'est-ce pas ?

— Non.

*

« *Ils te porteront sur leurs mains*, fredonne l'enfant dans son crâne, *pour que ton pied ne heurte les pierres*[1]… »

Elle chantonne les mots du livre (un missel) où sa mère lui a appris à lire.

On ne voit pas son visage, on entend sa voix claire.

— « *Puisqu'il s'attache à moi, je le délivre. Je le défends, car il connaît mon nom.*

Je suis avec lui dans son épreuve… »

*

Ils évoluent à moins de dix mètres du sol, maintenant. Les branches basses sont plus larges mais plus distantes les unes des autres. Il faut bondir. Montana a pris de l'avance, elle ne se retourne pas pour les attendre.

Mais si, elle leur fait signe. Elle s'est arrêtée et accroupie sur une branche.

Un doigt sur les lèvres, elle désigne le sous-bois, sous elle.

Daniel s'approche, voit les faons à son tour. Des jeunes daims. Il prend Judith dans les bras, la fait passer face à lui et lui montre : la chevrette semble sur ses gardes ; ses deux petits avancent sur des pattes qui vacillent.

La fillette sourit avec brusquerie, ça illumine ses traits.

Les faons chancelants doivent faire leur première sortie : sevrage, mai, première aventure hors des

1. Psaume 90 (traductions AELF).

fourrés. Leur mère comptait les emmener vers la grande clairière de l'Abbaye sans doute, là où l'herbe est tendre, plus abondante que dans le sous-bois, mais la présence des enfants va leur faire rebrousser chemin…

Et soudain, il y a un cri perçant, un éclair roux.

*

Dans les branches, Judith a mis la main sur sa bouche, de nouveau. Cette fois, ses yeux ne sont pas pleins d'effroi. Horrifiée, et fascinée, elle attend simplement la suite.

*

Le renard est un vieux mâle, assez gras, aux pattes et au cou massifs. Il a sauté sur l'échine d'un des faons et l'a fait rouler au sol. Maintenant, il hésite. Il regarde alternativement la mère qui gémit d'indignation, l'autre petit qui bêle, puis sa victime égorgée à ses pieds.

Le faon est trop gros pour qu'il l'emporte, il va devoir le dévorer sur place…

— Assassin !

Montana s'est laissée glisser au sol. Interdit, le renard fixe la créature qui l'accuse – paralysé par cette apparition.

Elle se penche, ramasse un caillou sur le sol, le lance. Le renard détale aussitôt.

La chevrette a disparu dans un fourré, avec le frère ou la sœur de la victime.

Le faon égorgé gît au sol. Son ventre affolé palpite encore.

— Vous venez ?! appelle Montana, vers les branches, en direction de ses frère et sœur.

Elle sort son couteau de sa ceinture et achève le faon d'un geste sec.

Elle trempe deux doigts dans le sang chaud, se dessine des traits rouges sur chaque pommette, des peintures de guerre comme chaque fois qu'elle prend la vie. Elle ne jette pas la dépouille sur son épaule, en revanche, pour la ramener à leur cabane. Elle en aurait le droit, c'est la règle de la forêt, faire le prédateur opportuniste, voler la proie du chasseur qu'on a mis en fuite… Mais la moitié des renards ont la rage, dit leur père. On évite de manger tout ce qu'ils touchent ou souillent – bave, urine…

Cette pensée amène une autre idée.

Elle se penche, crache sur le faon deux fois, puis l'enjambe, se déculotte, s'accroupit et commence à lui pisser dessus. Peut-être que ça découragera le renard ? Que ça le privera de son butin ?

— Assassin, répète-t-elle pour elle-même.

« Ça n'a pas de sens, dirait sa mère. Dans la forêt, chacun chasse et tue pour se nourrir, sans intention cruelle. » Peut-être. Mais la cruauté de la scène, elle l'a vue… La beauté fragile que le renard a détruite…

Qu'importent alors les intentions.

*

— Qu'est-ce que tu fais ?

Elle se retourne. Dan et Judith l'ont rejointe et la regardent uriner. Étonnement amusé, dans les yeux du grand frère ; restes d'horreur qui voilent encore ceux de la petite.

Montana se relève et remonte son short.

— Au moins, le renard ne profitera pas de son crime. Ou bien son repas n'aura vraiment pas bon goût.

Judith lui rend son sourire.

— On l'a bien baisé, celui-là ! Pas vrai, microbe ?

Montana ramasse la pierre qu'elle a lancée tout à l'heure, l'envoie à l'aveugle vers les buissons dans lesquels le renard s'est enfui.

— Toi, je te conseille de ne pas retomber entre nos pattes ! crie-t-elle, comme s'il était là, à les écouter, quelque part.

Peut-être l'est-il, d'ailleurs.

Ensuite, elle prend la main de la fillette.

— Viens, je vais vous montrer un truc génial.

*

Autour du faon égorgé, des insectes, des organismes invisibles vont commencer de fourmiller dans un instant – pour y semer des larves, des vers – en attendant les plus gros charognards ou le retour du chasseur roux.

3.

La forêt est ce monde où la mort fait partie de la vie, pense le garçon, en marchant sur l'humus des années passées, dans le sous-bois qui crisse. Il revoit les deux faons, leur mère, le renard ; les louves et ses sœurs.

La forêt : ce lieu où la vérité survient sous nos yeux, à chaque instant.

Sa mère lui a raconté les villes, où elle vivait avant, où on ne voyait plus jamais

ni la mort,

ni le coït,

ni la blessure,

ni la naissance,

ni les saisons, les stigmates, le temps qui passe,

ni les parades, la fuite, la chasse, la sauvagerie, le courage physique, la force, l'habileté, l'agilité ;

où tout n'était plus qu'image, symboles, signes, panneaux, vitrines, grimaces, désincarnation.

J'aime la forêt, pense-t-il.

J'aime qu'elle m'enseigne, qu'elle décide du jour et de l'heure, mais qu'elle me laisse le droit, le temps, la chance d'apprendre ses leçons.

Tout à l'heure, cela s'est joué à une minute, quelques secondes, mais ils ont échappé aux louves.

La forêt nous éprouve, nous éduque.

Elle nous laisse un droit à l'erreur, le plus souvent.

Elle est pleine de mansuétude...

Ses parents, également, si souvent, les laissent se tromper. Presque toujours.

Que croit-elle, Montana ?

Qu'ils gobent tous leurs mensonges ?

Dan voudrait leur ressembler un jour, tranquilles et forts, attentifs, courageux. Il sait bien qu'il faudra rompre avec eux.

Peut-être à cet instant, au fil des associations, pense-t-il à cette fille, au hameau des « êtres humains ». Jewel. Avec elle, il pourrait s'imaginer... Il a à peine osé lui parler, et elle rit si fort quand ils se voient. Mais parfois, il songe à elle, à son corps aussi, sans le vouloir, sans s'empêcher non plus – quand il voit sa sœur nue par exemple. Il se demande comment est la toison de Jewel, dont les cheveux sont si noirs. Ses seins, quand elle ôte sa chemise, il les a aperçus une fois à la dérobée près de l'étang.

Sont-ils toujours si beaux ?

Parfois, ces pensées le gênent ou l'embarrassent...

Nous ne sommes pas comme les bêtes sauvages, se répète-t-il, *qu'abandonnent leurs parents dès qu'elles savent marcher, se nourrir, chasser ou fuir.*

Nous ne sommes pas qu'instincts, élan.

Sa mère dit qu'il faut se distinguer toujours des bêtes sauvages.

Nous avons besoin de parler, d'apprendre, de répéter.

Nos besoins ne sont pas tous à satisfaire ; nos forces ne sont pas des dons ; c'est le travail, le temps, la culture, qui nous élèvent.

Il a le temps, se tempère-t-il alors.

Il n'est pas comme Montana même s'il aime sa sœur.

*

Elle pense précisément à la Ville ; au même instant.

La Ville qu'elle voudrait voir.

Qu'elle ira voir, bientôt, dès qu'elle le pourra. Dans trois ans.

Quand elle sera *majeure*, libre d'aller où elle veut aux yeux des hommes.

La Ville où les hommes s'entassent par milliers, la Ville folle, inhumaine, plus grouillante que le hameau des « êtres humains », plus technique que tout ce qu'ils connaissent, plus vaine sans doute ; mais pleine de surprises, de beautés, étranges, grimaçantes, et de merveilles.

La Ville.

Tu seras comme une Indienne marchant sur les trottoirs, comme une sauvage égarée dans une jungle de béton. Mais ce n'est pas grave : tu verras par toi-même.

Tu connaîtras.

C'est ce qui compte : voir, juger par elle-même. Parcourir le monde entier. Se faire son propre avis.

Elle sait bien au fond qu'elle ne pourra pas s'y promener à moitié nue, offerte à l'air tiède, avec son couteau sur sa hanche et deux traits de sang brun sur chaque pommette.

Mais qui sait ?

Peut-être le fera-t-elle…

Au prix de quelles souffrances ? De quelles solitudes ? Quels abandons ?

Tu t'en moques… Tu n'as peur de rien. Tu veux aller d'un lieu à l'autre, regarder chaque matin avec ce regard neuf.

*

L'enfant qui lui tient la main la regarde sourire, cette sœur si fière et folle. Quand elle sera grande, Judith voudrait lui ressembler : elle est si drôle.

Montana ne fait jamais ce qu'on attend.

Elle chasse les renards cruels, fait pipi sur leurs proies. Elle sait toujours où aller, et ce qu'on va imaginer ensuite. Elle dit des gros mots, elle est libre.

Mais ses audaces tétanisent la petite, parfois, elles l'intimident ou la scandalisent.

Judith n'aime pas voir Montana se promener comme ça toute nue.

Elle n'aime pas non plus sa façon de leur répondre, et son dédain. Montana ne se fie qu'à elle-même, toujours, et parfois, elle donne le sentiment qu'elle ne s'intéresse qu'à elle-même. Judith ne mérite son attention que lorsqu'elle l'a décidé, comme un jouet, une poupée, un animal de compagnie…

La fillette sait bien, au fond, qu'elle peut davantage compter sur Daniel.

Sa pensée vague. Elle revoit le renard.

A-t-il reçu la pierre lancée par Montana ? Non, c'est impossible. Ce serait extraordinaire.

Mais qui sait ?

Peut-être a-t-il une grosse bosse, sur son crâne plat, entre ses deux oreilles ? Peut-être pleure-t-il, à cet instant ? À chaudes larmes ?

Dans les histoires que lui raconte sa mère, les animaux ont de grosses bosses, pleurent, s'esclaffent et parlent comme le font les humains. Parfois, Judith leur parle elle aussi – aux oiseaux, aux petits mammifères –, et il lui semble qu'ils lui répondent. Il lui semble que, ce matin, la cheffe des louves avait des choses à lui dire…

Mais au fait, où vont-ils à présent ?

Elle regarde Montana, se retourne : Daniel les suit à deux pas…

4.

[À PLUS D'UN JOUR
VERS LE SUD À TRAVERS BOIS –
AU MÊME MOMENT]

L'ermite était allé une heure plus tôt, lentement, prudemment, de sa cabane à la plate-forme suspendue dans un chêne.

Il avait marché d'une planche à l'autre, à quinze mètres du sol, sur un pont de singe qui se balançait sous son poids et semblait sur le point de rompre. Mais non. Autour de lui, la forêt consistait en une hêtraie aux fûts lisses, droits, presque sans branches. Le sous-bois était dégagé comme si on l'avait défriché récemment. Les feuilles de l'automne précédent pourrissaient sur l'humus.

La cabane, discrète, était presque invisible depuis le sol. C'était une construction remarquable, appuyée sur deux troncs distants d'une dizaine de mètres et formant comme un pont couvert entre eux. Elle avait dû ressembler autrefois aux maisons des hommes, en dépit de sa situation : hallucinant navire, à vingt mètres du sol, là où les premières fourches des hêtres offraient des appuis ; rêve d'une existence suspendue entre ciel et terre. Des hommes avaient hissé des poutres, des planches, des menuiseries. Ils avaient rivé aux deux arbres la charpente et l'ossature : toits pentus, couverts de tavaillons, murs de planches disjointes, fenêtres et portes ouvertes sur la forêt…

Mais il s'en dégageait l'impression d'un oubli.

Les frondaisons, en se refermant, avaient masqué la lumière qui alimentait autrefois les panneaux photovoltaïques ternis. La pluie avait grisé le bois. La mousse, le lichen et la vigne vierge dévoraient la cabane et les branches voisines, en cassant les formes, les angles, sans qu'il soit désormais possible de distinguer les arbres de l'édifice fait de main d'homme. Des lianes de lierre avaient proliféré sur et sous le pont de singe vertigineux. Végétal parmi les végétaux, l'ensemble avait pris une couleur de silence. La forêt avait digéré la maison depuis longtemps.

*

Maintenant, assis sur la plate-forme au soleil, l'ermite parcourait les pages d'un livre publié trente-sept ans plus tôt et qu'il connaissait par cœur. On le voyait marmonner à voix basse comme s'il le récitait. Peut-être le faisait-il, d'ailleurs.

Le livre disait qu'il fallait quitter les villes, qu'on se retrouverait dans la forêt, qu'on inventerait des vies neuves, possibles, des vies joyeuses et âpres et libres.

Avait-on réussi ? Songeait-il aux échecs ?

Il avait connu l'Abbaye vers laquelle se dirigeaient les enfants. Des années plus tôt, on y avait enterré deux amis.

Il avait les tempes grises, le corps rongé par la maladie, des yeux noirs.

Le rictus qu'il prenait quelquefois en lisant était indéchiffrable – ironie rétrospective, ou joie simple de retrouver ces mots auxquels il croyait toujours ?

> *« Quant à nous, notre colère est si immense, si impossible à consoler, que nous ne voulons plus essayer.*
> *Nous ne voulons pas de vos fins – ni pouvoir, ni économie – alors que tout ce qui est précieux reste inchiffrable, indéchiffrable. Et nous ne croyons pas à vos règles de droit.*
> *Nous ne jouerons pas le jeu.*
> *Nous ne nous sentons ni acteurs, ni marionnettes, pour feindre. Nous ne nous sentons pas davantage parieurs dans l'âme. Nos vies ni les vôtres ne sont des jeux de rôles, cinq actes sur des planches. Farce ou tragédie*[1]*. »*

Sans que les trois enfants perdus dans la forêt plus au nord le sachent, ces pages, ces illusions avaient décidé de leur naissance et de leur vie sylvestre.

1. *Do Not Count on Us*, Thomas F., éditions Oxford Press, Oxford, 2022. On utilise dans ce livre la traduction réalisée par Claire W. pour l'édition française, Presses de la Pensée, Paris, 2024, p. 52-53.

L'ermite connaissait parfaitement l'existence des deux adolescents et de la gamine…

En un sens, il était presque un parent.

Mais il ne pensait pas à eux, ce matin. Aucune raison. Il lisait le livre en se demandant simplement ce qu'il en restait, et si le rêve s'était évanoui.

5.

Dan, Judith et Montana débouchent dans la grande clairière.

Les toits d'ardoise, presque partout, s'affaissent. Les bâtiments de l'Abbaye sont encore pour la plupart intacts, préservés, sauf le réfectoire ravagé par des flammes il y a longtemps, suffisamment pour que la forêt s'y soit déployée. Des arbres ont poussé à travers les poutres noircies de sa charpente. La forêt gagne, s'installe, partout où elle peut, et s'étend comme un être immense. Quand les toits seront définitivement tombés, qu'il pleuvra à l'intérieur, des graines viendront ensemencer les sols, des racines perceront les parquets pourris puis les fondations de mortier, et les arbres s'empareront de tout cela aussi.

Judith parle à tue-tête, en serrant la main de sa sœur. Les enfants contournent par le sud les bâtiments disposés en rectangle, ils pénètrent dans l'enclos. Un couple d'écureuils qui s'entre-pourchassait sur les murs cesse ses jeux amoureux, lorsqu'ils approchent, et s'enfuit.

L'église occupe le fond de la cour. Entre le narthex et la nef, la porte de bois blond qui servait de clôture a été forcée, à trois mètres de hauteur, par des pillards.

Les enfants l'escaladent, pénètrent dans l'abbatiale.

Leurs pas sont silencieux sur le dallage.

Ils semblent si modestes, si petits, tous les trois, tandis qu'ils s'avancent sous la voûte qui dessine son orbe à vingt mètres au-dessus de leur tête – à trente mètres, peut-être… C'est un édifice étroit et long, nu, d'une pauvreté cistercienne, vaisseau vertigineusement haut dont la peinture à la chaux, très blanche, s'écaille et tombe en lèpre. Le salpêtre ronge les fondations. La lumière entre partout.

Les vitraux qui n'ont pas été brisés par des lanceurs de pierres sont sobres, uniformes en apparence, blancs, bleus, mais l'artiste y a inscrit des couleurs secrètes : les murs chaulés se tavellent de halos rose et orangé quand les rayons de soleil les transpercent.

Dans la nef, il y a deux longues rangées de stalles en bois où, autrefois, les moniales se réunissaient, face à face, pour chanter les offices, aux heures du jour et de la nuit…

Elles leur font une haie, des deux côtés.

Puis voilà les enfants dans le chœur. La pierre blanche de l'autel sculpté figure un tombeau qui s'ouvre. À leur gauche, un tabernacle de bronze, doré, a été ouvert et renversé.

Tout est ainsi depuis toujours, d'aussi loin qu'ils s'en souviennent.

On ne sait plus qui a pillé l'Abbaye le premier. On ne sait plus si ce sont des hommes violents, et de quel camp ils venaient ; s'ils ont mis les religieuses en fuite, s'ils les ont tuées, peut-être, ou si les tombes du cimetière sont plus anciennes.

On raconte des histoires, nombreuses, à ce sujet, et qui se contredisent.

Étaient-ce des braconniers ? Des soldats des commandos POACHERS ? De simples pillards ?

Peut-être les religieuses sont-elles parties simplement de leur initiative, en chargeant toutes leurs affaires dans des camions de déménagement, quand la forêt est devenue « la Réserve »…

Il reste quelques missels posés sur des prie-Dieu. Des gros ouvrages reliés en cuir dont aucun visiteur n'a voulu. Daniel en a déjà feuilleté. Il a appris à lire dans un livre comme celui-là, mêmes mots, mêmes cantiques, mêmes psaumes.

Cinquante, cent fois les mêmes.

Dan se demande ce que penseraient les moniales si elles les voyaient, tous les trois, dans ce lieu vide, saint, silencieux, rendu à la forêt. Que penseraient-elles en voyant Montana s'avancer dans son minishort, torse nu, sa gibecière sur la hanche, deux traits de sang sur chaque pommette, l'air de savoir ce qu'elle fait ?

Et d'ailleurs, que fait-elle ?

Elle fouille dans sa besace.

Elle en sort une batterie autonome, de celles qu'ils rechargent sur les éoliennes du Hameau ou bien au moulin de leur cabane. Elle déniche une boîte de métal et de plastique blanc, posée derrière une stalle (peut-être est-ce elle qui l'a cachée là ?) et reliée par des fils à deux longues boîtes verticales, grillagées de métal, suspendues sur des pieds métalliques.

Elle ouvre le dos de cette boîte, en la dévissant du bout de son couteau, coupe le fil d'alimentation, le branche sur la batterie. Ses doigts sont précis, méticuleux.

Lorsqu'elle a fini, elle retourne l'objet. Une lumière rouge s'est allumée. Elle sourit.

Ses doigts hésitent. Elle appuie sur plusieurs boutons, essaye ; la lumière rouge devient verte. La boîte s'ouvre lentement comme une bouche.

Judith a sursauté à ce sortilège.

Montana extrait délicatement un disque métallique, moiré comme un arc-en-ciel et percé en son centre. Elle le montre à sa petite sœur qui écarquille les yeux.

— Assieds-toi.

La fillette obéit. Montana met un doigt sur ses lèvres puis remet le disque de métal et de plastique dans la boîte blanche.

Maintenant, Dan se doute de ce qui va se produire.

De nouveau, sa sœur essaye, trois boutons.

Et soudain, le son sort : depuis les enceintes grillagées de métal posées sur leurs trépieds et reliées au lecteur de CD, une voix s'élève, puis dix voix, vingt. Des hommes et des femmes. Un fleuve profond et lent, incroyable, une hymne et ses répons, psaume de la nuit, dernier chant du dernier office qui roule sous les voûtes en arc brisé du vaisseau pillé – de l'église oubliée.

Montana a un sourire de triomphe.

Daniel, même s'il s'y attendait, est tombé le cul par terre.

Dehors, les oiseaux se sont tus. Surpris. Toute la forêt suspend son souffle.

Judith regarde sa sœur, les enceintes, son frère, alternativement. Ses yeux brillent. Elle n'avait jamais entendu ce miracle : la musique enregistrée. Eux non plus.

6.

{Quelques heures plus tôt,
à quelques heures de marche
– cette fois vers le sud-est}

L'homme qui évoluait dans les arbres était un être étrange. Son apparence était fruste, sauvage. Il allait bondissant de branche en branche.

Il était vêtu d'un simple short de foot. Ses bras et ses jambes avaient le délié, la minceur, la souplesse des jeunes adolescents – un corps intact, glabre, miraculeusement frais. Et au-dessus de ce corps préservé, il y avait son visage ridé et ses yeux clairs qui s'enfonçaient sous une broussaille de sourcils gris, presque blancs. Un très vieil enfant…

Il avait dégagé de son front crevassé sa chevelure, poivre et sel et manifestement crasseuse, retenue en une sorte de chignon derrière la nuque. Une barbe longue, épaisse et grise mangeait ses joues ravinées. Il portait dans le dos un fusil d'assaut et un carquois dont les bretelles croisées barraient sa poitrine creuse. L'arme à feu semblait puissante, moderne, un fusil de guerre pourvu d'une lunette de vision nocturne qui contrastait avec l'extrême simplicité de sa mise.

Un ceinturon ceignait les reins maigres du sauvage, au-dessus du short, au niveau du nombril. Il y avait glissé deux chargeurs de calibre .22, un revolver automatique calibre .44, une gourde et un couteau.

Lui aussi connaissait l'existence des enfants. Confusément.

Loin en dessous de lui, au sol, le groupe qu'il suivait (et qui ignorait tout à fait sa présence) se frayait une route dans les taillis épais. Les huit hommes qui le composaient portaient des harnachements de chasseurs malgré la chaleur. Gilets de toile cirée, T-shirts à manches longues, pantalons de camouflage, boots de combat ; cartouchières, gibecières ; sacs à dos et matériel de bivouac... Ils transpiraient à grosses gouttes mais n'auraient pu avancer bras ou jambes nus : la forêt avait recouvré ici l'hostilité impénétrable qu'elle avait avant l'humain. Halliers et fougères formaient entre les troncs un canevas étroitement tissé à hauteur d'homme. Les armes que les chasseurs portaient à la bretelle – des arcs à poulie, des arbalètes, parfois un fusil – et leurs sacs s'y accrochaient, régulièrement.

La forêt les entravait, les griffait, les giflait, semblait tenter de les retenir. Ils devaient faire de violents mouvements pour se dégager dans un bruit de branches brisées.

C'étaient des braconniers. Ils suivaient les sentiers récents traversés par le gros gibier, se guidant aux laissées qu'ils examinaient et commentaient à voix basse.

Lorsqu'ils renonçaient à suivre une trace finalement trop ancienne, les deux hommes qui menaient la marche ouvraient une tranchée dans les taillis à la machette pour couper tout droit jusqu'à une nouvelle piste – mais le plus souvent ils semblaient vouloir l'éviter.

L'un des marcheurs cartographiait les passages favorables au fur et à mesure.

Sans doute s'agissait-il d'une marche d'exploration, un repérage pour de futures chasses, ou pour s'installer, va savoir ?

*

La troupe atteignit un peu plus tard une rivière – celle où les enfants avaient pêché, mais plus en aval. Les hommes s'y arrêtèrent, firent de rapides ablutions dans l'eau verte en dégageant les lentilles d'eau.

Puis ils la remontèrent.

Lorsqu'ils passèrent près de la berge boueuse où les enfants avaient failli être surpris par les louves, les empreintes de pieds et de griffes, le harpon (et, un peu plus loin, au pied du noyer, les débris de tissu et les restes de poissons) échappèrent à leur attention parce qu'ils avançaient sur la rive opposée.

Les louves avaient dû pressentir le danger que représentaient ces humains-là.

Elles se terraient quelque part avec leurs petits.

*

La rivière, au nord, en amont de la chute bruissante (en réalité, une ancienne écluse), devenait un étang qui se poursuivait encore par deux autres plans d'eau artificiels à l'origine. Ils avaient été abandonnés depuis plusieurs décennies mais étaient suffisamment larges pour que la canopée, ici, se clairsemât.

Le sauvage qui allait dans les arbres laissa de l'avance aux chasseurs qu'il suivait depuis cinq jours.

Il craignait sans doute de se faire repérer dans ces futaies éparses.

Il les rejoignit un peu plus loin, bondissant de branche en branche, fantastique et simiesque, alors qu'ils entraient dans une clairière et s'avançaient vers des bâtiments – les restes de ce qui ressemblait à un monastère et son église.

L'homme-dans-les-arbres connaissait cet endroit.

Autour de l'Abbaye, la forêt se taisait, curieusement.

L'homme des bois, aussi aguerri et habitué que les chasseurs, dut percevoir en même temps qu'eux ce silence puis les étranges harmonies qui s'échappaient des vitraux brisés.

De la musique.

Son visage s'éclaira, un bref instant, puis se rembrunit.

7.

Dans l'église, la musique se tait finalement. Montana repose le lecteur de disques.

— Encore ! applaudit la petite.

— Non. Mais on va l'emporter dans la caverne du hêtre. Comme ça, on pourra l'écouter quand on voudra.

— Papa ne voudra pas, intervient Dan.

— Eh ben, on n'aura qu'à rien lui dire.

Dan secoue la tête. Il hésite : leur père dit que le malheur est venu comme ça, souvent, à cause des objets qu'on manufacture, qu'on conserve, qu'on accumule – que d'autres finissent par convoiter. Ça provoque des rapines, des razzias, puis des guerres… Leur père dit qu'il ne faut avoir d'autres outils que ceux dont on a réellement besoin, ceux dont on se sert aujourd'hui, ou demain à la rigueur.

Dan pense que leur père a raison, sûrement… Mais cette musique, tout de même, c'était de la beauté…

Une beauté qui tient tout entière dans des objets.

— Et comment tu veux transporter tout ça à la caverne ? demande-t-il.

Il désigne à sa sœur les enceintes, longues, lourdes, impossibles à transbahuter de branche en branche.

— Si on passe par le sol, on a presque une demi-journée de marche dans les taillis, ajoute-t-il. Et on est torse nu.

Montana se bute, discute : elle sait qu'il a raison et elle déteste ça.

— On reviendra plus tard, tranche finalement le garçon.

— Je pourrai venir avec vous ? demande Judith.

— Non. Maman ne voudra jamais qu'on t'emmène deux jours. Mais quand on aura installé la musique dans la caverne, tu viendras l'écouter.

— Si tu jures de ne rien leur dire…

Un secret et une promesse… Cela suffit à la petite : elle opine du chef.

— Bon, dans ce cas, on y va ?

Montana n'a pas attendu leur avis, comme toujours – elle se dirige vers la sortie. Dan prend la fillette par la main pour la rejoindre.

Devant eux, leur sœur escalade la clôture…

*

Devant l'église, il y a ces six hommes vêtus de sombre, en demi-cercle dans la clairière.

Six.

Leurs visages sont noircis de charbon. Ils ont des équipements de chasse. Leurs armes sont pointées sur l'entrée.

Dan sort son couteau de sa ceinture, lentement. *C'est Montana qu'ils vont vouloir*, pense-t-il. *C'est à elle qu'ils vont faire le plus de mal.*

Il se tourne vers elle.

— Cours ! lui murmure-t-il. Cours sans te retourner, et va prévenir papa. Moi, je les retiens, je reste avec Judith.

*

Tu ne discutes pas.

Pour une fois, tu obéis.

C'est toi qu'ils veulent le plus, le gibier, c'est toi – à cause de ton corps, de ton âge, de leurs appétits d'hommes...

Alors, il faut courir, filer, être plus leste, plus vive, et surtout, plus insaisissable qu'un garçon, parce que s'ils s'emparent de toi...

*

Montana fait volte-face et elle fuit, au plus court vers la forêt.

Deux braconniers s'élancent à sa poursuite. Dan tente de se mettre en travers de leur route mais un chasseur le gifle, une torgnole qui le jette à terre.

Judith pleure.
Ils la saisissent.

Ils sont lourds, dans leur course, plus lourds que la jeune fille, avec leur chargement, leurs bottes, leurs armes…

*

Si tu leur échappes, tu iras chercher ton père… Tu lui diras…

Mais pour l'instant, échappe-leur.

C'est tout ce qui importe.

*

Ils courent en diagonale, comme s'ils ne voulaient pas s'emparer d'elle mais simplement lui barrer la route de la forêt, à l'est.

Et…

Deux autres hommes surgissent derrière l'église, lui bloquent le passage vers la forêt. Une nasse.

Combien sont-ils ?

Elle bifurque vers l'est, slalome, passe entre ses poursuivants. Presque sous leurs mains.

Comme si elle s'était jouée des mailles d'un filet, elle se glisse, corps souple, élastique – une truite trop rapide, trop vive pour qu'ils puissent la saisir.

Leurs sales pattes sur toi ? Jamais.
Tout l'art est dans la feinte, l'évitement, dit papa.

Elle est devant un arbre.

Ils sont à trois mètres, derrière elle, ils pourraient la saisir. Alors elle pose un pied sur le tronc, un seul, prend appui, s'élance – et ses membres soudain sont doués d'une magie – sa pesanteur n'est plus celle, verticale, des hommes, elle n'est qu'élan.

Elle vole pour leur échapper.

Premières branches maîtresses.
Elle sourit dans l'effort.

*

S'ils croient te posséder, il faudrait qu'ils te prennent…
Tu es insaisissable.
« Au Hameau, on respecte les jeunes filles, dit ton père.
Ailleurs, il faut courir… »
Toi, tu voles. Tu t'évades.
Tu vas le prévenir…

Dan, encore étourdi par la gifle, la joue dure, se retourne. Il voit un des chasseurs, le colosse barbu, braquer son arbalète.

Le carreau est un *blunt* à bout rond – mais à cette distance, avec sa vitesse, il peut tuer.

Dan crie :

— Montanaaaaa !

*

Tu étais dans les branches, tu volais.

Tu leur échappais… « Je reviendrai, Dan… Judith… pensais-tu. Je reviendrai très vite »

Tu as entendu le cri… Dan. Tu t'es retournée.

Un vacarme a traversé les feuilles…

Un coup, plein, dans l'épaule droite. Et c'est comme si tout ton corps retentissait.

Tu as lâché la branche…

Juste avant que…

*

— Toi, tu ne bouges pas !

Son gardien attrape Daniel au vol et lui tord le bras. Douleur éclair.

Judith hurle, se cache les yeux : sa sœur vient de tomber, là-bas, de six mètres – de rebondir d'une branche à l'autre.

Daniel se tourne vers l'homme qui le tient dans sa poigne. Un titan. Visage brutal, velu, sourire dangereux, impossible à bouger.

Pourtant, Dan essaye.

Une nouvelle gifle part. Elle rate sa cible, cette fois, le frappe sur l'oreille.

— Connard…

Son tympan bourdonne. Il sait qu'une seconde, il a supplié son gardien du regard.

« Il ne faut pas inspirer la pitié, Dan », dit leur mère.

« Ne jamais la demander. Pas avec ces hommes, si tu les croises. Il faut se défendre, se battre, pour toi, pour les filles. »

— Connard, répète-t-il. Salaud. Assassin…

Autour d'eux, la forêt ressemble soudain à un piège, hideux, impénétrable, qui va se refermer.

8.

[À QUELQUES DIZAINES DE MÈTRES DE LÀ, AU MÊME MOMENT – DANS LES BRANCHES]

Dans son arbre, le sauvage a vu Montana sortir de l'église abbatiale, précédant son frère et sa sœur.
Il a manifesté ce qui ressemblait à de la surprise, une stupeur même, devant le spectacle de la jeune fille blonde et torse nu. Agitation brutale.

Ensuite, les chasseurs se sont approchés des enfants, en demi-cercle ; et la jeune fille a essayé de fuir. L'homme, depuis son perchoir, a assisté à la tentative, le visage ravagé de tics nerveux. Il se tordait le cou pour ne rien perdre de la poursuite malgré les feuilles qui le dissimulaient.

L'adolescente est tombée.

Les braconniers l'ont entourée en riant.

Peut-être le sauvage a-t-il cru qu'elle était morte, car son état mental a semblé céder : d'un geste brusque, il a empoigné le fusil qu'il portait à la bretelle, a épaulé… Il poussait des sons brefs, cris inintelligibles, et cela aurait fini par le faire repérer si les chasseurs n'avaient pas eu mieux à faire.

Finalement, quand il a constaté que ces hommes ne comptaient pas tuer tout de suite leurs prisonniers, il a plongé dans une sorte d'irrésolution. Les yeux plissés, ses dents grinçant les unes contre les autres, il a suivi la fin de l'affaire : les rires salaces, les soins rudimentaires accordés à la jeune fille, les coups au garçon, puis l'entravement des trois enfants…

Une concentration presque inhumaine, démente ou prédatrice, déformait ses traits. Son arme était toujours dans ses mains. Il hésitait encore.

*

La troupe a rebroussé chemin avec ses prisonniers, empruntant à rebours la piste le long des étangs puis de la rivière. L'homme des bois les a laissés prendre un peu de distance.

Leste, il se laisse glisser au sol et va jeter un œil rapide dans l'église abbatiale. Il semble pressé, inquiet, sur le qui-vive.

Il est du côté des tombes abandonnées, maintenant…

SOUVENIRS DU DÉSASTRE (1)

Une prison (dix-neuf ans plus tôt)

[Plaine de Grenoble,
UniverCity Stendhal – décembre 2042]

La truie leva le groin qui fouillait le caniveau, et dans les boues duquel elle cherchait sa nourriture. Elle huma l'air : elle devinait un danger. Après avoir hésité un moment, elle se tourna assez vivement vers sa droite.

Des phares venaient d'apparaître au loin sur l'avenue rectiligne, simples lueurs encore.

La femelle grogna deux fois. Puis, pesamment, elle monta sur le trottoir. Ses tétines raclèrent presque la bordure, elle était pleine de nouveau. Sous les lampadaires urbains, c'était un animal véritablement impressionnant, la carrure encore exagérée par son ombre formidable : un de ces porcs semi-sauvages qui pullulaient et dont l'espèce, agressive, s'était mâtinée à force de croisements avec les sangliers devenus semi-urbains. Un crin noir, dur, couvrait par plaques son dos et ses épaules qui paraissaient violet et jaune dans la nuit mal éclairée.

Sur le trottoir, de nouveau, elle grogna – un barrissement profond, inquiet, gueule ouverte, alors que les phares grossissaient rapidement. Son souffle produisit une fumée de givre. Ses canines paraissaient des armes capables de déchirer, de fendre…

La plupart des porcelets de sa dernière portée obéirent cette fois : ils se rassemblèrent contre ses jambes en couinant comiquement. Mais deux d'entre eux, affolés ou éperdus d'indépendance, partirent en sens inverse dans la nuit. Ils se mirent à courir au milieu de l'avenue, dans la direction du véhicule fantomatique qui progressait assez vite vers eux.

Un instant, il parut que la collision était inévitable.

Les porcelets se figèrent, pris dans la lumière – insectes, papillons de nuit ou coupables aveuglés.

La truie écarquilla les yeux.

*
* *

Hugo Behrs donna un coup de volant brutal pour éviter les porcs. Il jura : dans l'écart, ses pneus avaient chassé sur la chaussée luisante de gel, il avait failli heurter le trottoir…

Il redressa, reprit sa trajectoire silencieuse, électrique, nota mentalement qu'il faudrait avertir la Brigade de Gestion et de Protection des Autres Espèces Animales. En réalité, certainement, il ne le ferait pas – il aurait oublié dans une heure.

Moins de cent mètres plus tard, il ralentit. Des guirlandes basse tension décoraient l'entrée du *Sex, PUB & Dub*. Un groupe d'étudiants fumaient devant le bar, verres à la main. Ils riaient et commentaient bruyamment quelque chose, tournés vers la Toyota – sans doute la façon dont Behrs avait évité l'accident à la dernière seconde…

Le jeune homme rangea sa voiture le long du trottoir.

Le contact se coupa.

S'il restait dans sa bagnole par cette nuit glaciale et sous leurs yeux, cela attirerait l'attention aussi bien qu'un autocollant « flic » collé en évidence sur son pare-brise ou sur son front. En maugréant, il enfila un blouson civil doublé de fourrure synthétique, sortit, se frotta les mains, claqua la portière sans discrétion et fit mine de s'éloigner – quelques dizaines de mètres, jusqu'au carrefour suivant, où il prit la ruelle 112 du quartier IV, s'arrêta et attendit.

*

* *

Les fumeurs regagnèrent la chaleur du bar.

Il n'y avait plus personne devant le *Sex, PUB & Dub*…

Hugo Behrs attendit deux minutes encore puis revint et s'installa discrètement à l'arrière de sa bagnole. Il se tortilla un peu, parce que la banquette était glacée, souffla une fumée d'air froid en se frappant les épaules. Ensuite, il sortit sa tablette, s'équipa de sa radio et demanda deux caméras au Central pour s'offrir une vue sur l'intérieur du bar.

La voiture n'attirait pas l'attention.

C'était une de ces vieilles caisses hybrides qui avaient roulé aux hydrocarbures autrefois, quand on trouvait encore des stations-service le long de toutes les routes. On n'autorisait plus ces véhicules à rouler à l'essence[1] depuis l'avènement de l'Économie de Transition ; ni à rouler tout court dans les centres-villes « intelligents » parcourus de voitures sans chauffeur, elles-mêmes « intelligentes ».

Mais ici, sur le campus, dans cette « ville », cette portion de planète (et puisque le monde était séparé désormais en mondes cloisonnés), il restait une demi-douzaine de ces antiquités dans chaque rue. Des voitures d'étudiants.

La plupart roulaient peu et exclusivement à l'électricité.

En panne sèche depuis longtemps, leurs réservoirs avaient rouillé.

Hugo, lui, n'était pas étudiant, même s'il avait l'âge de ceux qui buvaient dans le *Sex, PUB & Dub*. Il avait du gazole. Il veillait à enclencher le moteur électrique quand il roulait sur le campus pour ne pas se faire repérer au bruit ou aux fumées…

La nuit était tombée depuis cinq heures, avec brutalité, presque sans prévenir.

Il n'était pas encore tard. Décembre.

---

1. Grenelle VI de l'Environnement, 2034.

La planque commençait.

Dans la pénombre urbaine, le tout jeune flic avait des traits fins, de grands yeux sombres comme soulignés au khôl par ses cils de fille. Sa « barbe-de-trois-jours » était très noire, elle aussi, et brillante, aile de corbeau.

Il semblait presque adolescent.

Il avait vingt-deux ans et était îlotier, affecté aux patrouilles de nuit du commissariat de l'UniverCity Stendhal-RhônAlpes (campus III, quartier IV), raison pour laquelle le réservoir de son automobile était encore aux trois quarts plein de carburant fossile.

Ce privilège exorbitant lui procurait certains soirs un grisant sentiment de liberté, alors qu'il conduisait dans la plaine en lisière du campus, dans le grondement de son moteur diesel. Il s'imaginait emplir quatre jerricans de vingt litres, les dissimuler dans la malle arrière et prendre la E73, une des deux voies qui desservaient l'UniverCity – pour rouler droit, longtemps, vers l'été, plein sud – l'Italie, la Sardaigne peut-être, sur des routes dont le bitume s'écaillerait.

Partir, fuir, tailler la route… Tout le monde en rêvait. Il savait que ça n'arriverait pas.

Dans la nuit, autour de lui, les immeubles mangés de rouille malgré les couches annuelles de peinture anticorrosion le savaient aussi ; les containers gardaient de leurs anciens voyages une immuable et muette nostalgie.

Le décor ? C'était l'UniverCity Stendhal, une des trois villes-campus-pilotes créées en 2026[1], comme une réponse absurde aux désordres suscités par des jeunes gens revendicatifs et pressés d'en découdre.

Villes-containers : des milliers de « caisses d'acier parallélépipédiques polyvalentes » avaient échoué ici, vraiment très loin de leur océan, détournées par leurs armateurs de leur fonction initiale. On avait converti les containers autrefois bourrés ras la gueule de produits manufacturés pour l'obsolescence en « logements individuels » insonorisés, isolés, équipés, on les avait empilés quatre à quatre, et ils constituaient

1. En cette année 2042, il y en avait douze, désormais, sur d'anciennes prairies autrefois essentiellement dévolues à l'élevage, à bonne distance des villes de Grenoble, Rennes 1 et 2, Toulouse, Poitiers, Reims, Nancy, Bordeaux, Montpellier, Nice, Saint-Étienne et Caen.

ces perspectives mornes d'immeubles le long des rues larges, orthogonales, sur quatre mille hectares de pâtures enclavées dans la plaine de M., à cinquante kilomètres au nord-ouest de Grenoble.

Caisses-appartements, formant des immeubles sur quatre niveaux, louées à très bas prix, fluides compris. Réseaux à bas prix. Études à bas prix ; bouffe à bas prix, à bas coût, à basse qualité ; tout à portée de bourses. Douze mille étudiants et étudiantes étaient affectés sur chaque campus – dès leurs seize ans révolus, depuis l'avancement de la majorité civique et la mise en place de « la fusion-orientation préprofessionnelle lycée-faculté[1] ».

Il y avait quatre campus sur Stendhal-RhônAlpes. Quarante-huit mille containers individuels. Des rues à angle droit. Pas d'angle mort. Des empilements de caisses, à l'infini, sur un plan géométrique. Des milliers de caméras.

« Stendhal » était une UniverCity, c'est-à-dire une prison sans issues, gardiens ni barbelés. « Ville multinodale », « hub » en vase clos à part deux routes, et sans autres moyens de transport vers les gares des deux « villes-centres » (Grenoble, Lyon) que des tramways en site propre, écologiques, économiques, contrôlés. Si les étudiants bougeaient, on fermait le tram, on bloquait les deux routes au check-points de béton[2]. Les « jeunes » restaient entre eux. La classe

---

1. Loi Éducation et Citoyenneté, 2031.
2. Loi de sécurité IX sur les transports, 2030.

d'âge dangereuse, autrefois émeutière, était désormais cantonnée.

Hugo Behrs, vingt-deux ans, ne considérait pas les choses sous cet angle ni dans leur ensemble.

Comprenait-il son rôle dans tout cela ? Exactement ? L'enjeu de sa présence ?

Il ne réfléchissait pas à sa place dans les rapports de domination ; il était un flic comme un autre. Emploi médiocrement qualifié, médiocrement appointé, catégorie « sécurité ».

Il aurait eu l'opportunité de passer le concours d'officier de police judiciaire avec de raisonnables chances de le décrocher ; quitter le grade d'adjudant pour celui de lieutenant, augmenter son salaire mensuel de 500 euros, s'offrir peut-être un logement en grande banlieue d'une ville-centre. Ne plus dormir dans une caserne. Faire un travail d'enquête. Se qualifier.

Mais depuis son entrée vingt-huit mois plus tôt dans les forces de police, il n'avait pas tenté l'affaire.

Il s'estimait à sa place. Il aimait la maraude. Sa vieille caisse était parfaitement banalisée ici. Fondue dans le décor. Et lui aussi.

Dans l'encre de la nuit, les charognards survolaient la scène : corneilles, corbeaux, et quelques chouettes qui devaient guetter les rats. De loin, dans les échappées des avenues vers l'est, on voyait la neige blanchir les contreforts du Vercors ; le réchauffement climatique général se faisait oublier quelques semaines sur cette portion de Préalpes.

Depuis trois nuits, les sommets luisaient d'une blancheur presque surnaturelle.

C'était un hiver rigoureux, mordant, plus que les dix précédents, un hiver qui ressemblait, disaient les parents d'Hugo, à ceux d'autrefois.

Un peu plus bas dans la rue, une meute tournoyante de chiens errants, efflanqués et pâles, se disputait un tas d'ordures abandonnées, faute d'oser s'en prendre à l'un des porcelets.

Rien n'est plus sauvage qu'une mère… Les chiens devaient le savoir…

Hugo aurait volontiers tiré dans le tas comme on chasse le coyote, une nuit de bivouac, par pur désœuvrement. Car l'humain est sauvage lui aussi.

*

* *

Assis dans sa voiture, les yeux fixés sur l'écran de sa tablette, il regardait les images de l'intérieur du bar devant lequel il était garé.

Caméras de surveillance X-63 et X-68.

— Caméra X-69, dit-il dans le micro accroché à son col.

Un nouvel angle de vue apparut.

Sur le *split screen* de sa tablette, l'intérieur du *Sex, PUB & Dub*, vu de la caméra X-69, ressembla d'abord aux images dispensées par les caméras 63 et 68 : nouvelle fenêtre sur n'importe quel intérieur de n'importe quel bar étudiant, n'importe quel soir. Cohue ordinaire. Des mecs regardaient des filles qui regardaient si les mecs les regardaient. Pas de fumée[1]. Des écrans de télévisions, robinets de clips musicaux, déversaient des informations en incrustation, bande passante sous les danseurs lascifs et les simagrées de *gangsta rap*. Pas mal de monde, des groupes bruyants sans doute (pas de son sur les images de sa tablette). Des tables rondes, blondes, de bois ciré. Des pintes blondes également, blanches, ambrées. Des plateaux de *shots*, couleur caramel.

Rien de *significatif* à première vue.

Entre ces bouches grimaçantes, expressives jusqu'à l'expressionnisme, et ces visages attentifs ou amusés, juvéniles, détendus ou crispés par la consommation de produits, des conversations couraient. Circulaient.

Sujets :

les cours qu'on avait suivis, qu'on n'avait pas suivis ;

les partiels qui arrivaient ;

tout le reste.

Tout le reste, surtout.

Les filles, les garçons, la politique, la musique, le morceau de dub ou d'électro-dub, de jungle-reggae, de metal-trip-hop, de pop-listening, que passaient peut-être les enceintes ; la vie, la fête d'hier, la fête de demain, la descente de Y., les salopes qui..., l'herbe illégale, de la bonne (teneur en THC, 35 %), une vraie bombe, dont on avait entendu parler, qu'on pourrait trouver à..., les films, les séries plutôt – le

1. Loi sur le tabac dans les lieux publics, 2006.

cinéma était mort –, le stream qui avait lâché juste quand…, l'album de…, le dernier tweet de…, la mort grand-guignolesque de Donald T., le trafic de fromage, de lard, un porn hardcore, les capacités du téléphone S., les filles, les garçons, le sexe, la MDMA, un mème, la série en vogue, le shit, X qui…, Y qui…

Bullshit.

Yeux rivés sur sa tablette, Hugo se concentrait sur le manège d'un type assez grand autour d'une fille assez jeune et métisse qu'il avait déjà vue deux fois dans ce bar.

Ils étaient au comptoir. Ce qu'Hugo espérait de son nouvel angle, caméra X-69, c'était un bon aperçu sur leur profil droit. Le garçon tenait le bras de la fille dans une attitude légèrement impérative. Il était possible qu'il la drague. Il était possible qu'elle consente, amoureuse ou en affaires, à cette tension. Ce qu'il fallait, c'était évaluer un degré de coercition.

Une minute passa.

Le type et la métisse enfilèrent leurs manteaux et quittèrent le bar.

Hugo les vit disparaître du champ des caméras (la 63, la 69) puis apparaître à la porte.

La fille s'accrocha au bras du mec. Elle paraissait lucide, maîtresse d'elle-même.

La neige avait repris vaguement maintenant. Des flocons maculaient le pare-brise, ils cendrèrent les blousons et les cheveux des deux amoureux qui s'étreignirent, s'enlacèrent sur le trottoir, avant de s'embrasser à pleine bouche.

Singeait-elle l'attachement ? Feignait-il ses sentiments ?

Et lui, Hugo – devenait-il parano ? N'y avait-il vraiment plus d'amour qui tienne ?

Quand ils s'éloignèrent, il hésita à faire quelques pas derrière eux et renonça finalement.

Il se pencha vers le tableau de bord, réintroduisit la carte-clé pour déclencher ses essuie-glaces deux fois.

Il profita du mouvement pour prendre le beignet au soja posé entre les deux sièges avant, mordit dans ce sandwich. (À l'époque où on trouvait encore du porc aux hormones et de la viande de bœuf reconstituée, il aurait certainement stationné en double file devant un rade, le temps d'acheter le meilleur double bacon burger with cheese de la ville, mais son monde était devenu végan quinze ans plus tôt[1].)

Le gras coula sur son menton. Le papier qui enveloppait le donut soja-lin-sésame luisait de graisse végétale. Il chercha le rouleau de papier essuie-tout, ne le trouva pas, se pencha de nouveau vers l'avant pour vérifier si d'aventure le sopalin n'avait pas roulé sous un siège.

C'est en relevant les yeux sur l'écran qu'il *les* repéra, comme s'il avait eu besoin de se dégager un instant de la scène pour mieux la lire.

Seuls tous les trois, à une table du fond, ils formaient un îlot, le flot des conversations roulant autour

1. Loi sur la Gestion et la Protection des Autres Espèces Animales, 2027.

d'eux comme les vagues d'une mer qui s'échoue sur leur rive.

Attablés au milieu des autres, dans la cohue, il y avait cette fille et ces deux garçons.

— Caméra X-65, dit Hugo, impatiemment, en refermant les autres icônes. Caméra X-62.

La fille : incroyablement jeune d'apparence, et très blonde. Auréolée de lumière. Appétissante. *Une sucrerie*, songea Hugo. (Il s'en voudrait, plus tard, se reprocherait cette pensée.)

Elle devait avoir seize ans à peine mais Hugo lui en aurait donné quatorze. Sur la caméra X-65, il la voyait assez précisément, de face : elle avait un visage rieur, d'un rire rendu vulgaire par l'excès de boisson. Son front assez haut était dégagé par cette façon à la mode de retenir ses cheveux sur la nuque, en queue de cheval... Joues roses comme des pommes d'api, fraîches, pleines. Nez fin et droit. Ses yeux avaient une couleur indéfinissable dans le jaune électrique qui baignait la scène. Ils étaient clairs. Dans deux ou trois ans, ce serait une belle jeune femme, mais l'ombre d'une enfance brouillait encore ses traits et les rendait incertains.

Elle remontait régulièrement sur son épaule la bretelle d'une besace en velours de chanvre qu'elle ne semblait pas envisager de poser au sol ou d'accrocher à son dossier.

Comme si elle n'avait pas prévu de rester.

Comme si elle s'imaginait qu'elle ne restait pas…

Les deux garçons commandaient déjà une nouvelle tournée. Ils avaient trois ou quatre ans de plus qu'elle. Étudiants de licence, sans doute. Menteurs, bien entendu, matière noire se nourrissant de cette clarté.

— Caméra X-61, dit Hugo. Zoom. Zoom.

L'avaient-ils débusquée ce soir, profitaient-ils d'une occasion ? Préparaient-ils leur coup depuis plusieurs jours ?

La fillette ne voyait-elle vraiment rien de leur manège ?

Elle riait comme on rit dans ces circonstances-là, les yeux qui chavirent, essayent de revenir, remontent vers le plafond. Tangage. Des yeux qui auraient pu appeler, supplier : « Papa, maman. Au secours. Je me noie. »

Un des deux types trinqua avec elle, un shot transparent. Vodka, gin, quoi d'autre ? Vodka, sans doute. L'alcool, le bon vieux truc…

Pas de GHB. Pas de neurotransmetteur désinhibiteur. Même pas besoin.

L'autre type allait entrer dans la danse à son tour – à tour de rôle.

Caméra 62.

Voilà, comme prévu : un nouveau shot et cette fois c'est l'autre qui levait son verre ; le petit avec des cheveux frisés, très noirs. L'air italien ou quelque chose comme ça.

Le grand avec une coupe en brosse s'abstint sur cette tournée.

Ils se géraient, la saoulaient méthodiquement. La cuisinaient *al dente*.

Était-elle perdue, déjà ?

*

* *

Quatre shots encore en un quart d'heure.

Hugo en tint le compte.

La Fillette rit en s'appuyant sur le bras de Petit Frisé, pencha la tête vers lui, dit quelque chose, se crut drôle. Ils souriaient à ses plaisanteries, se regardaient par en dessous.

Elle essaya finalement de se lever, retomba sur sa chaise.

Hugo aurait pu écrire les dialogues en sous-titres de la conversation : « (voix pâteuse) – Je vais rentrer, je suis faite… / – T'en prends pas un dernier ? / – Allez, pour la route… / (même jeu) – Non, je suis faite, là… / – On te raccompagne ? / – Tu veux qu'on te raccompagne ? / – Non, non, restez, je vais… / – On te raccompagne… »

Ils se levèrent, la prirent chacun sous un coude et se dirigèrent vers la porte tous les trois.

— Caméra XI-15, dit Hugo.

Le micro transmit un ordre, qui, transcrit en signaux numériques, commanda au Central d'afficher une image supplémentaire sur sa tablette connectée, une image de la rue cette fois.

Dans la voiture, malgré le froid, le jeune homme retirait son blouson.

Il prit son gilet d'intervention sur la plage arrière – il commença à le scratcher. Son visage était impassible, n'était une veine qui battait à sa tempe comme une colère très ancienne et sans rémission envisageable.

Dehors, le trio se plaça sous l'objectif de la caméra XI-15.

Hugo les voyait, de dos, par le pare-brise : ces échines légèrement ployées pour se protéger du vent, s'engoncer dans les vêtements ; ces attitudes incertaines au moment de se séparer…

Ils rirent, sortirent des cigarettes, allumèrent celle de la fille.

La fumée rejoignit la lumière des leds et sembla violette.

La gamine aux cheveux si blonds avait mis un bonnet lie-de-vin siglé, un truc assez cher. Fillette trop gâtée ? Sans doute, oui. Sans doute choyée par des parents qui s'étaient inquiétés de la voir partir, cette année, mais qui n'avaient pas eu les moyens de lui offrir un établissement privé pour échapper au campus de l'UniverCity… Les pauvres compensent comme ça, par des marques…

Elle s'appuya à Petit Frisé, trébucha, s'accrocha au bras de Grand en Brosse.

Son jean en velours devait mouler ses fesses, mais sa veste d'hiver les dissimulait. De dos, ses cheveux étaient plus longs qu'ils ne semblaient de face, la queue de cheval nouée bas sur la nuque descendait jusqu'aux reins. *Des beaux cheveux*, songea Hugo avec pitié.

Les trois jeunes gens se mirent en route, finalement, tournèrent à angle droit dans la rue 118.

La respiration d'Hugo était régulière, légèrement plus rapide qu'une demi-heure plus tôt, sous son gilet kevlar. Il repassa à l'avant, ouvrit la boîte à gants.

— Caméra XII-10, dit-il en même temps.

À une vingtaine de mètres au-dessus de la ville, un drone obtempéra à son ordre, changea légèrement sa trajectoire programmée et dirigea sa caméra de police vers la zone demandée. Le bourdonnement de ses hélices était imperceptible comme celui de tous ses semblables.

Hugo chaussa ses lunettes connectées, projection des images de la tablette dans l'angle droit de la rétine de son œil droit : Google Glass et minicam d'intervention activés, GoPro réglementaire qui filmerait ce qu'il voyait en même temps qu'il le verrait.

— Caméra XII-9.

Il leur avait laissé cent mètres d'avance.

Il prit le tonfa sur le siège passager, sortit de sa bagnole. Sur l'image de la caméra XII-9, ils tournèrent dans la rue 13, bloc 5.

— Caméra XIV-8.

Obscurité presque complète. La nuit était peu étoilée.

Les six lettres blanches du mot « Police » semblaient briller dans le dos du blouson d'Hugo.

Sur les images du trottoir situé à cent mètres devant lui, et invisible, la fille à cheveux longs titubait ; elle buta encore, s'arrêta.

— Zoom.

Elle se pencha sur le caniveau et vomit. Petit Frisé la maintenait par les épaules et lui retenait les cheveux en arrière. L'autre, Grand en Brosse, lui tendit un mouchoir quand elle eut fini. Ils échangèrent quelques mots sans doute de réconfort, tournèrent à angle droit une fois de plus (toutes les rues étaient orthogonales, sur le plan des UniverCities, un plan « à l'américaine » prévu pour pouvoir aligner des grilles, des clôtures de sécurité, des canons à eau, des lance-grenades, dans le cadre de la lutte des classes d'âge) et s'arrêtèrent devant le #28 de la rue 19.

— Listing 5-19-28, dit Hugo dans son micro, en s'arrêtant, lui aussi.

Sur ses lunettes connectées apparut la liste des résidents du 28, rue 19, bloc 5 : noms, prénoms, DDN, clichés d'identité.

La fille à cheveux longs habitait ici. Elle s'appelait Allis Koteas.

— Allis Koteas, dit-il dans son micro.

Appartement 7. Elle avait seize ans, effectivement. 13/03/2026, à Die, dans la Drôme. Inscrite en première année de Bac-Licence-Pro Sciences du Développement/Droit du Développement.

Pas de casier, pas de plaintes, pas de mains courantes, pas d'appartenances politiques. Pas la moindre inscription au fichier Stic même pour une contravention, une ébriété ou un gramme d'herbe trop chargée. Fillette. Oie blanche.

— Cam 5-19-28, étage 3, dit Hugo.

Sur l'image, la dernière qu'il obtiendrait d'Allis Koteas avec les deux bâtards, ils arrivaient déjà en haut de l'escalier intérieur. Palier du troisième et dernier étage.

Allis ne riait plus.

Prenait-elle peur, enfin ?

Elle cherchait dans sa veste sa carte d'accès magnétique.

Petit Frisé, de dos, lui tenait sa sacoche. Elle s'appuya à la porte, essaya d'introduire la carte, échoua. Grand en Brosse l'aida à introduire la carte dans le lecteur.

Riaient-ils sous cape ? Plus maintenant. Maintenant, ils avaient les crocs, sûrement. La dalle.

Elle ouvrit, poussa la porte, un peu. Ils s'engouffrèrent sans lui laisser le choix de les en empêcher ni le temps de crier. La porte claqua derrière eux.

*

* *

On ne pourrait pas disposer tout de suite des images de ce qui se déroulerait dans l'appartement 7 – quand Grand en Brosse et Petit Frisé allaient violer Allis Koteas. On restreignait l'accès aux caméras dans les espaces intimes, même pour les officiers en opération.

Protection de la vie privée.

On ne pourrait les consulter qu'après coup, quand le procureur ordonnerait une saisie des matériels vidéo de l'appartement 7, où deux caméras filmeraient le viol, champ, contre-champ.

L'îlotier Hugo Behrs, shérif solitaire, coupa sa GoPro, retira les lunettes connectées.

Fin de l'investigation légale. Dans sa tête, il avait commencé le décompte.

300… 299… 298…

PREMIÈRE NUIT

9.

[Mai 2061. Retour dans la forêt]

Ils n'ont pas violé « Allis » ce soir-là. Allis, leur mère. Dan le sait.

Elle lui a raconté la suite en détail : le flic qui entre brutalement à l'ultime seconde ; qui tabasse les deux brutes ; qui sauve la vie de sa mère et sa « vertu ».

Elle lui a raconté ce souvenir qui demeurait en elle, quatorze ans après, d'avoir été *du gibier* ce soir-là pour deux garçons ; et *un appât* pour un flic. De la viande, dans les deux cas. Un trophée.

« Si tu traites une fille comme ça, tu l'avilis, Daniel. Et tu t'avilis toi. »

« Partout, toujours, il s'est toujours trouvé des hommes pour le faire… Veille sur tes sœurs. Garde un œil sur elles. »

Le garçon hochait la tête.

« Mais tu dois être avec elles comme j'essaye de l'être : distante, lointaine, protectrice sans entraver leur parfaite liberté. Leur liberté doit devenir pour toi une assignation secrète et une ascèse. Ton père l'a appris. C'est possible, tu sais. C'est pour cela que je te raconte tout ça. »

*

La nuit est tombée sur eux. Les hommes de proie n'ont pas encore violé Montana non plus. Pas encore. Mais ils en débattent autour de leur feu.

Dans la clairière, ils ont dressé un foyer sur lequel ils font tourner la broche pour les deux lièvres qu'ils ont chassés – ils mangent et ils rient. Ils rient de leur repas, du jus de viande qui coule entre leurs dents et qui restaure leurs forces. Ils rient de Montana. De son corps, de ses petits seins, de son extrême jeunesse, de son « cul » – de son côté « appétissante ».

Ils ne pensent qu'à ça depuis ce midi.

Ils ont ricané en leur liant les mains, courroies de plastique, en les mettant tous les trois en file indienne, un lien de cuir tressé autour du cou. Montana ne pouvait pas bouger l'épaule droite, alors c'est Dan qui lui a passé son T-shirt pour qu'elle soit décente sous leurs yeux.

Ensuite il a pris Judith dans ses bras sans un mot.

Ils ont commencé leur chemin vers le sud.

Toute la fin de journée, les hommes se sont distraits en tapant les fesses de sa sœur, en la pinçant, en la lutinant quand ils marchaient à côté d'elle. L'épaule de Montana est bleue, presque noire, là où le carreau l'a frappée. Ils lui ont remis dans un cri sa clavicule démise, mais son bras tombe toujours.

Fracture ? Son corps est violacé d'ecchymoses, de coupures. Elle a mal, cela se voit, mais elle ne se laisse pas faire. Elle gueule, elle rue, elle leur résiste comme elle peut. Si elle pouvait les mordre…

Ça leur plaît. Ils disent qu'ils vont « la dompter ». Comme « une pouliche ».

Maintenant, elle fait mine de dormir. Elle leur tourne le dos. Ils parlent d'un chef qui voudrait être le premier à l'avoir. Un chef qu'ils vont rejoindre, dans un autre campement, quelque part…

Les larmes ont laissé deux traînées sales sur le visage de Judith. Dan lui chuchote des paroles rassurantes. Elle est recroquevillée contre lui, au creux de son corps allongé en chien de fusil. Il lui masque la scène : les chasseurs qui mangent les lapins, craquent les os à pleines dents, sucent la moelle, qui rient et qui s'engueulent à propos de Montana.

Dan raconte à sa petite sœur que leur père va venir, avec leur mère et des compagnons du Hameau. Qu'ils auront des armes, qu'ils vont faire fuir les braconniers et les délivrer…

— Et s'ils ne nous retrouvent pas ? chuchote la fillette.

— Ils vont le faire… Ces types laissent trop de traces.

— Et s'ils n'y arrivent pas, malgré tout ? Ou s'ils arrivent trop tard ?

Elle grelotte, tout son corps est parcouru d'un spasme.

— Si… Si les hommes nous ont déjà mangés ?

— Ils ne le feront pas… Je t'assure… Regarde, ils sont comme nous. Ils mangent du lapin…

Mais Judith a raison.

Si ces hommes rient, s'ils rient de leurs doubles sens lorsqu'ils trouvent Montana « appétissante », s'ils ricanent des lapins qu'ils croquent, s'ils se régalent par avance, jettent les reliefs de leur repas sur le dos de Daniel, si Dan masque à sa sœur leur dévoration – leurs lèvres gourmandes, leurs dents limées, leurs doigts luisants sur les os maigres –, c'est parce que les braconniers sont cannibales. Anthropophages.

Dit-on.

Maman. Papa.

Où êtes-vous ?

Nous cherchez-vous ?

10.

[AU MÊME ENDROIT]

Le sauvage-dans-les-hauteurs avait suivi les braconniers et leurs prisonniers de loin après les avoir rejoints dans l'après-midi. C'était une filature aisée. Les braconniers parlaient assez fort et riaient, excités, tout à leur gibier humain.

Ils empruntaient exactement la piste qu'il avait suivie à l'aller. Le sauvage patientait régulièrement, leur accordait un peu d'avance.

Au cours de l'une de ces pauses, il avait taillé et dépouillé une longue branche d'orme qu'il emporta avec lui par la suite. Il avait commencé de la polir lors de l'arrêt suivant (de temps en temps, il dressait l'oreille, pour s'assurer que la troupe ne cessait pas d'être à portée de voix) puis il avait fouillé dans une poche du carquois qu'il portait sur la hanche, en avait sorti une corde en polyéthylène, de la cire, une dragonne et un protège-bras.

Étrange contraste entre sa nudité, la pauvreté de sa mise, et ce matériel.

Son arc prêt, il en avait éprouvé la souplesse et la puissance – celles de l'orme. Les flèches qu'il avait dans le carquois étaient garnies de pointes de métal en losange imparfait, dentelées et effilées comme des rasoirs. C'étaient des armes pour tuer.

Et maintenant, à cette nuit tombée, il avait rejoint les branches qui surplombaient le bivouac.

Au-dessus d'eux, exactement à la verticale du feu des hommes, de leurs rires, de la terreur de Daniel, dans des ténèbres si profondes qu'elles paraissaient palpables et presque aussi concrètes que les feuillages noirs, il s'était installé.

Il avait déposé le fusil devant lui, en équilibre sur une fourche.

Accroupi, il attendait. Le feu était brillant, loin sous lui.

À trente mètres d'altitude, il sentait monter l'air chaud, le parfum des lièvres et la fumée.

Sa main droite, distraite, jouait avec la dragonne de cuir de son nouvel arc.

Il ne distinguait pas les conversations, seulement des éclats de voix – et les eût-il saisies, les aurait-il comprises ? Il n'était pas certain qu'il parlât la même langue que les braconniers, ni même qu'il partageât avec quiconque une langue commune.

Parfois, il marmonnait dans sa barbe.

Les mots qu'il prononçait ressemblaient aux borborygmes d'un idiome inconnu, guttural et douloureux.

Cela faisait :

« Joan »
« Jay »
« Pibe »
« Jay et Pibe. »

Rien de véritablement articulé. À moins qu'il s'agisse de noms propres, de souvenirs, lointains, lointains.

11.

[Cinq heures plus tôt,
plus au nord]

Quand ils avaient constaté que leurs enfants ne rentraient pas, vers le déclin du jour, l'homme aux chiens était allé voir s'il les trouvait du côté de la cavité sous le hêtre.

Il marchait vite.

Il faisait parfois des détours parce qu'il connaissait la forêt, ses passages inextricables et ceux qui l'étaient moins. Les chiens allaient sur ses deux flancs.

Dans cette progression rapide et silencieuse, il ressemblait moins à un chasseur, un trappeur, qu'à un aventurier, un missionnaire jésuite perdu depuis des siècles dans une forêt japonaise. Sa chevelure, très noire comme celle de son fils, était plus longue, et retenue en un chignon *bun* de samouraï. Sa barbe était foisonnante, sa moustache trop maigre. Ses vêtements d'été n'étaient pas faits de cuir ou de fourrures cousues assez grossièrement, comme on aurait pu s'y attendre s'agissant d'un coureur des bois, mais d'un tissu noir, léger, sorte de kimono – il avait dû troquer avec le Hameau quelques-unes des peaux qu'il tannait contre les coupons de lin tissé.

Il avait hérité de sa mère des yeux de plomb fondu, gris sombre.

*

L'arbre était à environ deux heures de marche de leur cabane. Il s'appelait « le Colonel Aureliano Buendia » et c'était un vieil ami, un arbre monumental par sa hauteur, son diamètre et son âge. Le fût, écorce lisse, argentée, nue jusqu'à vingt mètres, était énorme. Les branches dominaient celles de tous ses semblables dans la futaie-cathédrale sur laquelle il régnait. Ancré dans un sol pierreux et dur, le système racinaire qui arrimait le géant s'était développé lui-même de façon tout à fait remarquable : il n'en fallait pas moins pour haubaner ce tronc fantastique. Les racines formaient sur tout son pourtour un entrelacs de tentacules, reliefs de serpents qui émergeaient du sol, y replongeaient, semblaient s'y entremêler et s'agripper les uns aux autres et se tordre à la surface jusqu'assez loin de l'arbre.

C'était sous ce réseau que se cachait la caverne : une anfractuosité dans le sol, une grotte naturelle sous la dalle de pierre dure que des visiteurs avaient aménagée au fur et à mesure.

Adam, l'homme aux chiens, l'avait montrée un jour à ses enfants.

Daniel, Montana et Judith l'avaient élue pour leurs jeux secrets.

(C'est là qu'ils comptaient rapporter le lecteur de disques et les enceintes.)

Parvenu devant l'entrée de leur repaire, Adam ordonna à ses chiens de l'attendre, se glissa sous les racines puis alluma une lampe à batterie rechargeable avant de descendre les trois gradins de pierre qui emmenaient vers l'obscurité.

Immédiatement, il sut que ses enfants n'étaient pas là.

Du faisceau rond de sa torche, il balaya les parois légèrement suintantes, ornées de peintures rupestres dont il avait été l'auteur autrefois avec sa compagne. *Scènes de chasse, où on reconnaît les gibiers ; animaux peints au doigt, comme dans des temps infiniment plus anciens, et dont ils se sont amusés à reproduire la naïve, mais précise beauté. Scènes d'amour, où Allis a l'air d'une cible, et lui d'une lance ; mais ailleurs, c'est elle qui tient l'arme en main et il est un jouet entre ses doigts.*

Leurs enfants y avaient ajouté récemment des motifs parfois joyeusement obscènes. Il sourit malgré l'inquiétude.

Sur le sol de terre meuble, ils avaient déposé un tapis tressé, joncs de chanvre, qu'Adam ne connaissait pas. Il vit, contre le mur de droite, des essais de meubles, sans doute de la main maladroite de

Montana. Un coffre était posé à l'écart. Il devina que s'il l'ouvrait, il aurait d'autres surprises… Il ne le fit pas. Cela ne servait à rien. Les enfants n'étaient pas là.

Il ressortit : la nuit venait, rapide malgré l'été.

Dans les ombres de la brune, Adam flatta ses chiens, les incita de la voix et du geste à chercher. C'était deux animaux splendides, en parfaite santé et vifs : un bâtard de setter plus trapu que ses compères de race et un chien-loup, peut-être un louveteau élevé par ses soins. En dépit de leur docilité, de leur désir de plaire, ils ne trouvèrent aucune piste récente pendant la demi-heure suivante. Les enfants n'étaient pas venus du côté du hêtre, aujourd'hui.

12.

Adam fut de retour à leur cabane alors que la nuit était tombée.

La maison était construite en deux strates arbustives, deux étages accrochés à un chêne ; le premier sur pilotis, à cinq mètres du sol ; le deuxième huit mètres plus haut, s'appuyant aux maîtresses branches. C'était deux ouvrages de rondins assez simples, aux planchers rabotés, aux toits plats et couverts d'humus. Des échelles permettaient de grimper à l'un, puis à l'autre. La fuite vers les hauteurs était facilitée, au-dessus du plus élevé, par un réseau de cordages comparable à celui d'un trois-mâts : des plates-formes, des nids-de-pie – dispositif utilisé en cas d'attaque depuis le sol sans doute.

Dans l'espace abrité sous la cabane la plus basse, il y avait une sorte de préau, une table, trois bancs, où la terre avait été balayée et où quelques ustensiles s'entassaient, des bassines, des gamelles, quelques couverts…

Un peu plus loin : une douche et des toilettes sèches. Un moulin à ailettes tournait sur un bras de ruisseau.

Les deux cabanes étaient plongées dans le noir.

Adam grimpa chez eux, en hâte.

Ils avaient leur chambre, avec sa compagne, à l'étage le plus bas, là où la famille mangeait également les rares jours de froid. Les enfants n'y étaient pas.

Il se munit d'une lampe, monta chez eux. Leurs chambres occupaient l'espace le plus élevé. Les draps étaient défaits, leurs quelques affaires éparses : ce n'était pas parce qu'ils possédaient peu que ce peu – jouets et jeux, livres et outils – était rangé. Mais ils n'étaient pas rentrés.

Adam ferma les yeux, inspira.

*

Trois heures plus tard, il attendait.

Assis sous l'ombre de la cabane, sur un rondin fiché dans la terre du préau, il essayait de se concentrer, de réfléchir utilement et précisément pour se souvenir d'un indice dans leurs conversations, la veille, qui eût pu lui indiquer ce que ses enfants comptaient faire aujourd'hui.

Mais il ne trouvait rien.

Ce même soir, pendant que son compagnon se rendait à la caverne, la mère des enfants avait quitté leur cabane elle aussi, parce qu'il fallait en avoir le cœur net. La route qu'elle empruntait était beaucoup plus longue.

Les « êtres humains » vivaient à une journée de marche de leur cabane, vers l'ouest, à l'orée de la forêt.

La femme était rapide, ce soir. Elle courait vite, régulièrement, en essayant de se concentrer sur son souffle. Elle y serait dans six heures.

Elle était mince, presque maigre, sans l'aigreur de traits que cette complexion induit parfois ; blonde, d'une pâleur lunaire dans la nuit. Des sentiments écœurants se bousculaient dans son âme, des idées inquiètes dans son crâne.

Souvent, il arrivait que les enfants restent au Hameau, chez les « êtres humains », pour la nuit – mais jamais sans prévenir, d'ordinaire...

Peut-être avaient-ils été empêchés ?

Ou s'étaient-ils laissé surprendre par le crépuscule, dans la forêt ?

Ou bien, ils seraient rentrés quand elle reviendrait, demain...

Lorsque les ténèbres se furent tout à fait abattues sur la terre, elle s'arrêta pour allumer sa lampe frontale. Elle semblait sûre du chemin bien qu'il n'y eût aucun sentier ni une quelconque trace visible.

À ce rythme, elle reconnut les premiers signes de la fin de la forêt, sous-bois qui se clairsemaient, premières lucarnes ouvertes sur le ciel, vers deux heures du matin.

Trois minutes plus tard, pour la première fois depuis son départ précipité de la cabane, elle vit le ciel noir, dans lequel brillaient des constellations. Elle arrivait.

*

(Les « êtres humains » avaient profité de cet espace semi-sylvestre, semi-dégagé, pour s'installer, là où les premiers taillis, les contreforts de la forêt gagnaient chaque année sur les champs depuis deux décennies. À l'abri derrière des pins noirs, ils avaient occupé des cabanes désertes, à moitié effondrées, et deux granges robustes – un troisième bâtiment avait été noirci par un incendie. C'étaient des habitations délaissées par des campeurs, autrefois, une utopie de village qui n'avait pas duré bien longtemps.

Les « êtres humains », en arrivant ici, s'étaient cachés, avaient cueilli, chassé. Ils avaient eu des rêves de Peaux-Rouges, d'abord. Maintenant, ils se disaient chez eux. Ils avaient gratté la terre, fait des enfants, dressé des clôtures et des palissades pour protéger les communs du pillage. Ils cultivaient ensemble des parcelles en sous-bois, sylviculture, engrainaient pour attirer le gibier et laissaient vaguer les porcs dans la forêt. Ils avaient des champs de maïs, de tabac, de lin, de coton, dans les clairières voisines. La terre n'était pas trop acide, et le fumier de leurs animaux l'engraissait.

Ils semblaient tout ignorer de l'utopie qui les avait précédés.)

*

— Qui va là ?

Un guetteur armé d'une lance, un pic, la héla depuis une palissade.

Puis il la reconnut.

Elle s'expliqua, le guetteur éveilla deux ou trois chefs de famille. On discuta, à la lueur d'une lampe, dehors.

La femme – les autres l'appelaient Allis – leur dit que ses enfants avaient disparu. Savaient-ils quelque chose ? Non, les « êtres humains » ne les avaient pas vus la veille.

Trois ou quatre habitants de plus se réveillèrent, les rejoignirent en un conseil improvisé.

Une mère du Hameau leur apprit qu'une batterie avait été volée, que Montana tournait autour des éoliennes, l'avant-veille. Allis s'excusa, dit qu'elle rapporterait la batterie…

Depuis son arrivée (depuis qu'elle avait constaté qu'ils n'étaient pas là), elle n'avait qu'une hâte : repartir. Elle remplit la gourde qu'elle portait en bandoulière. Les habitants lui offrirent à manger des fruits secs, énergétiques, et des baies très sucrées, qui lui permettraient de courir de nouveau. Ils proposèrent de faire une battue dans leur partie de la forêt. Elle accepta et dit qu'elle reviendrait le surlendemain, ou enverrait un des enfants les prévenir que l'affaire était réglée – s'ils étaient rentrés.

— C'est l'hypothèse la plus probable, dit-elle.

Personne ne la contredit. Des regards s'échangèrent, qui en doutaient.

*

Elle repartit en courant.

Elle se répétait qu'ils devaient être rentrés, qu'elle les trouverait à la cabane, mais une peur panique, superstitieuse, montait en elle maintenant : cette certitude que le pire est en train de survenir.

Le visage de Jolan lui revenait à l'esprit, ce jour où ils avaient découvert que les loups avaient emporté leur fils cadet.

La terreur visitait son esprit.

Elle essayait de se raisonner, repensant à toutes ces fois où Montana et Daniel avaient disparu, plusieurs heures, parfois deux jours entiers. Ils ne l'avaient jamais fait avec Judith…

13.

[Au cœur de la même nuit,
au sud-est]

Le sauvage était descendu au sol. Tout dormait. La nuit avait étendu son empire immobile, elle était un ventre immense, infini, il s'y mouvait comme Jonas dans le Poisson, guidé par le feu visible de très loin. À travers les taillis, il fit un long détour. Il avançait, mortel et aussi silencieux qu'une bête. Qui lui avait appris le secret des fourrés, les branches souples qui céderaient, permettraient un passage sans s'accrocher à l'arc, et celles qui craqueraient ?

Il s'arrêta lorsqu'il estima qu'il distinguait suffisamment le bivouac.

Le feu était à cette heure où son cœur est une lave indistincte : les braises rougeoyaient et, parfois, il y avait un éclair, une flambée jaune, lorsqu'un rameau s'enflammait. Les braconniers s'étaient couchés et roulés dans des couvertures, sans doute pour se protéger des moustiques. Il faisait tiède. Un seul chasseur tenait la garde, fusil dressé entre les jambes, assis, adossé à un arbre. Sa tête retombait lourdement parfois. Il la redressait la seconde d'après – il luttait contre la nuit…

Les prisonniers entravés reposaient un peu à l'écart.

La jeune fille qui avait eu les seins nus et avait tant troublé l'homme des bois, tout à l'heure, semblait dormir. Elle tournait le dos aux autres. D'ici, il pouvait voir son visage aux paupières fermées, paisibles.

Il la considéra, longuement.

Un moment, il sembla hésiter, se demanda ce qu'il convenait de faire.

Songea-t-il qu'il pourrait cribler les chasseurs de flèches ? En commençant par l'homme de veille ? Il avait dix flèches à pointe dentelée dans son carquois. Dix. Ça lui donnait une marge d'erreur, deux coups de plus qu'il n'y avait de cibles.

Et il avait aussi le pistolet automatique à sa ceinture.

(Il avait en revanche laissé le fusil là-haut, dans les hauteurs.)

Mais il ne disposait que d'un poste de tir imparfait et, dans la bataille, les enfants risquaient de prendre une balle perdue…

Il repartit finalement dans la nuit sans rien tenter, remonta dans les branches, reprit le fusil qui l'attendait sur la fourche.

Lentement d'abord, comme à regret, il s'éloigna de la verticale du feu, vers le sud, puis il alla vers l'ouest dans les hauteurs.

Parvenu assez loin, il se mit à bondir, d'une branche à l'autre, comme une créature parfaitement nyctalope. Autour de lui, la forêt dormait. Un sifflement parfois, un froissement d'ailes, un éclair de sang et de poils.

Quelque rapace.

Rien d'autre.

« Jay, murmurait-il. Joan. »

« Joan et Pibe… »

PREMIÈRE ÉPOQUE

Ici, maintenant
(plus de trente ans auparavant)

[MARS 2022 – BANBURY, OXFORDSHIRE – ROYAUME-UNI]

L'instant d'avant, le jeune homme écrivait dans un cahier, à la main, à l'ancienne.

Mais le stylo s'est arrêté. Il vient de s'interrompre.

Il se redresse. Sans y penser d'abord, il craque une allumette pour allumer une énième cigarette dans la nuit lourde des pluies à venir, sur la terrasse où il travaille à la lueur d'une lampe incertaine. Et au lieu de porter la flamme à la cigarette – ce rougeoiement de brindille –, il arrête son geste et regarde l'embrasement du soufre.

Une lumière blanche a brillé. Elle vacille déjà.

Il approche l'allumette de son visage. Elle tire de l'obscurité tremblante ses traits minces, étroits, sérieux : il a les yeux cernés, légèrement tombants, des pommettes hautes. Il est tellement… *tellement anglais*, disent les copains du continent, avec ses cheveux sagement peignés, cette raie sur le côté de bon élève.

Un bon élève, oui. Un brillant sujet, même…
Sujet de qui ? De quoi ?
Assujetti à quoi ?
À plus personne, après ces lignes ? À tous, désormais ?

*

* *

« À mes professeurs,

Moi, Thomas F., professeur par votre soutien et la confiance que cette prestigieuse université a bien voulu m'accorder, malgré mon jeune âge ;
moi qu'à vingt-trois ans vous avez déjà distingué, honoré, reconnu, coopté, compté parmi vous, plus précocement que cette université ne l'avait fait pour n'importe qui à mon âge,
je suis pourtant au regret de faire sécession par ces lignes, de déclarer une guerre entre vous et nous, ou plutôt une dissidence, une séparation de corps.

Et je crache dans la soupe, *comme disent mes amis français*[1]. »

*

* *

Le jeune homme incline l'allumette. La flamme mord le bâtonnet et monte, fragile.

1. *Do Not Count on Us*, Thomas F., *op. cit.*, Prologue, p. 11.

Le bout de ses doigts en éprouve la chaleur. Il ne peut s'en détacher, fasciné. À quoi pense-t-il ?

Ce que tu es en train de faire ?

Qui te dépasse ?

Le devines-tu ?

L'air est froid. Mars à Banbury, banlieue modeste d'une ville riche ; Oxfordshire, Angleterre. Royaume-Uni, Europe, monde. Mais Thomas F. écrit en bras de chemise.

Est-il fiévreux ?

Dans la maison, derrière lui, tout dort.

Sa mère, chère mère... Elle s'est bouffé une jeunesse pour lui donner cette éducation obstinée, tenir seule une ligne et une exigence. Elle est si fière de lui, de lui avoir offert le meilleur : un ordinateur, des livres, ses écoles – l'université, surtout ; tout ce qu'il est devenu et qui lui permet d'écrire ces lignes.

De rupture.

Ces lignes vont tout consommer entre eux.

Elle et lui.

Comme

cette allumette

se consume.

*

* *

« ... Parce que pour faire droit à ces honneurs, il me faudrait enseigner, sur le théâtre prestigieux

que vous m'offrez, toutes les balivernes de la Science Politique, cette fiction immorale, et par exemple cette fable : contrat social…
Et l'amour de la Vérité que vous professez m'en empêche ; c'est au-dessus de mes forces.

Mon Dieu[1]… »

*
* *

Thomas mouille à ses lèvres le pouce et l'index de sa main gauche, puis il saisit du bout de ces doigts l'extrémité déjà consumée pour retourner l'allumette. Un instant, elle brille de nouveau, comme neuve.

Quand la flamme a tout dévoré, il la laisse tomber sur le cahier, petit morceau noirci, tordu, qui fume un instant.

S'est-il brûlé ?

L'allumette a laissé une auréole à peine brunie sur la première page.

Est-ce cela qui reste, à la fin ? Un souvenir, le souvenir de la lumière ? Et une brûlure ?

Le visage de Thomas est retourné dans l'ombre. Sa cigarette attend une flamme. Il ne fait pas un geste pour l'allumer, perdu dans ses pensées. *Do Not Count on Us*. Les lignes dans le cahier. Un feu dans la plaine, un incendie.

---

1. *Ibid.*

*

* *

« Quel contrat nous lierait ? Vous à moi ? Vous et moi, à l'ensemble de la société ? À ceux qui la gouvernent, l'administrent, en bénéficient ? À ceux qu'elle écrase ?
Quand les clauses en auraient-elles été écrites ? Par qui ?
(…)
Où serait le social d'un contrat dont on arrache la signature par l'habitude, la peur, les besoins, la soumission, sans consentement de quiconque ?

Il n'y a pas de choix ; le seul droit qui reste, pour le contractant forcé, est de se dérober.
Je le fais par ce texte…
Nous le ferons par nos actes.

Et si vous voulez continuer de considérer sérieusement ce chiffon, cette fable de papier, si votre « contrat social » est nécessaire aux fictions de vos gouvernements, il vous faudra envisager d'y ajouter une clause de rupture ou bien nous jeter en prison. Mais ne comptez pas sur nous pour nous rendre[1]*. »*

1. *Do Not Count on Us*, Thomas F., *op. cit.*, p. 19.

[Six mois plus tard – Septembre 2022]

D*o Not Count on Us*, à sa sortie.

Des insultes. Des ruptures. Des lazzis.

Il voit tous ceux à qui son étoile montante faisait de l'ombre. Ses collègues, ses protecteurs, ses récents obligés, tous ceux à qui Thomas F. devait ou qui lui devaient dans sa carrière-météore, il voit leurs mines goguenardes sur son passage.

Ils sont soulagés de sa chute.

Pour qui s'est-il pris ? Auteur d'un « manifeste » ? Manifeste de quoi, de qui ? Pour qui ?

Lui, le brillant sujet, mesure la haine, l'envie et la crainte dont il était l'objet : il leur a fait si peur de penser par lui-même… Le voilà sur la roche Tarpéienne. Tribunal. Bûcher. Rituel des lynchages. Bronca, conjuration, chœur des bien-pensants – qui ne pensent ni n'aiment le Bien – car le Bien c'est le Vrai.

Mais tout va rentrer dans l'ordre.

Feu Thomas F. Futur ex-*University Lecturer*, presque futur *Professor*, ne sera plus rien, finalement.

Rien.

Lui reviennent les mots de More[1] montant les quelques marches vers l'échafaud et s'appuyant sur le bourreau : « Je vous en prie, je vous en prie, monsieur le lieutenant, aidez-moi à monter ; pour la descente, je me débrouillerai… »

Rire, oui.
Rire de leurs rires…
Persister et signer, rire aux éclats de leurs soulagements, avec l'insouciance d'avoir raison jusqu'au bout…

Do not count on us. Ne comptez plus sur nous. Est-ce, était-ce, une Utopie ?

*
* *

« Quant à nous, nous nous en irons, sur la Terre.
Notre monde est le vôtre : nous ne pouvons nous en retrancher, mais nous choisirons des lieux, des déserts, des silences, des bibliothèques, des jardins, où nous pourrons vivre ; dans les marges ; nous laissant transformer, lentement, durablement, par cette vie commune, politique.
Et notre seule communauté politique sera désormais l'amitié.
(…)

1. Thomas More, chancelier de l'Échiquier anglais du XVIe siècle, condamné à mort par son roi, décapité – auteur de *L'Utopie*.

Nous compterons sur nos vies partagées et le travail commun pour nous lier d'amitié véritable avec ceux qui auront choisi la même vie que la nôtre. Que faire d'autre ?
Comment retrouver le sens d'une vie commune si le concitoyen est tellement éloigné que je ne connais pas son visage, son nom, son travail, si je consomme le fruit de son esclavage, si je m'abrutis pour son plaisir, si vivre avec lui ne me transforme pas à tel point que nos silences finissent par se ressembler ?

Comment[1] *?* »

*

* *

Les voilà seuls dans la cuisine, tous les deux. Il fait nuit. L'eau chauffe sur la gazinière pour un dernier thé.

Et sa mère regarde Thomas.

La lumière électrique produit cet éclairage trop blanc qui tombe sur leurs traits. Le livre à la couverture rouge et sage est posé sur la table entre eux : les phrases, les lignes, les conclusions qu'il faut tirer ; ce qui les attend ; le chagrin si grand qu'il lui cause.

Les yeux maternels transpercent les yeux du fils :

— *C'est cela que tu penses de moi ? Vraiment ?*

— *Non, mais toi, ce n'est pas…*

1. *Do Not Count on Us*, Thomas F., *op. cit.*, p. 23.

— *Je suis celle dont tu parles. Aussi. Plus que tout autre. Tu le sais.*

Dialogue muet, aux larmes.

— *Es-tu prêt à aller au bout de cela ? Vraiment ? À en tirer toutes les conclusions ?*

Elle attend sa réponse.

Et pour la première fois depuis l'enfance, depuis qu'il est capable de lire toutes les pensées de sa mère, ses silences, ses tristesses, de distinguer les peines à vif du chagrin ancien, de deviner les lassitudes du jour, Thomas ne sait pas ce qu'il faut lui répondre. Ce qu'elle attend.

Lui demande-t-elle encore la vérité, aujourd'hui ?

Peut-être. Mais pour la première fois, il n'en est pas certain.

La théière siffle derrière elle. Elle ne se lève pas. Lui non plus.

— Oui, maman, dit-il, finalement, douloureusement. C'est ce que je pense. Nous n'avons pas le choix. Nous devons rompre.

Il voit une peine, un accablement brutal sur le visage de sa mère, comme si le monde lui tombait sur les épaules. Ses lèvres tremblent, elle fait son âge…

Mais elle écoute.

Les yeux vifs. Brillants.

— Je ne suis et ne serai toujours que celui que tu as voulu, maman. Un fils. Un fils qui pense. Et je pense que nos attaches avec le monde que vous nous laissez sont la cause du malheur que nous laisserons à notre tour. Il nous faut rompre avec vous. Franchement. Couper les ponts, les amarres, nous écarter, physiquement, nous retrancher de vous pour pouvoir bâtir autre chose.

Il se lève, sa chaise racle le carrelage.

— Tu me l'as dit, répété cent fois. « Penser intensément, courageusement, avec l'indépendance qui est la marque des grands esprits. Penser, même contre soi, ses habitudes, son milieu, son sexe, son pays... » *Même contre toi*, s'il le fallait, maman.

Ils sont dans cette cuisine où cette femme s'est épuisée en tâches domestiques, la nuit rentrée, pour que jamais rien, rien, ne vienne distraire son fils de l'étude. Elle était sa maison, son port d'attache, l'endroit d'où Thomas a abordé le monde ; la raison qui a décidé qu'il serait, aujourd'hui, ce qu'il est.

Elle a dilapidé son dos, ses yeux, ses mains, sa jeunesse en travail acharné, pour qu'il soit ce qu'il est.

Et il l'est.

Mais le livre posé sur la table, entre eux, Thomas voudrait ne pas l'avoir écrit à cet instant. *Do not count on us.* Il voudrait le prendre simplement, lire les premiers mots sur la première page : « *À ma mère.* »

Ce serait une pauvre ruse, une excuse.

Cela ne la tromperait pas...

— Je t'aime, maman, dit-il simplement. Profondément, respectueusement. Autant qu'un fils peut aimer sa mère...

Il fait un pas vers elle. Comme il aimerait, une fois, une seule, qu'elle se lève de sa chaise, qu'ils se prennent dans les bras. Mais non. *« Tiens-toi droit. Rigide. Tiens ta ligne. Honnêtement, obstinément. Ne dévie pas. C'est à cette condition, toi qui n'avais pas une chance au départ, que tu t'élèveras plus haut que n'importe qui aurait pu le supposer, n'importe qui… »*

— J'aurais voulu que… Tellement…

Dans la bouilloire, l'eau hurle comme la cheminée d'un train.

Thomas secoue la tête, ne termine pas sa phrase.

— … Mais il ne faut rien céder, à personne, jamais. Rien sur ce que nous croyons. Tu me l'as appris, maman.

« Alors, puisqu'il le faut, regarde-moi partir… »

Les ombres sont longues mais à peine bienfaisantes.

L'un des garçons a pris la tête.

Et là, il presse encore le pas comme s'il allait se mettre à dévaler, à courir, à danser.

— Hey, Anton, t'es pressé d'aller à la messe ?!

— Ha ha… pour un anarchiste !

Anton se retourne, considère avec allégresse le garçon et la fille qui viennent de l'interpeller dans un anglais au fort accent italien – Nicola et Chiara, blonds tous les deux, frère et sœur. Un sourire éclate sur son visage olivâtre et étroit, un visage de rongeur : il n'est pas beau, mais une joie exaltée illumine ses traits…

— Allez vous faire enculer ! Votre Francesco[1] n'est pas à vous, mais à nous tous !

— *Vaffanculo* toi-même, sale rouge !

Rires.

— Hey, dis… Tu nous attends ?!

Non. Anton n'attend plus. Il cavale franchement cette fois dans la descente raide vers l'entrée de San Damiano ; comme s'il était pressé de trouver des réponses, qu'elles le mettaient sur des charbons ardents. Comme si elle existait, la réponse.

*

* *

1. François d'Assise, saint et pauvre du XIIIe siècle. Le couvent de San Damiano est l'un des ermitages qu'il fonda.

Ils entrent dans le monastère.

Le plus grand des garçons, qui marchait à la traîne et semblait le moins impatient d'arriver, se tait toujours.

Ils traversent le silence, la chapelle, le réfectoire…

Le traînard, visage brun mangé de barbe, grand, athlétique, un physique de charpentier, des yeux francs, laisse les autres poursuivre. Il s'est arrêté dans le cloître : ce dénuement, cette pauvreté, la rareté des meubles, la pierre nue… Est-ce cela, la réponse ?

— Rien, dit-il à mi-voix. Je veux ce rien-là.

Une main se pose sur son épaule. Surpris, il se retourne.

Antigone est revenue le chercher.

Antigone. Petite frappe. Cheveux courts, piercing, T-shirt de mec, une tête de moins que lui.

Inquiète, elle penche le visage légèrement sur le côté, le dévisage avec ses yeux de myope, très gris.

— Ça va ?

— Ça va.

Xavier hausse les épaules.

Elle aussi.

Elle le connaît tellement, si intimement, qu'une ombre passe sur son front.

*

* *

Plus tard, ce soir-là, au camping, ils parlent tous les cinq de la Révolte en cours.

(Tous les cinq, c'est-à-dire : Xavier, étudiant en histoire à Nanterre ; Antigone, sa copine, son âme, en L2 à la Sorbonne ; Nicola et Chiara, frère et sœur, étudiants, respectivement en économie et en lettres, à Milan ; Anton, anarchiste berlinois en rupture d'études…)

Des grèves ont commencé, l'hiver précédent, des émeutes urbaines, en France, en Italie, en Allemagne, leurs pays, et partout ailleurs en Europe. Ils se racontent : les manifestations bloquent les centres-villes. La colère des jeunes gens flambe. Ils n'en peuvent plus d'être des quantités négligeables. Ils caillassent des agences bancaires qui n'ont pas de crédits pour eux ; lancent des assauts contre les agences pour l'Emploi qui ne leur proposent que des stages ; démontent des caisses d'allocations garantissant des pensions de retraite qu'ils ne percevront pas…

Anton, l'anarchiste allemand, sourit en parlant de squats et d'affrontements, de violences, de guerre, de réappropriation.

Xavier et Antigone secouent la tête.

Ils se méfient des grands mots, « chaos », « révolution », « communisme », mots usés par les échecs. Ils savent qu'on va dans le mur et qu'on finira par perdre, et que ceux qui perdent le plus, dans ce cas, ce sont toujours les pauvres.

Mais ils sont là pour ça, tous les cinq, pour se rencontrer, se parler, se comprendre.

C'est ainsi qu'ils ont décidé de passer leurs vacances : entre électrons, entre particules de la gigantesque agitation générale, pour se connaître, et lier des amitiés – cela, la camaraderie et même l'amitié, ils y croient tous. C'est la raison d'être de leur séjour en Italie, chez Nicola et Chiara, et de ce voyage commun en Ombrie.

(Des milliers d'autres se retrouvent ailleurs, dans d'autres villes, d'autres campagnes, pour se reposer et travailler ensemble.)

Se parler. Se découvrir une langue commune.

Apprendre à se taire ensemble. Contempler. S'écouter. S'aimer.

« Les voyages forment la jeunesse », dit-on.

[Quelques mois plus tard
– à l'automne 2024, à l'hiver 2025
– en France, en Italie, en Allemagne
– et partout]

La rue est bloquée dès septembre, de nouveau, comme au printemps précédent.

Des centaines de milliers de jeunes gens vont dans la rue, y campent, jours et nuits.

Mais cette fois, c'est sans violence. C'est pacifique. Silencieux. Inquiétant.

Les jeunes gens ont appris, ils en ont parlé tout l'été : ils ne caillassent plus, ne démontent plus rien.

Ils s'allongent devant les établissements, les campus et les palais, et ils attendent.

Des centaines de milliers de jeunes gens immobiles se taisent. Ils bloquent les facs, les trains, les lycées ; l'entrée des agences bancaires, jusqu'à la mise en place d'un vrai prêt étudiant ; les agences pour l'emploi, jusqu'à la mise en place d'un « plan jeunes pour l'emploi » ; les cafés, les restaurants, où on leur propose de se contenter de jobs minables, non déclarés, sous-payés. Ils ne disent pas un mot. Ce silence est effrayant.

*
* *

Anton est arrêté cet automne-là après l'incendie d'une banque à Cologne.

Il était du groupe qui l'avait envahie, un black bloc.

A-t-il allumé la mèche ? Est-il l'un des incendiaires ?

Ou juste au mauvais endroit, avec les mauvaises personnes ?

*
* *

Nicola retrouve Chiara quand ils reviennent chez leur mère, pour Noël, à Ostie.

Elle ne l'a pas vu depuis un mois. Il est à Turin, maintenant.

Il est fiévreux, exalté, sombre aussi.

Il dit à sa sœur qu'ils ne pourront plus reculer, cette fois. Il est dans des coordinations, ils préparent de grandes choses. Elle ne le reconnaît pas tout à fait, le trouve intransigeant, plus radical, prêt à des ruptures.

Il a lu un livre, qu'on vient de traduire en italien, qu'il lui offre, emballé dans un papier doré : *Do Not Count on Us*.

* * *

À Paris, chez eux, dans ce studio minuscule qu'ils louent un bras, Antigone et Xavier l'ont lu aussi.

Ils le lisent tous, dans les coordinations, ces jours-ci. Ils le dévorent, il les dévore.

Il est traduit partout en Europe, parfois de façon approximative, bricolée.

C'est une contagion.

« Si nous nous séparons de vous, c'est que le monde où vous nous avez enfantés édicte par avance l'échec de toute voie nouvelle, par le renoncement à toute souveraineté personnelle.

Il est bâti pour sa reproduction, infinie.

Mais désormais, nous ne consentons plus à rien – rien.

Nous claquons la porte, quittons la pièce, puisque c'en est une (une farce ou une tragédie), nous l'ignorons encore, et nous désertons même le théâtre tout entier.

Et quand vous découvrirez, par ce geste, que vous aussi aviez le choix, qu'on vous a extorqué votre consentement sans raison, au fond, mais également par simple lâcheté de votre part, que vous aviez la liberté de partir, peut-être aurez-vous du regret,

au lieu de prétendre à des remords quant au monde que vous nous laissez.
Peut-être regretterez-vous votre négligence, vos besoins, vos conformismes, votre haine de l'inconfort, de la liberté, votre lâcheté, vos échecs, votre terreur de la police peut-être, et votre paresse intellectuelle, qui les expliquent[1]. »

Ils en parlent. Dans la cuisine, au réveil, dans la nuit de l'hiver, sous la lumière électrique qui attriste leurs visages fatigués, ils en parlent des heures.

Et ce livre a retenti, avoue Xavier, avec le dénuement de San Damiano, avec cette idée de vie dans les cabanes, dans les bois, avec ces rêves de mômes, ces souvenirs de vacances où on pêchait des poissons, sur la plage, on les faisait cuire au feu, on jouait dans la poussière pieds nus, et dans le ruisseau ; on n'avait rien, on était heureux.

Antigone lui frôle la main, lui demande : « Et nous ? »

*

* *

À l'hiver, en France, un gouvernement épuisé d'un président en bout de course annonce qu'il crée, pour la rentrée suivante, trois UniverCities, trois villes-containers sur trois plaines-jachères, afin de résoudre « concrètement et concomitamment »

---

1. *Do Not Count on Us*, Thomas F., *op. cit.*, p. 63.

la question de la précarité lycéenne-étudiante, de la fin du bac, de la crise des affectations universitaires (ParcourSupgate IV) ; de ces émeutes, surtout.

Aux critiques des adversaires du projet « urbain », en pré-campagne présidentielle, le ministre des Villes Intelligentes répond « débouchés publics à la recherche-développement privée », « villes connectées ». (Depuis que l'être humain nomme « intelligents » des voitures, des téléphones, des villes, il semble que l'intelligence se soit retirée du monde.)

Puisque le pétrole devient hors de prix, on utilisera autrement les containers de marchandises…

En Espagne, un gouvernement de transition envoie la troupe mater, « avec fermeté mais sans rien céder aux principes de l'État de droit », une énième sécession d'énièmes nationalistes catalans, ou basques, ou quelque autre patriotisme de substitution.

En Italie, un gouvernement instable annonce un référendum pour quitter l'Union européenne – prélude d'autres sécessions plus profondes –, tandis qu'en Écosse, un gouvernement autonome annonce un référendum pour la rejoindre.

L'exploitation par fragmentation des schistes bitumineux provoque en ce mois de janvier, aux États-Unis, le désastre annoncé de longue date.

L'Iran et les pétromonarchies du Golfe se déclarent au même moment une guerre dont personne ne peut anticiper la durée.

Le pétrole se fait si rare que son coût en devient exorbitant.

L'Europe, reléguée dans la seconde division de la « Division internationale du Travail », s'apprête à devoir abandonner « l'Économie de croissance », mais ne le sait pas encore.

Deux ans plus tard, l'Union lancera sa « Politique communautaire pour l'économie de la transition ». La France se convertira aux biocarburants et au véganisme. La nouvelle majorité issue des urnes promulguera ses lois sur la Gestion et la Protection des Autres Espèces Animales.

On créera « la Réserve »…

« *Se vogliamo che tutto rimanga come è, bisogna che tutto cambi*[1] », sourirait Chiara.

1. « Si nous voulons que tout reste tel que c'est, il faut que tout change. » Le prince Salina, in *Le Guépard*, de Guiseppe Tomasi di Lampedusa.

[LISIÈRE DE LA FORÊT DE D., DORDOGNE
– FÉVRIER 2025]

Xavier arrête la voiture en se rangeant le long de la départementale.

— C'est là.

Antigone se glisse, le buste, les hanches hors de la voiture par la vitre de sa portière, comme s'il ne fallait pas sortir et mettre le pied dans l'herbe – comme si le sol brûlait.

Voir, juste.

Elle voit.

À l'orée du bois, en léger contrebas de la route, trois granges de pierre menacent de s'effondrer – de grands bâtiments gris, vieux, étroits comme des longères, aux toits affaissés et dont les murs se délitent lentement, pierre par pierre – dans une prairie herbeuse, où l'herbe de février n'a pas encore l'exubérance de mai, mais déjà sa verdeur.

Si l'on s'approchait, on distinguerait la folle vie des insectes dans ces graminées, les fleurs sauvages en boutons, les promesses.

Antigone a les yeux gris de plomb, un petit visage buté. Des cheveux très courts. Un front froissé.

Elle n'est pas jolie à la façon ordinaire dont on considère la joliesse. Elle porte une chemise de bûcheron à carreaux, trop grande sur son torse étroit, un jean trop serré qui lui fait des jambes et un cul maigres, une veste à capuche très large. Elle a des bagues en argent à ses doigts, des veines nerveuses sur les mains. Elle a un piercing dans l'oreille droite et des lèvres boudeuses.

Elle se sent terrifiée.

(On reconnaît l'endroit où, bien plus tard, les « êtres humains » fonderont leur « Hameau ».)

Elle regarde les collines couvertes de bois : mamelons de forêts sombres, épaisses, fantastiques, où les feuilles bourgeonnantes des caduques esquissent des taches claires. Il y a un chemin de pierre, une piste, qui mène aux granges. Derrière le troisième bâtiment, à la lisière du bois, on devine un étang à la profusion de roseaux et d'arbustes aussi hauts qu'une bambouseraie. Le dernier village qu'ils ont traversé est à trois kilomètres. La route est un ruban de goudron pour traverser des forêts.

Herbes folles sur le bas-côté, désert humain. Absurde. Et là, devant, à cinq cents mètres de la route, il y a un tertre, un de ces endroits qu'on défricherait pour faire un oppidum, un camp retranché, si on se retranchait.

Est-ce cela qu'ils vont faire ? Se retrancher ?

Se soustraire ? Refuser le combat ? Disparaître ?

Se retirer, alors que cela demande tant d'efforts d'être au monde, simplement ?

Est-ce lâcheté ? Fuite ?

Est-ce que ça demande encore plus de courage ?

— Là ? répéte-t-elle, incrédule.

— Oui, là, répond Xavier. Au pied de la colline. Deux hectares. La prairie, l'étang et les granges. On sera bien.

— Tu crois ?

La voix de la jeune fille a dérapé.

— Tu crois ? répète-t-elle en la réassurant

— Oui, répond Xavier. J'en suis sûr. Parce que c'est beau.

Elle hoche la tête, ouvre sa portière, met un pied par terre timidement… Elle a peur comme jamais, une peur qui lui serre le ventre.

Et parce que ça la terrifie, elle comprend que c'est ça qu'il faut faire.

[illegible] de le voir [illegible] ? Se retrouvent [illegible]
[illegible] contraire [illegible] ? Couler ? Disparaître ?
Sarah [illegible] elle [illegible] affreux [illegible]
au [illegible]
[illegible]
[illegible] plus de courage.

Dans la cuisine

— [illegible]

— Oui, là, répond Sarah. Au pied de la colline. Deux heures. La grange [illegible]. On [illegible].

— [illegible] ?

La voix de la jeune fille [illegible].

— [illegible] ?

— Oui, [illegible] [illegible] que c'est [illegible].

Elle hoche la tête, ouvre sa porte et met un pied [illegible] pour comme [illegible] que [illegible] qui lui serre le ventre.

[illegible], elle comprend que c'est ce qu'il [illegible].

Dans le tumulte

[Juillet 2024 – Assise, Italie]

Eux, ils descendent sur une route au goudron craquelé de chaleur.

Ils sont cinq jeunes gens. Deux filles, trois garçons.

Pieds nus dans leurs sandales techniques, ils sentent trembler la chaleur du bitume qui poisse… Le bleu du ciel est poussiéreux, les nuages ont des ombres jaunes. On croirait une photo surexposée tirée au polaroïd et qui aurait vieilli quelques années dans un tiroir, ou un ciel de Delacroix. À leur droite, à leur gauche, ce sont des oliveraies. Les arbres gris vibrent d'argent dans les champs de paille sèche ; les feuilles sont immobiles, il n'y a pas un souffle d'air. La plaine d'Ombrie est immense, plate, au pied de la colline : les cyprès, en litanies, bouquets, pelotons noirs, le damier des cultures, pâtures d'un vert amande fade ou métallique, ocres doux et terres de Sienne (loin de Sienne, qu'ils ont visitée l'avant-veille)…

Un toit de tuiles annonce le monastère, puis il y a quelques arbres et un mur de pierres jaunes.

[Novembre 2022
– Trente mois auparavant]

Pibe a douze ans à ce moment-là et ne s'appelle pas encore Pibe.

C'est Paul, un enfant de bourgeois parisiens né au bon endroit, dans le bon arrondissement, la bonne ville. Il va dans les bonnes écoles, au bon collège – il sera dans le bon lycée. Il a eu les cours particuliers, les répétiteurs quand il fallait, les *summer camps*. Il a les bonnes fringues, la bonne allure, la bonne coupe. « Mignon », les filles le trouvent « mignon », et sa mère aussi. Ça le tue, cet adjectif.

Paul a les cours de piano ; les cours de karaté, art martial, pour *apprendre le respect* et pour *se développer*. Mais il s'en fout.

Pour lui, la seule chose qui compte, c'est le foot, les matches avec son père au Parc des Princes. Il a un poster dans sa chambre. Son père l'y emmène, les mercredis, les samedis, ou les dimanches de match. C'est leur moment « entre hommes », leur havre, le jardin partagé qu'ils cultivent, un autre monde à deux encablures de leur quartier de fric.

Deux heures avant le match, ils enfilent leurs couleurs, prennent le métro. Ils achètent une merguez ou un kebab à un marchand ambulant, devant le stade, un sandwich qui ferait froncer le nez à la mère de Paul et laissera sur son jean une auréole de gras – salade-tomate-oignon, sauce blanche. Ils entrent dans le stade. Ils vont jurer, insulter l'arbitre et l'adversaire avec tant de mauvaise foi, appeler « leurs » joueurs par leurs prénoms…

Paradis, enfance.

Et la première fois que le chemin bifurque, c'est parce que Paul entrevoit les seins de Joan.

*

* *

Ce jour-là, novembre 2022, on reçoit les Italiens de la SS Lazio de Rome.

C'est poule de qualif pour la Champions League.

Et Paul voit ce truc-là : à l'autre bout du stade, le parcage visiteurs est en transe, en furie.

Les *Irriducibili*. Des ultras, des hooligans, violents, fascistes. Les portraits de Mussolini qu'ils arborent en drapeaux, Paul les reconnaît – il connaît le *Duce* (son père le vérifie, ne rate jamais une occasion d'évaluer sa culture, lui ébouriffe les cheveux quand il répond bien).

Dans les jumelles, les crânes des *Irriducibili* sont rasés. Ils sont tous en maillot bleu ciel, en tatouages.

Ils brandissent des poings, des bouteilles, des tessons, lancent des boulons, arrachent déjà les sièges…

Et là, juste à côté de Paul et de son père, de l'autre côté du grillage de « leur » tribune, les spectateurs du Virage Auteuil répliquent. Auteuil. Les tribunes populaires. Les « ultras », les fous, les apaches du Parc des Princes. Dans le virage, derrière le but, ils ont sorti le tifo et les fumigènes. Ils sont en feu, ce soir-là. Ils brûlent.

Et quand ils brandissent les banderoles, quand ils crackent tous les fumis, à la 26e minute, quand le Virage Boulogne leur répond, en face, tout le stade s'embrase.

Paul entend les cris.

Paul entend les annonces.

Le speaker demande aux supporters de se calmer. Leur attitude pourrait pénaliser le club. (Sifflets. Dans leur tribune, ça siffle, un peu – sans trop savoir contre qui – le speaker, le chaos ?)

On annonce l'évacuation du Virage bas Auteuil. Paul rit. Il rit avec son père, parce qu'ils ont l'air de s'en foutre, ceux de la tribune Auteuil – ils n'ont franchement pas froid, en novembre, torse nu, tous, à agiter leurs écharpes, à les faire tourner au-dessus de leurs têtes en sautant sur place, et à cinquante, à cent, dans les lambeaux des fumigènes qui se déchirent, ça fait comme une marée, une vague, une chose vivante constituée de cent, de mille corps, qui crient d'une seule voix, qui sont mille voix.

Son père lui donne un coup de coude et lui passe les jumelles.

— Regarde, y a même une fille.

Et là, Paul la voit : au milieu des fous d'Auteuil, la seule fille. Jeune. Noire. Sa peau nuit, au milieu de ces corps de mecs bruns, blancs ; sa coupe afro ; ses hanches de femme. Elle fait tourner son maillot au-dessus de sa tête, en soutien-gorge noir – pas froid, non, pas froid aux yeux. Dans les optiques rondes, il ne voit plus qu'elle. Ne peut se détacher. Fasciné. (Il a déjà vu des vidéos de femmes nues, pourtant. Ils ont tous des smartphones, des tablettes, des écrans dernier cri dans son collège, ils se montrent des vidéos de seins, de fesses, de bouches, de boules, mais ça n'a rien à voir avec cette fille au milieu de la tribune, tellement plus réelle, plus insensée – plus… plus troublante. Alors il rit. De la liberté de ce corps-là, de son audace et de son exultation.)

Le speaker annonce une deuxième fois l'évacuation, dit que les systèmes de vidéos permettront d'identifier ceux qui n'obtempèrent pas. Dans le Virage Auteuil, ça brûle. Ça chahute. Ça hurle.

Le père de Paul dit :

— Ça va barder.

Interruption du match. Retour des joueurs aux vestiaires. Sifflets. Odeurs de fumée. Lacrymos.

Ça pique les yeux. Les flics se rassemblent au pied de la tribune pour évacuer les récalcitrants : avec leurs boucliers de plexi, leurs matraques, leurs casques, armés de pied en cap et caparaçonnés, ils sont les Légions de Rome contre des sauvages demi-nus, antiques.

Paul voit les Barbares refluer vers le haut de la tribune en courant. Vers les sorties.

Pour fuir, évacuer ? Profiter de la cohue, s'échapper ?

Non.

S'ils se sont massés là-haut, c'est pour prendre un élan.

Ils chargent. D'un coup. Tous ensemble, ils dévalent. Déferlent. Depuis le haut de leurs gradins. Une lame.

Les flics prennent la vague de plein fouet, reculent, puis refluent.

Les fous leur jettent les fauteuils qu'ils arrachent à leur tribune. Et re-chargent, encore. Des sièges volent.

Les flics se débandent.

Et elle est là, au milieu des Barbares, la fille en soutien-gorge. Et en les voyant, inexplicablement, les yeux de Paul brillent : il comprend qu'il veut ça. Cette violence. Cette puissance collective, irrésistible. Ce flot. Être ça. Être au milieu d'eux. Comme eux. Avec cette fille-là.

Savoir comment ça fait, un poing sur une pommette. La douleur physique. Les coups. La trouille. Les seins de cette fille…

Savoir ce que ça procure, et ce que ça coûte.

[PRINTEMPS 2024]

Maintenant, Paul va tout seul au stade. Son père a quitté leur maison depuis quinze mois pour cette femme trop jeune… Au début, ils se voyaient un week-end sur deux. Son père avait dit qu'il se libérerait pour les soirs de match. « C'est notre truc, Paul. » Mais c'était un mensonge. Son père a décommandé, une fois, deux fois – et maintenant, c'est entendu, il n'y va plus du tout. Plus le temps.

Il est si lâche.

Paul ne lui en veut même pas.

*

* *

Sa mère trouve que Paul change, qu'il grandit. Quatorze ans. Elle le recoiffe parfois, referme un bouton de sa chemise, le rajuste en disant « mon grand ». Il se dégage avec rudesse, n'aime pas son sourire presque amoureux sur lui. Les mères divorcées de ses potes ont le même regard dévorant sur leurs fils, leurs grands, leurs petits hommes. Leurs « chéris ». Elles sont si seules, si terrifiées de vieillir…

Mais du moins, sa mère ne râle plus désormais de le voir partir au stade, depuis qu'il y va seul, sans son père.

Seul.
C'est ton truc.
Ça et cette boule au ventre. Et cette fièvre aussi, quand tu approches du stade, les jours de match.
Quand tu arrives sous ses tribunes et que tu l'entends gronder ; un animal.
Tu vois ses lumières vers le ciel, comme une soucoupe volante, un labyrinthe de béton, un vaisseau, un monde.
Ses recoins taggés, ses chiottes qui sentent la pisse, ses marchands de viande grillée, ses marchés noirs, c'est chez toi.

Elle n'aime pas savoir Paul tout seul en tribunes. « Tu pourrais au moins y aller avec des amis. »

Elle aimerait pouvoir le joindre : « Tu pourrais allumer ton portable. » Il ne le prend même plus.

Elle râlerait sûrement si elle savait que Paul n'a pas le droit d'y être, mineur de moins de seize ans non accompagné. Mais les vigiles s'en foutent. À chaque fois, c'est la même combine : au moment de franchir les guichets, il aborde un des vieux, un adulte qu'il croise en tribunes. « Mon père n'a pas pu venir », dit-il. Pour quelques instants, il se choisit un daron de substitution. À chaque fois, il y a cette boule au ventre.

Mais ça passe crème…

Son abonnement, cette année, il l'a pris au Virage d'Auteuil. Les fous, les apaches n'y sont plus, ni la fille coiffée afro, celle au soutien-gorge noir. Ils ont viré les fauteurs de troubles – les fouteurs de merde, les ultras. Interdictions de stade, fermeture du Virage bas, abonnements aléatoires.

Paul a vaguement suivi ça sur les réseaux. Les grèves des supporters. Les banderoles.

Il entre dans le Parc, eux n'y pénètrent plus. Ils rôdent tout autour, à la recherche de bagarres, comme des loups.

*

* *

Parfois, après le match, Paul rentre à pied. Il prolonge son moment, marche dans la nuit. Sa mère l'attend, s'inquiète ; il entend la lumière s'éteindre dans sa chambre quand il ouvre la porte.

Les week-ends où l'équipe joue à l'extérieur, une semaine sur deux, le match lui manque, plus que son père peut-être…

*

* *

Et un soir, ce soir-là, il n'entre pas. Parce que c'est soir de Champions et que ce sont les retrouvailles avec Manchester City : il y a eu des rixes, des bagarres, tout le début de soirée, sur le boulevard de B., entre les « Auteuil » interdits de stade et les hooligans anglais, entre les « interdits » et les supporters autorisés, entre tous et tous.

Alors quand Paul se présente à l'entrée du stade, les vigiles pour une fois regardent sa photo, son âge, ils lui demandent où est son père.

— Il arrive, là…

— Eh ben, tu vas l'attendre.

On l'écarte. « Laissez passer les autres, monsieur… »

Il fait mine d'attendre, de battre la semelle, regarde sa montre, soupire, leur dit qu'il va rater le début.

Ils s'en foutent.

Il espère un changement de vigiles sans y croire.

Il se retrouve seul devant les grilles. Comme un gamin laissé à la porte par les adultes.

Les coursives se vident. Derniers retardataires qui arrivent en courant.

Ils ferment les guichets.

Le stade rugit, c'est foutu pour ce soir.

Il traîne encore un peu. Incrédule. Déconfit.

Comme s'il voulait croire encore à un miracle.

Il est 21 h 15.

Il s'en va.

Dans les rues vides, des traînards traînent, silhouettes désœuvrées après la bataille – affiches déchirées au sol, débris de verre, cannettes vides, bouteilles brisées ; barrières renversées, traces encore de l'émeute là où les heurts ont eu lieu. Paul avance mains dans les poches, tête dans les épaules, dégoûté, désabusé, défait.

— Bâtards !

Un cri de fille, soudain, dans la nuit de lampadaires, lui fait tourner la tête…

« Bâtards » ?

Trois mecs en maillot du PSG, aux crânes rasés, entourent une meuf. Ils la coincent dans un coin. Mais Paul la reconnaît. C'est la fille à la coupe afro, celle au soutien-gorge noir.

Aucune aide à attendre. Les flics ont mieux à faire.

Les portes, les volets des immeubles sont fermés.

Sans réfléchir, Paul ramasse une bouteille de verre, la lance vers eux – elle éclate à deux mètres dans une pluie de givre.

— Hey, toi ! Casse-toi, connard !

Paul ramasse déjà une autre bouteille…

Elle se brise au-dessus de leurs têtes, contre l'immeuble.

— Hey !

Instinctivement, ils se sont protégés des débris. Et la fille en profite : elle se faufile entre ses agresseurs, court vers lui.

— Barre-toi ! crie-t-elle.

Pas le temps de réagir, elle est déjà sur lui, l'agrippe en passant.

— Mais viens ! Cours !

Ils courent.

Les types sont à leurs trousses.

Cavalcade dans les rues désertes.

Elle se jette sous un porche et colle Paul contre elle. La douceur, la chaleur, la finesse de sa peau sous le maillot, la tiédeur de ses seins – il sent sa poitrine battre, son cœur follement.

Les mecs passent devant eux en courant, sans les voir.

— Viens…

Leurs poursuivants se retournent pile au mauvais moment.

— Ils sont là !

Elle a attrapé Paul par le poignet.

— Accélère ! Cours !

Les mecs gagnent sur eux.

Paul sent son souffle dans sa tête, sa gorge, sa poitrine.

Ça remonte dans sa bouche.

— Tourne !

Ils sautent une barrière, escaladent une grille, traversent une avenue, entrent dans une ruelle.

Impasse.

La fille regarde, autour d'eux, cherche une issue, essaye d'ouvrir des voitures puis une camionnette, fermées. Elle se met à quatre pattes, se glisse sous la camionnette.

— Viens !

Paul roule à côté d'elle. Son cœur cogne dans sa cage. Son coude cogne le fond de caisse, il retient un cri de douleur. Elle le serre contre elle. De nouveau, il y a sa tiédeur. Mon Dieu, ce soir elle n'a pas de… On dirait vraiment qu'elle est… Nue sous son maillot ?

Les poursuivants entrent dans l'impasse.

— Merde, ils sont passés où ?

La fille doit sentir la peur de Paul, elle lui caresse les cheveux doucement pour l'apaiser. « Chuuuut. » Elle le tient blotti contre elle comme si elle voulait faire un corps de leurs deux corps, le protéger.

Puis deux gyrophares passent dans l'avenue de G., sirènes hurlantes.

Les trois crânes rasés se barrent.

Longtemps après, Paul et la fille ressortent de sous la camionnette.

— Comment tu t'appelles ?

— Paul.

— Moi, c'est Joan… « Jay »… Tu as un portable ?

Celui de « Jay » est en miettes. Paul n'emporte plus le sien pour faire chier sa mère.

— Tant pis… Viens…

*

* *

Elle l'emmène à leur « local ». C'est une pièce en sous-sol, grande, une cave éclairée aux néons, murs couverts de photos – des photos de stades et de rues. Pas une image de joueurs. Juste eux, la bande, les apaches, mettant le feu partout.

La pièce est presque vide. Il y a deux types.

Le plus grand des deux, un gars qui s'appelle Snatch, demande à Joan :

— Tu étais où ? La Houle te cherche.

— Plus de portable.

— Tu as eu des problèmes ?

— Ouais, avec le KOB[1].

Snatch grimace.

Elle soigne avec du coton et de l'alcool l'éraflure que Paul s'est faite à la main en escaladant la grille. Ça a une sale allure. Il grimace mais serre les dents pour faire l'homme.

Ensuite, elle tamponne la plaie qu'elle a sur la pommette juste au-dessous de l'œil.

Quand les autres reviennent, il y a La Houle parmi eux. La Houle, c'est leur chef : un type maigre et méchant, un chien de sa chienne, un loup.

Joan lui raconte l'embuscade et la poursuite. Il regarde Paul, sourit puis ébouriffe ses cheveux blonds d'enfant des beaux quartiers.

— Tu veux être des nôtres ?

---

1. Kop of Boulogne, association de supporters, historiquement d'obédience nationaliste, occupant le Virage Boulogne et opposés aux supporters d'Auteuil, dans le mouvement « ultra » parisien.

— Oui.
— Il te faut un surnom…
Il a une voix très basse, presque inaudible.
— Tu seras Pibe, dit-il. Pibe de Oro[1]. Tu connais ?
Paul hoche la tête. Ses yeux brillent.

1. Littéralement, « le gamin en or ». Surnom à ses débuts de Diego Armando Maradona, joueur argentin, considéré comme l'un des meilleurs n° 10 de l'histoire du football.

[Mardi 21 mars 2025]

Et la première, la dernière fois que Pibe voit enfin vraiment les seins de Jay, c'est presque un an plus tard – ce jour-là.

Ça se passe dans la rue de C.

Pibe a quinze ans à ce moment-là. Il n'est plus mignon du tout, pas tout à fait un homme cependant, pas tout à fait comme eux, ses amis de la bande. Il ne leur ressemble pas – n'a ni l'âge, ni la couleur ; seul petit bourge, blanc de blanc, tête blonde, et seul adolescent au milieu de la meute. Un jour, bien sûr, Paul partira faire son bon lycée et ses bonnes études ; ils termineront vigiles, ouvriers, chômeurs. « On finira par se ranger, tous… Mais toi et nous, ce sera pas dans la même boîte », dit La Houle.

Pour l'instant, provisoirement, Pibe est des leurs – invité, adopté. Il est leur fanion, leur mascotte, et ils sont sa famille.

Et ce soir-là, c'est la guerre…

et tout le monde veut être avec lui parce que, dans la baston, La Houle est un chien.

— Ils arrivent, murmure-t-il.

L'ennemi, vous l'avez cherché toute la journée. Vous avez joué au chat et à la souris avec lui.

Vous avez chopé des supporters en maillot bleu du Chelsea FC, des supporters payants, sages et friqués. Ils n'ont rien à voir avec des hooligans, mais vous les bousculez. Vous en éjectez trois d'une rame de métro.

Vous vous plantez devant eux, provocants, qu'ils sachent ce qu'ils sont : persona non grata. Coups de menton. Bousculades, jeux de coqs, incidents, pour faire monter la température, montrer ses muscles.

Vous giflez un père devant ses deux mômes. Quand les cars arrivent, avec les supporters « officiels », vous leur balancez des cannettes vides et des cacahouètes par-dessus le cordon des flics.

« Fuck yaaaaaaa ! »

La nouvelle se répand comme la poudre dans le camp des Anglais. Les mecs en face sont chauds comme la braise. Éméchés. Une mèche, une braise… C'est jour de Champions League.

L'ennemi arrive.

HH. Les HeadHunters. C'est eux que vous attendiez.

Des cons aux bras tatoués épais comme des cuisses, aux crânes rasés, pleins d'alcool, de testostérone.

Ils s'abattent sur les villes comme une nuée de criquets, une invasion barbare, et leurs hordes ravagent tout au passage du Chelsea FC.

Ils ont laissé deux morts une fois derrière eux, à Munich.

Ils ont tabassé deux renois, la dernière fois qu'ils sont passés ici.

Ils ont une ardoise à régler.

La Houle vous regarde, tendrement, vous sourit.

— Allez, mes garces.

L'instant d'après, il s'élance, et la clameur monte derrière lui. À sa poursuite. À la poursuite de la même chose, précieuse.

La rue est à vous.

*

* *

On se rue vers l'avenue. Pour la prendre. Battes cloutées. Barres à mine.

Pibe serre dans ses phalanges un coup de poing américain qui lui fait mal, arme de première catégorie par destination, cadeau de La Houle.

Bâtons. Couteaux. Tessons de bouteilles. Billes de plomb. Vis. Boulons.

Vous avez dans vos mains tout ce qui brise et fend, blesse et mutile, tous ce qui ouvre des corps, laissera de sales stigmates. Des cailloux plein les poches…

Charge latérale.

Les HH qui refluaient en courant dans l'avenue, devant les flics, sont cueillis de côté par surprise.

Culbutés, renversés.

« Notre atout, la surprise. Même à un contre six. À un contre six, plus un élan… »

Choc de corps contre corps comme un seul bruit sourd, un soupir – deux packs qui se cognent. Deux armées s'entrechoquent.

L'air tremble autour de Pibe. Des corps tournoient, vacillent. Trébuchent. Tombent.

Spectateur. Spectateur encore.

« Tu frappes le mec à terre, le mec qui recule, le mec qui va tomber.

S'il tombe, tu l'achèves.

C'est pas noble, attention. C'est du combat de rue. »

Le premier qui cogne cogne pour que l'autre ne réplique pas. Tous les coups sont donnés pour faire mal, laisser des souvenirs indélébiles.

Des cris. Des jurons. Des coups.

Pibe se secoue, écrase son poing dans le dos d'un type qui fuyait ; l'Anglais tombe, se relève.

S'arrache…

Premier coup. *First blood.*

Pibe voit autour de lui :

Amine foutre son coup de poing américain dans la gueule d'un gros, deux fois plus lourd que lui.

Le Duc et BatteBoy s'acharner sur un mec à terre, en position fœtale, à coups de latte, avec leurs chaussures coquées.

Butch avoir le dessous contre un grand type, Wiseman lui venir en aide.

Berzerker et trois autres avancer, dans le bordel, comme des loups (lui, Berzerk, c'est un ours) vers un groupe de quatre hools qui font front et reculent, disciplinés. Des bons contre des bons.

Où est La Houle ? Le chef ?

Et elle, où est-elle ? Jay ?

Joan fait tournoyer sa fronde, billes de plomb, elle gueule, elle crible l'ennemi, elle danse, rit, virevolte…

Une chaîne de moto gît par terre, abandonnée.

Le bruit des barres à mine racle sur le sol.

Butch a la gueule en sang. Wiseman et Snatch règlent son compte à l'agresseur.

« Regarde toujours où on est. Ne quitte personne des yeux. »

Une partie de la meute a foncé vers la terrasse du café de F., qui n'a pas eu le temps de fermer.

Les chaises de la terrasse volent sur les Anglais. Pibe regarde, fasciné. On les lance. On les brise sur des dos, des nuques, sur des corps à terre.

Une vitrine s'effondre, le verre s'étoile, plie, puis tombe d'un pan. Visages stupéfaits, pleins d'effroi, des consommateurs.

Le bruit de la casse. Les cris. Des explosions, pétards, gaz. L'odeur des gaz. Les lance-grenades des flics font des claquements secs.

Pibe rit, ne sait plus où donner de la tête. Des projectiles ricochent autour de lui. Le mobilier urbain sert d'arme de jet. Chaussée jonchée. Battes. Fumées.

Les HH tournoient, refluent. Une vingtaine de hools se replient vers les flics, prennent la charge légale – boucliers, casques, matraques.

Jets de fumis. Coks. Une mêlée indescriptible.

— On s'arrache ! crie La Houle.

« Ne me quitte pas des yeux, petit homme… Je veux t'avoir à trois mètres de moi, jamais plus. »

*

* *

Dans la ruelle où ils se sont repliés, ils ont des rires sur les visages. Des traces de coups. Du sang.

Joan vient vers lui.

— Ça va ? Pas de casse ?

Pibe secoue la tête. Elle est là, juste devant lui, avec ses yeux rieurs, inquisiteurs, son air de grande sœur, son inquiétude, ses seins – ses seins si vivants, si réels, sur lesquels il louche.

Elle doit le voir, elle rit.

— Tu t'amuses ?

L'Œuf rejoint la meute, en retard, hors d'haleine.

— Chacun son homme, dit La Houle à voix basse en tapant dans son dos.

On se compte, par binômes, puis binômes de binômes, puis…

— Tout le monde, La Houle !

Tout le monde est là… Pas de pertes…

Le chef ricane comme un chien maigre. Essoufflé, mains sur les cuisses, lèvres fines, retroussées, il saigne à la tempe. Noir·de la ruelle, de la nuit, ténèbres dans ses yeux.

— Mes garces, on y retourne ?

Question pour la forme.

*

* *

Le bruit de vos chaussures, Doc Martens, Rangers, chaussures de combat, pour faire mal, être agiles, irrésistibles – ça fait un grondement, un seul pas, celui d'une bête immense sur les trottoirs de la nuit.

Sur la chaussée.

Car la rue est à vous.

Des fenêtres s'allument : bruit de l'émeute qui passe.

On court dans d'autres ruelles, vers l'avenue de B. Encore. Plus bas. En contrebas. Là où les HH vont se regrouper, fatalement, pour refaire leurs forces et affronter les flics.

Le Duc a cracké un fumi rouge, qui laisse une traîne derrière lui, une fumée, dans laquelle les corps, les visages, les têtes nues, rasées, hirsutes, se perdent, se confondent, quinze, vingt, trente silhouettes qui ne sont qu'un seul corps, la meute,

Et lui, Pibe, plus petit, est au milieu d'eux. Et Jay.

Et de nouveau, deux ruelles plus loin, c'est l'avenue.

« Cette rage que nous éprouvons en entrant dans le monde, ce sentiment que tout s'est joué, avant nous, décidé sans nous (contre nous), d'être déjà cernés, décidés, destinés, écrits, et qu'on n'y pourra rien, rien – qu'en ferons-nous ?
Si nous la retournions contre vous, elle serait une lame, une houle, et il faudrait que nous nous affrontions, nous contre vous, que nous éprouvions si les digues que vous avez bâties depuis des décennies, et qui tenaient depuis des siècles avant vous, nous résistent et nous brisent (ce qui est le plus probable) ; ou si, plus nombreux, plus déterminés, cohérents, nous emportons tout, avec nous, si nous ravageons tout. Irrésistibles.
(...)
Mais nous ne voulons pas jouer à ce jeu, accepter cette alternative.
Nous ne voulons pas faire ce pari avec et contre vous. Cette comédie de l'adolescence.

Car si la vague échouait contre la digue, que ferions-nous ? Nous résigner ensuite ?
Et si la lame emportait finalement la digue, que ferions-nous ?
Sur vos ruines fumantes, que ferions-nous ? Dans l'ivresse de la tabula rasa *? Une nouvelle digue ? Contre les suivants ?*
Ne comptez pas sur nous[1]. »

1. *Do Not Count on Us*, Thomas F., *op. cit.*, p. 68.

[Une heure plus tard]

— Ça va ?

— Ça va… Et toi ?

Pibe est assis sur le trottoir, adossé à l'immeuble. La cage de ses côtes cherche un souffle. Il tamponne son maillot (le noir, le *third*) sur la plaie de son côté. Il a pris un coup, tout à l'heure, au deuxième assaut…

Un cutter ? Une lame ?

Joan se penche sur lui, délicatement, regarde. Le sang poisse un peu quand elle détache le maillot qui faisait pansement. Autour d'eux, les copains se rhabillent.

— Y a un mec qui m'a enfoncé quelque chose dans le flanc… Une lame, je pense… Je n'ai pas vu.

— Fais voir…

Pibe voit les seins trop nus se balancer juste sous son nez, il sent les doigts froids sur sa peau. Il grimace.

— C'est superficiel. Rien de grave. Je te soignerai au local.

Il se redresse, dos au mur.

Elle fait un pas vers lui, le serre dans ses bras, l'embrasse comme elle le fait souvent après les chahuts dans la rue. Mais cette fois, il sent ses seins doux, et fermes, et un peu froids – parce qu'il fait froid, en mars – s'écraser contre son torse. Et il en pleurerait, de rage, de douceur, et d'exaspération, de cet instant qui ne se reproduira pas, qui devrait durer toujours, mais, il le sait, c'est la dernière fois.

Et c'est trop tôt, à quinze ans, une dernière fois.

*

* *

Plus tard, il rentre tout seul dans la nuit. À pied, parce que le métro est une nasse (quand les flics et ceux de l'autre camp te cherchent, qu'ils ont des visages en tête, ou en fiches, et qu'ils tournent à ta recherche la moitié de la nuit), et également pour le plaisir de marcher dans la nuit.

L'adrénaline reflue lentement de ses veines. Elle le quitte. Où va-t-elle ?

Le noir de la nuit laisse les images remonter à leur guise et danser devant ses yeux : l'affrontement dans la lumière des fumigènes, les visages, les bouches hurlantes, tordues, les yeux écarquillés, les rires, les coups, ce coup pris dans les côtes, et le triomphe final – tous les corps dans le même rouge, le même bleu, comme les lambeaux d'un rêve.

Joan était montée sur les épaules de Snatch,
torse nu.

Berzerker t'avait pris sur les siennes.
Vous étiez au-dessus des vôtres
comme des étendards, des emblèmes,
des chefs sur leurs boucliers, des slammers avançant sur la foule.

Elle a cracké un fumi rouge, puis un bleu, les bras écartés.
Vous étiez des rois.
Toi et elle.

*
* *

Porte de son appartement. Paul inspire un grand coup. Il glisse la clé dans la serrure.

Sa mère va allumer sa lampe de chevet, lui parler : « Est-ce que ça s'est bien passé ? Ils ont gagné ? »

Il devra rester devant sa chambre, entrouverte, dire que oui, c'était sympa. Le même mensonge, depuis le printemps précédent.

Il n'a même pas vérifié le score, cette fois…

Mais quand il entre, tout est éclairé. Le hall d'entrée. Le salon. Sa mère en robe de chambre se retourne depuis le canapé et le regarde, l'air inquiète et blessée et soulagée et furieuse.

— Tu m'expliques, Paul ?

Posé devant elle, sur la table basse du salon, il y a son ordinateur portable. Paul voit sur l'écran une photo en rouge et bleu : de la fumée, des corps.

— Ton père m'a appelée. Où étais-tu ?

Il s'approche et reconnaît l'image. Sur l'avenue de B., lui et Jay, sur les épaules des autres, triomphants. Elle, seins nus. Lui, au-delà de la joie, du triomphe.

— J'étais avec les copains…

Il soulève son maillot, montre le pansement sur son flanc comme s'il arborait une cicatrice de guerre.

— Tu vois, tout va bien… Je prends soin de moi.

— Paul…

Sans s'expliquer, il court s'enfermer dans sa chambre.

Il y a une dizaine de messages sur son portable. Dont quatre appels de son père. Et aussi des copains.

— Paul…

Sa mère est à la porte. Elle frappe.

— Paul…

— Demain, maman…

Sur son lit, il ouvre son ordi, regarde le fil d'actu : « Affrontements entre supporters français et anglais autour du Parc de Princes », « Hooligans 1 Police 0 ». Une dizaine de fois sa photo, leurs photos, dans la guerre de rue, au milieu du combat.

« Le nouveau visage de la violence ».

Il regarde Jay sur l'écran. Il regarde son propre visage. Il enregistre la photo, plusieurs fois, dans son disque dur. Il a envie de pleurer. Il est tellement fier.

{Le lendemain...}

Les emmerdes. Les explications au réveil avec sa mère. Au téléphone avec son père.

La convocation chez le principal. Les explications.

Les mêmes mots qui reviennent : « violence », « trop jeune », « voyous »...

[… Et le surlendemain]

— Je peux te parler ?

Pibe connaît Antigone. De nom, de loin. Depuis que les facs et les lycées bougent, elle est là chaque fois que ça barde. Il l'a vue souvent devant le lycée voisin, entourée de plusieurs types. Ils ont l'air d'ourdir des complots. Quand les flics sont venus essayer de forcer le blocage du lycée, quand il y a eu des lacrymos en décembre, elle était là – elle est là sur les tractages, provocs-réponses, sur les blocages, à expliquer aux lycéens qu'ils ne peuvent pas entrer, calmement mais avec un regard sombre qui dément son ton moqueur.

Quel âge a-t-elle ?

Des copains disent qu'elle est étudiante à la fac, qu'elle ne devrait pas être là.

Des copains dont les familles n'aiment pas cette idée disent qu'elle est gauchiste, trotskiste, communiste ; qu'elle manipule les lycéens.

Elle n'est pas jolie. Elle est petite, nerveuse, un peu virile, intimidante. Cheveux courts, piercing à l'oreille, Doc Martens. Normalement, elle ne s'adresse jamais aux collégiens. Elle parle aux lycéens pour qu'ils rejoignent les manifs, « le Mouvement ».

— Tu veux quoi ?

Elle l'attire, l'écarte. À trois mètres de l'entrée, elle lui montre le journal, la photo en une où Snatch porte Jay, où Berzerker le porte, lui – drapeau, fumis en main – son visage hilare dans la fumée rouge et bleue.

— Je veux qu'on parle de ça.

Regard pénétrant, brutal. Inquisiteur.

— J'ai besoin de mecs comme toi… Comme vous.

— Tu crois pas que j'ai eu assez d'emmerdes comme ça ?

— Non. Je ne crois pas.

Elle attend une réponse.

— On fait pas de politique, nous, dit Paul.

Elle le regarde, froidement.

— Bien sûr que si.

[SAMEDI APRÈS-MIDI, 25 MARS
– ENCORE DEUX JOURS PLUS TARD]

La Houle regarde cette fille. « Antigone ». Son prénom est une provocation.

Elle ne ressemble pas à une fille de bourge, pourtant, et pas non plus à une héroïne de tragédie.

Quoique…

Il sourit.

Elle s'est pointée au local avec Pibe. Petit format, bloc de volonté et de certitudes, elle porte un jean de velours bordeaux, taille basse, des Kickers, une veste assez étroite sur un sweat à capuche. La Houle la regarde. Blanche. Cultivée. Pas jolie. Sûre d'elle – quoique…

Et pourtant, elle ne ressemble pas aux petites bourgeoises qu'il a déjà vues faire la révolution. Il s'y entend, pour jauger les amis et les ennemis au premier coup d'œil ; et elle, il ne sait pas. Elle ne ressemble à rien de connu.

Les yeux d'Antigone passent de l'un à l'autre – il y a Pibe et Jay, Berzerk, Snatch…

Les copains retirent tous leurs maillots de foot, pour la charge. Alors lui aussi, même s'il se sent un peu con, comme un chat écorché au milieu de ces corps d'hommes.

Les autres, autour de lui, tapent dans leurs mains, s'encouragent.

Et il la voit, elle. Joan. « Jay ». De dos.

Elle se penche en avant, passe son maillot par-dessus la tête comme ils l'ont tous fait. Quand elle se redresse, c'est d'abord son dos nu qu'il aperçoit, et puis elle se retourne, rit en le regardant. Lui. Lui seul.

Ses yeux rient. Sa bouche, ses dents. Et ses seins libres et beaux, hauts et ronds, à moins de deux mètres de lui, semblent rire eux aussi.

Toi, tu as quinze ans. Tu t'apprêtes à charger avec des gars qui en ont vingt, vingt-cinq.

C'est ton premier assaut, la première vraie bataille.

Et tu as devant toi la fille que tu aimes, dont tu rêves – qui est là, torse nu, à deux mètres de toi.

Tu rêves, Pibe ?

*

* *

À la manœuvre, La Houle parle à voix basse.

Cette voix, on en connaît chaque inflexion. On sent son impatience, son plaisir, sa tension. Son corps est maigre, inquiet, dans la nuit. Ses yeux brillent. Pas un geste inutile ce soir, ni un mot plus haut que l'autre ; pas de sermon, de slogan, juste la tête levée, ce corps affûté, le menton en avant, les yeux ardents ;

Son regard glisse sur le décor, le local enterré sans fenêtre, un soupirail grillagé, trois tables, des photos scotchées ou punaisées au mur. Ses yeux reviennent se fixer sur lui – et La Houle frissonne sans savoir pourquoi.

— Tu es La Houle ? demande-t-elle.

Il cligne des paupières.

— Paul m'a parlé de toi. Il m'a dit qu'il fallait qu'on se voie.

— Ici, il s'appelle Pibe. Et je ne sais pas ce qu'il t'a dit, mais de mon point de vue, il ne *faut* rien. C'est toi qui veux nous voir.

— Oui.

— Il m'a prévenu en deux mots. Mais réexplique, depuis le début… Qui vous êtes, ce que vous attendez… Et surtout, pourquoi nous ?

En deux mots, ou plutôt en deux mille : cette fille coordonne avec trois autres organisations le service d'ordre de la grande manif prévue dans huit jours. Ils vont être dépassés. Comme la dernière fois, il y aura des casseurs. Et cette fois, des « totos » vont venir – ceux qu'elle appelle des « totos », qui sont des autonomes, anarchistes vêtus de noir et venus pour l'affrontement. « Cortège de tête ». « Black bloc ». Il ne faut pas que ça déborde, dit-elle. Il ne faut pas que ça décrédibilise « le Mouvement ». Il faut contrôler, faire rempart pour les manifestants, protéger aussi les boutiques, les personnes sur leur passage, protéger même les flics en un sens. Contrôler. Endiguer.

— Nous sommes un mouvement non violent, dit-elle.

La Houle sourit, goguenard.

— Alors, vous êtes morts…

— Non. On ne tiendra pas longtemps comme ça, mais c'est la dernière manif… Il faut qu'on soit nombreux. Des centaines de milliers… Ensuite…

Elle marque une pause. La Houle pense que c'est un effet et il a envie de savoir, de l'entendre s'expliquer.

— Ensuite quoi ? Vous jetez l'éponge ?

— Tu verras. Tu verras si tu en es, ou tu verras en lisant les journaux.

— J'ai mieux à faire…

— Tu as tort. C'est instructif…

Elle montre Pibe puis Joan et Berzerk.

— C'est en lisant les journaux qu'on finit par rencontrer des gens qu'on ne connaît pas, dans des locaux qu'on ne connaît pas, et qu'on leur propose un deal.

— Un deal ?

Silence.

— Parce que j'y gagne quoi ? demande La Houle.

— Tu en es. Toi et tes gars, vous en êtes. C'est ça, le deal.

Elle a dit ça comme si c'était un privilège. Mais elle se reprend, déjà :

— Écoute, je ne sais pas ce que vous cherchez… Qu'est-ce que vous cherchez, en foutant le bordel ?

— Rien, sourit-il. Juste le plaisir.

— Le plaisir de quoi ?

— C'est un truc médiéval, dit-il. On prend du territoire. Des drapeaux. Une tribune…

Une pause.

Normalement, il n'explique jamais ça, même à ses garces.

Mais cette fille-là, aujourd'hui… Il voudrait qu'elle comprenne.

— … On revêt nos couleurs. On se donne rendez-vous sur un champ de bataille, avec des adversaires. Et on voit qui en sort vivant. Vainqueur. On a une trouille folle, les secondes d'avant, puis on n'y pense plus, on fait corps. On ne la tiendra pas longtemps, la rue, on le sait, mais on s'en fout : on l'a prise… Pour des victoires qui ne nous rapportent rien. Rien d'autre que l'honneur, le fait d'avoir gagné…

Il sourit, ironiquement.

— C'est un truc chevaleresque, un sport de gentlemen. Gratuit. Ni thunes, ni honneurs, ni bourses ou droits de scolarité à gagner. Ni avenir. Ni place dans la société. Ni envie de trouver notre place, comme vous… Tu vois, on n'a rien à faire parmi vous…

Elle hoche la tête comme s'il venait de développer une idée politique nouvelle qui méritait toute son attention. Comprend-elle ? Feint-elle ?

— Mais peut-être que je théorise, ajoute-t-il. Peut-être qu'en réalité, on est juste des hools, des brutes, des voyous. Si on veut quelque chose, on ne le demande pas, on le prend. Et on jouit du chaos.

Elle semble réfléchir à la façon dont elle va enchaîner après ça.

— « Si on veut quelque chose, on le prend… » répète-t-elle. Si je te dis que c'est aussi notre programme…

— Je ne te croirai pas.

— Et si je te demande de te fier à moi.

Elle le défie du regard.

— J'ai rien à te promettre, insiste-t-elle. Mais je me fie à vous, pour ma part.

— Parce que tu n'as pas le choix…

— Nous, on est des pauvres, dit Le Duc. Des moins-que-rien. Sauf Pibe, mais il est avec nous… On n'est pas étudiants, on a quitté le lycée avant tout le monde, on fait déjà les boulots de merde que vous refusez de vous taper… Quand vous faites des blocages devant des restos, vous nous niquez notre paye.

Elle hoche la tête.

Silence.

— Normalement, là, tu devrais nous dire que ça va changer, sourit La Houle. Les révolutionnaires promettent toujours aux pauvres. Puis, s'ils gagnent, ils enculent les pauvres. Et s'ils perdent, ce sont les pauvres qui crèvent, de toute façon. Comme avant, voire plus vite.

— Oui… Mais pas cette fois. Parce qu'on ne parle pas d'une révolution, cette fois. On ne prend pas le pouvoir. On quitte.

— Explique…

— Non. Pas avant dimanche prochain.

— Alors qu'est-ce que j'ai à gagner ?

— Rien. Pas grand-chose. Juste arrêter de jouer sur un petit terrain, avec tes petits drapeaux, et tes petits soldats, en vous croyant des hommes, des durs de durs, parce que vous avez rossé d'autres bourrins et les flics…

Berzerker et Snatch se lèvent, piqués.

Joan sourit.

Même Pibe a bronché. Mais pas La Houle.

— Imaginons que je ne morde pas à ta provoc à deux balles, dit-il. Je repose la question, froidement : qu'est-ce que j'ai à y gagner ? Sois convaincante.

— Honnêtement, rien. On va essayer un truc nouveau. Un monde neuf. Vous pouvez en être. Vous êtes bons, dans la rue, j'ai besoin de vous dimanche prochain à cause de ça, et je te dis juste : ensuite, vous pouvez en être. Mais il faut vous fier à moi.

— Je n'aime pas les révolutions.

— Moi non plus.

— Alors, on est dans l'impasse… Explique-moi au moins comment tu voudrais jouer dimanche…

Les yeux de la fille brillent tout d'un coup. Deux billes grises, métalliques, deux cartouches de plomb fondu. Comme si elle savait déjà qu'elle avait gagné.

Est-ce le cas ?

Elle regarde autour d'elle, prend une chaise, la retourne, s'assied à califourchon. Comme un mec.

— Je peux fumer ?

— Vas-y.

Il devine le plaisir que la première bouffée de tabac lui procure. Et l'élan que ça lui donne, aussi.

Il ressent ce qu'elle ressent dans son ventre – il la lit comme il n'a jamais lu personne…

— La protection du cortège, on en fait notre affaire. Classique. On délègue aux orgas, avec des consignes strictes. Et on aura des gars de chez nous pour l'avant, quand ça va frotter avec les grilles et les flics.

— Ouais, dit Snatch. Tes manifestants sont des moutons. Suffit d'un chien de berger.

— Si tu veux…

Échange de sourires provocants.

— … Moi, ce dont j'ai besoin, c'est une brigade volante. Des types suffisamment mobiles et sauvages pour que je puisse les projeter n'importe où, et qu'ils déboulent avec suffisamment d'impact pour que leur arrivée fasse disparaître le problème… Sans qu'il y ait d'affrontements. À l'intox.

La Houle frappe l'épaule de Berzerker.

— Ce genre d'impact-là ?

— Oui. (Un sourire.) On opère en lien. Toi et moi, au bout du fil. Tu es autonome, je t'envoie sur un truc, ensuite, vous le gérez. Je veux juste savoir que je n'ai plus à y penser. Et que vous êtes dispos dix minutes plus tard, ailleurs.

Il y a un plaisir évident, électrique, entre eux, à anticiper ça – comme on anticipe un rendez-vous, un plaisir commun et clandestin. Ça brille dans leurs yeux. C'est un truc érotique. La Houle connaît, quand on imagine, qu'on y est déjà.

Ils sont pareils, tous les deux. Ça se voit.

— Mais sans violence, ajoute-t-elle. Tu tiens tes gars. Je veux une démonstration de force.

Il grimace.

— Et si ça ne suffit pas ?

— Tu gères. Je te fais confiance. Dans quatre-vingt-dix-neuf pour cent des cas, ça suffira, avec tes gars.

— Mes garces… On a Jay, aussi.

Antigone sourit. Fugacement. Elle attend, les yeux impatients. « Tu veux ? Tu viens ? »

La Houle résiste encore même s'il sait déjà qu'il a perdu.

— Si c'est des totos, comme tu dis, et qu'ils font black bloc à deux cents, aucune chance qu'on les impressionne, à trente…

— Les autonomes, c'est moi qui m'en occupe avec mes gars. Toi, je te veux sur les petits casseurs… Les mecs qui viennent pour piller les boutiques, avec des flics en provocateurs pour les pousser à casser…

— Tu t'en occupes comment ?

— Je verrai. On est en train de monter un groupe.

Elle écrase sa cigarette sur le carrelage sans le quitter des yeux. Elle réfléchit à ce qu'elle peut dire – ce qu'elle dévoile… ce qu'elle montre… ce qu'elle cache…

Il la laisse faire, il aime ce jeu.

— De toute façon, c'est à nous de les affronter, dit-elle. Les black blocs, politiquement, ce sont des amis. On doit aller au contact nous-mêmes…

— *« Politiquement »*…

Il a un petit soupir moqueur, hausse les épaules.

— Deux choses, précise-t-il. Chez nous, on ne laisse jamais personne sur le carreau… Jamais… Si une de mes garces est prise, on ira la chercher, quels que soient les moyens. Y compris la très, très grande violence…

Elle réfléchit deux secondes, hoche la tête.

— Ça me va.

— Et si on dérape, il se passe quoi ? Si on contrevient aux consignes de non-violence ? Si une de mes garces avait des envies d'en découdre, qu'un casseur avait un accident… Ou si on se chope un keuf ?

— Vous êtes avec nous. Pendant cinq heures, vous êtes des nôtres. Ça veut dire que…

Elle cherche ses mots, soigneusement.

— … vous gardez votre liberté parfaite… Pour la suite… Mais pendant ces cinq heures, vous êtes des nôtres. Et moi non plus, je n'abandonne jamais un des miens.

Elle sourit. Les yeux dans les yeux.

*
* *

Elle vient de quitter les lieux. « Pas la peine de me raccompagner. J'ai pigé le chemin. »

Snatch, Pibe et Berzerk rigolent en se tapant les mains.

— Ma parole, elle t'a hypnotisé, la meuf ! J'y crois pas…

— Jamais vu ça…

La Houle sourit finement, avec une sorte de réticence.

— Hypnotisé, ouais… J'admets.

Il se tourne vers Jay.

— Tu en penses quoi, toi ? Qu'elle m'a entourloupé ?

— Je la sens bien. Si tu en es, j'en suis.

[LUNDI MATIN, DEUX JOURS PLUS TARD]

— Allô, meuf… C'est La Houle. Faut qu'on se revoie, qu'on parle. Tu me rappelles sur ce numéro, les flics l'ont pas. On se dit où.

*

* *

Il la voit entrer dans le café. Le désir, comme une bouffée entre eux, l'a-t-il rêvé ?

Elle se plante devant lui. Ils se dévisagent, provocants.

— Viens, dit-il. On sort…

— Il se passe quoi ? Un problème ?

— Oui.

— Tes garces ne veulent pas suivre ?

— Non. Autre chose…

Ils marchent côte à côte.

— Les copains disent que si on y va, c'est parce que… parce que tu me fais de l'effet.

— Et alors ?

— Ils ont raison.

Il s'arrête, la regarde.

D'une main, délicatement, il lui touche le coude. Elle sursaute, électrisée, se retourne vers lui – sa gorge palpite. Une roseur s'est emparée de ses pommettes, de son front… Les yeux d'Antigone chavirent. Ils brillent de colère et lui intiment en même temps l'ordre de se taire.

— Je n'ai jamais… commence-t-il. Je me suis dit qu'on pourrait…

— Tais-toi. Je-ne-peux-pas.

Elle a parlé d'une voix très nette, chirurgicale, en détachant les mots.

— J'ai un copain.

— Ah. Et vous êtes… ?

— Je suis loyale, oui. Honnête. Fidèle. Et lui aussi.

— Merde, dit-il. Merde. Et donc, ce qu'on ressent, ce truc électrique, là, tu…

— Je ne sais pas…

Elle regarde ailleurs, de nouveau.

— Ça ne m'est jamais arrivé.

— Même avec lui ?

Elle ferme les yeux. Les rouvre.

— Merde, répète-t-il. Merde. Tu lui as dit ?

— Quoi ?

— Ce qui s'était passé ? Avant-hier ? Et que tu me revoyais, aujourd'hui ?

— Non.

— Tu devrais peut-être…

Elle secoue la tête, va partir… Il la retient, d'une esquisse de geste.

— Il sera là ?

Sa main dessine dans l'air quelque chose d'incertain, retombe.

— Ton… ton fiancé… Hémon… Dimanche, il sera là ?

— Il s'appelle Xavier. Et oui, bien sûr. Il fait partie de la coordination étudiante de la fac de Nanterre.

— Ah… Un révolutionnaire… Tu l'aimes ?

— Oui.

Pas une hésitation, dans la voix – peut-être simplement un trop grand empressement.

— OK. Alors… alors je suppose qu'on fait comme si rien ne s'était passé. Comme si tu avais réussi à me convaincre avant-hier, comme si j'avais gobé qu'après toutes les révolutions qui ont échoué, toutes celles où les pauvres ont été trahis, après Babœuf, juin 48, la Commune, le Poum, j'avais quand même cru que, cette fois, les choses pouvaient changer. Et sans violence…

Elle sourit. Elle ne paraît même pas surprise de ses références, comme si elle s'était doutée, qu'elle avait deviné son secret : la lecture. En autodidacte. La lecture seul, des nuits entières. Avec passion. Rage. Pour comprendre l'endroit où il croupit. Oui, bien entendu, elle l'a deviné. Il n'a pas plus de secrets pour elle qu'elle n'en a pour…

— Dimanche prochain, on va se barrer, dit-elle, brusquement. Tous. Tous ceux qui voudront.

Ses paroles lui échappent, ça se voit. Elles sortent d'elle en dépit de toute prudence et de sa volonté même.

— On va quitter les villes, les facs, on va partir en bagnoles, en camions, en stop, et on ira s'installer dans la campagne... Dans des endroits qu'on a achetés, ou qu'on achètera... Des hectares de forêt. Ils ne pourront pas nous chasser. On sera chez nous. On inventera une autre vie.

Ses yeux brillent. L'intensité de ses prunelles grises, plomb en fusion, suppliantes – presque insupportable –, le cloue sur place.

— Si tu veux, tu... Si vous voulez... Nous, on sera en Dordogne.

— OK.

Il a peur de ce qu'elle lui annonce. De ce qu'il devine. D'une rupture irrémédiable, tragique. D'un échec.

— OK... Merci de me le dire. J'y réfléchirai.

Poverelli

[2 AVRIL 2025]

Six jours plus tard… C'est la manif. Géante. Des centaines de milliers d'étudiants, de lycéens, de jeunes travailleurs, de chômeurs déferlent sur Paris malgré les trains bloqués. En stop. En bus. En vieilles bagnoles. Un million.

Des millions roulent le même jour sur Berlin, Barcelone, Madrid, Bruxelles, Rome… Ruisseaux, affluents, fleuves. Océans.

Des serveurs déposent leur tablier pour un jour. Des jeunes gens ne remplissent pas leur sous-tâche de sous-salariés. Des adolescents ne travaillent pas sur les chantiers au black. Des gardiens de nuit ont débrayé, la veille, pour dormir. Des apprentis ne bouchent pas les trous du week-end, en boulangerie, en pâtisserie. Des commis de boucherie ne font pas un extra comme chaque dimanche. Des étudiants, des stagiaires cessent de se divertir, de s'oublier, ils n'ont pas dansé, ne se sont pas saoulés la veille…

Ce million – ces jeunes gens, jeunes filles, qui se croisent, se côtoient, se retrouvent, puis se pressent – coudes contre coudes, épaules contre épaules, et quand tu dresses la tête, pour voir où va le flot, c'est une mer, exaltante, incroyable, immense, de visages comme les épis d'un champ sous le vent, comme une marée mouvante, un fleuve, une rivière bleue – avec des drapeaux, des pancartes, des garçons, des filles debout sur les abribus, montés sur les poteaux, accrochés aux balcons – leurs cris de joie, leurs chants disent que « la seule solution, c'est la révolution »... On s'interpelle. On se répond. Sans y croire. En y croyant. À ces vieux mots, comme un slogan, ces vieux chants qui grondent. Rugissent. Sans mesurer non plus les pots cassés, ce qu'il y a à craindre, dans cette affirmation, vieille comme l'échec : « révolution ». Juste parce que ça se chante, ça se rime. Ça emplit les cœurs. Ça enivre, cette jubilation bruyante qui les redresse, dont ils exultent, habités. C'est parce qu'ils sont une foule, un flot, un peuple, et alors, on peut dire de quel bois on se chauffe, sans haine – avec confiance – on est la flamme, l'incendie – on s'éprouve invincibles, d'être une foule – et la rage impuissante contre l'ordre des choses devient joie, joie pure – d'être de ceux qui le font trembler, certitude qu'il vacille. Le battement de tous les pieds devient chœur formidable. Battre le pavé ensemble comme une foule, un troupeau de bisons, comme un changement d'époque, un basculement, un séisme, une caisse claire – on est un élan irrésistible, croit-on, sent-on – foi, joie, élan d'avoir raison ensemble, envers et contre tout, d'être le souffle, le vent, la tempête qui s'approche, de pouvoir renverser tout un vieux monde sur son passage, d'être là – tellement de bras, tellement de cœurs, une seule voix…

À Paris, comme à Rome, à Bruxelles, à Barcelone, Berlin, Madrid, Milan, des milliers d'entre eux ont obéi aux consignes dispensées par « le Mouvement ». Ils sont venus avec des affaires pour une semaine, dans les sacs. Un savon. De quoi manger quelques jours, si possible. Un duvet. Trois ou quatre livres. Sans savoir pourquoi. Ils ont vidé leurs comptes, pour avoir toute leur thune dans leurs poches, ne rien laisser dans les coffres des banques. Comme si on s'en allait pour de bon.

Ils pensent qu'ils vont camper sur place, dans les rues, comme les dernières fois. Passer des nuits debout. Occuper. Tenir.

Les flics pensent ça aussi. On a passé des consignes, des ordres. Pour sécuriser. Chasser. Bloquer. On a installé des grilles, bloqué les places, prépositionné des canons à eau, publié des arrêtés préfectoraux contre les squats sauvages, les attroupements.

Mais ce n'est plus une troupe. C'est une mer.

*

* *

La manif suit son cours, elle dégueule des avenues, flot furieux et calme, rivière paisible, forte, sereine, irrésistible, et chaque fois, en face des « totos » pressés d'en découdre, il y a Antigone. Ses gars. Leurs banderoles. Leurs chants.

Chaque fois que le « cortège de tête » veut charger, faire black bloc, cagoulé, ganté, armé de noir, chaque fois, il y a une nuée de jeunes gens qui s'allongent entre eux et les flics…

Antigone ressemble à un chef. Un lynx. Une chienne de race. L'œil à tout, sourcil noir, téléphone rivé à l'oreille, elle lance des consignes. Regarde autour d'elle. Répète des ordres, improvise – des itinéraires, des voies de délestage. Se marre : tant que ça déborde, ça veut dire que la marée les dépasse, même eux qui l'ont convoquée, qu'elle les submerge, qu'elle est inéluctable. Elle garde son sang-froid. Elle envoie ses gars et les garces de La Houle là où c'est chaud. Et sur les casseurs fond un vol de corbeaux, d'oiseaux moqueurs, provocants…

Pibe ? Il est l'un des plus jeunes dans ce flot, et il a le sentiment exaltant de l'Histoire en train de se faire. Il en est. Sa mère-de-gauche-mais-modérément lui a enseigné les grandes heures de l'Histoire. Son père aussi. Sa mère ne sait pas qu'il est là, bien sûr : elle n'aurait jamais autorisé qu'il se mêle à ça comme cela. Mais il en est. Il est de cette bande qui va d'un point à l'autre, qui canalise, effraye, neutralise. Acteur. Il n'est pas seulement un des manifestants, il fait l'Histoire, la change, avec sa bande, sa meute, les ravageurs du monde, et si sa meute est là, c'est à cause de lui. Ce sentiment l'emplit d'importance et de joie.

Joan regarde autour d'elle, incrédule, rit aux éclats. Elle rit de leur meute, de se retrouver là, petite négresse, méprisée, petite Noire négligeable promise à des corvées – et qui pourtant s'y trouve, au cœur de l'Histoire, au tournant.

Elle sait ce qui se trame avant tout le monde. La Houle le lui a dit : « Ce soir, on s'en va. »

Elle sait qu'ils n'ont pas le choix. Partir. Ses parents ont fait ça, déjà, plusieurs fois, ils ont franchi des déserts, traversé une mer, un tombeau, sur un esquif fragile, ils sont morts de soif, de faim, plusieurs fois, ont continué – ses frères se sont glissés dans des trains d'atterrissage – ses amis sont partis. Pour venir. Ici. Sans savoir. Et c'est son tour. Partir, pour des rêves. Conquérir. Autre chose. Aller décrocher la lune.

Xavier, quelque part dans la coordination, marche bras dessus bras dessous avec d'autres, front uni. Ne sourit pas. Fait mine sombre, malgré le succès, le triomphe. Il n'anticipe pas, n'a pas un coup d'avance, comme c'est le cas d'habitude. Il pense à Antigone, à son silence le soir, son inquiétude ces derniers jours et ce qu'il devinait derrière. Ce qu'elle lui a avoué, hier soir : elle en désire un autre.

Maintenant. Justement maintenant.

Que doit-il faire ? Se retirer du jeu ? Tenir pour deux ? Exiger que l'apache aille ailleurs, dans un autre village ?

La Houle n'est qu'action.

Il rameute, rassemble, contrôle, dirige d'un geste, d'un mot, d'un hochement de tête. Il rapplique là où il faut. Décroche son téléphone. Répond à Antigone.

Dirige ses garces. Sourit à Joan. Surveille Pibe. Jauge d'un regard l'ennemi : le petit branleur, le casseur, son frère de galère, qu'il combat aujourd'hui. Le prolo. L'apolitique. Il le toise quand il s'avance puis quand il lâche ses chiens, les retient la bride sur le cou. Surveille Berzerk, Snatch, Oli, le Duc… Ses dingues. Il sait ce qu'il fait. Il s'est trouvé un champ à sa mesure.

Il est la bataille, la force, la violence, la maîtrise. La souplesse, le jeu. Le défi.

Il ne pense pas à Antigone. À leur départ. À tout ce qu'il faut perdre, tout ce qu'il a construit. Aux quelques garces qu'il va entraîner dans cette aventure sur sa seule foi.

C'est un pari.

Mais quand il est dans l'action, au cœur de sa meute, il ne pense pas, La Houle. Il est le feu, le fer, le coup d'après, déjà, et c'est ainsi, seulement, qu'il est heureux.

[Ce soir-là]

Antigone est sur cette place, au milieu d'un de ces groupes qui ont déferlé sur Paris et qui maintenant chantent. Autour d'elle, on s'est assis. On se prépare à camper pour la nuit, à improviser une AG, croit-on.

Elle, elle sait que non.

Et elle le voit sur l'écran d'un smartphone. Il est sur ce plateau de télévision, entre deux journalistes, un politique, deux commentateurs qui sont tous de mèche. Xavier. Son mec. Un des dix délégués de la coordination nationale. Porte-parole, porte-parole, bien sûr, tant son sourire convainc. (Et même s'il voudrait qu'on ne parle que d'une seule voix, qu'il n'y ait pas de visages mis en avant, il a accepté d'être en première ligne.)

Il est sur une des chaînes (pas la plus importante, pas la plus écoutée) où on reçoit « les jeunes », « le Mouvement », ce soir.

Autour d'Antigone, on fait silence. On écoute. Elle a si peur pour lui.

*

* *

Il attend les questions, sagement, poliment.

On lui dit que c'est un succès. Il acquiesce. Un incontestable succès, ajoute-t-on ; qui soulève des questions. Plus de questions que de réponses.

— Car rien n'est résolu…

— Et tout cela ne servira à rien si…

— Il ne faut pas vendre du rêve…

— Ne pas prendre des vessies pour des lanternes. Négocier.

— Tant va la cruche à l'eau…

— Un tiens vaut mieux que deux tu l'auras…

Alors, on lui demande ce qu'ils vont faire, ce qu'ils comptent faire de *leurs troupes* ; maintenant ; eux, la Coordination. Le Mouvement. Comment ramener tout le monde chez soi, faire rentrer ces jeunes gens qui chantent sur les places.

— Ce ne sont pas nos troupes, répond-il.

— Bien sûr, c'est une façon de parler…

— Mais vous ne pouvez pas vous dérober à la responsabilité de…

— Ce serait irresponsable de ne pas saisir la main que le gouvernement vous tend pour…

— L'histoire des mouvements sociaux nous dit que…

— D'ailleurs il faudrait voir si votre prudence n'est pas…

— Vous me demandez ce que nous allons faire, les interrompt Xavier. Nous allons partir.

Silence, surpris.

— Moi, ma compagne et quelques amis, nous allons nous installer, dès demain, dans deux hectares de forêt, en Dordogne. D'autres vont dans la Drôme, dans le Vercors, en Aveyron, dans la Creuse.

— On ne vous demande pas ce que vous prévoyez pour vos vacances… ironise un commentateur (rires autour de la table).

— Vous devriez, peut-être, sourit Xavier. Puisque nous allons vaquer. Déserter. Faire sécession.

Il sort le livre de Thomas F., *Do Not Count on Us*, qu'il pose sur la table.

— Un ami anglais a écrit que vous ne deviez plus compter sur nous. Qu'il ne nous fallait compter que sur nous-mêmes. Alors, nous allons nous installer dans vos marges. Nous allons essayer d'y inventer d'autres vies, d'autres…

On le coupe.

— Mais c'est le retour à la terre !

— C'est irréaliste…

— Vous ne pouvez pas sérieusement…

— Nous allons essayer, pourtant.

Le calme irréfutable de Xavier leur impose un bref silence : une opportunité de parler.

— Nous faisons sécession, ajoute-t-il. Nous construirons des cabanes, nous nous inventerons une vie. Nous serons quelques milliers, peut-être quelques dizaines de milliers au début. Peu importe. Nous n'aurons rien que...

— C'est irresponsable !

— Comment voulez-vous que nous vous... ?

— Pas sérieux...

— Solidarité intergénérationnelle...

— Retraites...

— Équilibre des comptes.

Blablabla.

— Peut-être... reprend-il. Peut-être nous trompons-nous... Mais nous voulons essayer. Travailler sans vous demander la permission. Manger ce que nous produirons. Décider ensemble, pour nous-mêmes. Vous comprenez ?

Silence. Silence consterné.

— Non, vous ne comprenez pas...

Il secoue la tête, tente de s'expliquer.

— Vous me demandiez notre programme. Il y a des millions de jeunes dans les rues de toute l'Europe, ce soir. On est en train de leur proposer ça. Ceux qui le veulent se regrouperont, feront un village. Pas plus de cent, à chaque endroit, pour qu'on n'ait pas besoin de désigner des chefs. Et nous verrons bien comment nous nous en sortirons...

Le silence réprobateur se prolonge, encore – puis :

— Mais tout de même, après ce succès... Que demandez-vous au gouvernement de... ?

— Questions d'hygiène... de santé... irresponsable...

— Des mineurs...

— Jamais les pouvoirs publics ne…

— Mais nous ne revendiquons rien ! Je sais que c'est dur à entendre, mais nous ne vous demandons rien. Nous avons choisi de nous passer de vous, parce que nous ne voyons pas d'autre issue. Nous allons nous tromper, sûrement, mais nous allons essayer…

Xavier sourit, un sourire un peu forcé, qui voudrait les convaincre, en dépit du silence, ce silence accablé et incrédule qui l'englue de nouveau.

— La seule chose que nous vous demandons, c'est de nous laisser un peu de temps… De nous accorder votre patience.

— C'est très beau, lâche enfin un commentateur, acide.

(On entend des ricanements, autour de la table, hors champ…)

— C'est très beau, mais très facile, reprend le commentateur. Franchement démagogique. Vous avez bénéficié de l'argent de l'État pour votre naissance, vos soins, votre croissance, votre scolarité, vos études. Vous avez profité de la société de consommation pour vos besoins et vos plaisirs, d'un système politique pour voter les lois qui vous protègent. Vous dénoncez un « cirque médiatique », mais vous en profitez pour vous faire entendre… Regardez… ce soir… sur ce plateau de télévision… Alors, je trouve ça un peu gonflé de dire : « On s'en va… » Une fois que vous avez bien profité… Précisément au moment où vous devriez contribuer à la société qui vous a tout donné jusque-là.

— Oui, dit Xavier. Vous avez peut-être raison. C'est facile. Et sans doute faut-il que nous abandonnions tout.

Il se lève, et pose sur la table tout le contenu de ses poches : son portable, les clés d'un petit studio où ils ont été heureux, une carte de réduction pour les transports urbains.

Son portefeuille qui contient une carte Vitale, une carte d'étudiant, une carte de bibliothèque, une carte de crédit. Tout.

Il retire son T-shirt. Il quitte ses chaussures. Il déboutonne son jean, enlève son caleçon.

*

* *

Antigone a les yeux rivés sur l'écran.

Elle sent les yeux des copains rivés sur elle, dont le mec se fout à poil, là, à la télé.

Elle secoue la tête, sourit.

Il est fou. Je l'aime.

Oh oui, elle l'aime de nouveau, comme jamais ; à en perdre la vie.

*

* *

Personne ne se lève pour le cacher dans ses vêtements.

Le réalisateur applique seulement un flou sur ses parties génitales – à cette heure de grande écoute –, comme on en applique sur la marque d'un sponsor non officiel au journal télévisé, avant les coupures de publicité.

Le sourire de Xavier irradie ce qui pourrait être un happening, un « coup » de très mauvais goût, un truc pour twitter, instagram, FB, pour les télés, pour le Spectacle. Mais cela se voit qu'il n'avait rien prémédité, qu'il improvise. D'ailleurs, les autres porte-parole invités ce soir-là sur d'autres chaînes ne font rien d'identique.

Puis la caméra coupe.

Ces images-là repasseront sur d'autres chaînes et sur les réseaux, plus tard, parmi d'autres.

« Révolution : tour complet sur soi-même pour revenir au point de départ, et rebâtir le statu quo ante, *sur d'autres bases peut-être, avec d'autres vainqueurs, d'autres injustices, d'autres lésés pour compte, mais pour finir toujours au même endroit. Sur le même théâtre.*

Ce qu'il nous faut, ce n'est pas cette révolution. C'est une conversion, un embranchement, un départ.
(…)
Nous ne voulons pas vous remplacer, vous chasser, nous emparer individuellement ou collectivement des commandes qui nous régissent, vous et nous.
Gardez-les.
Nous vous les laissons.
Votre envie sincère de nous offrir une place, nous n'en voulons pas davantage.
Ce qu'il nous faut, c'est rompre.

Vous nous avez laissé le choix de la dissidence. Nous pouvons encore nous asseoir à l'écart, pour travailler à des sociétés plus modestes, liées par l'amitié, gouvernées par le souci de ne renoncer chacun à aucune souveraineté, et qui ne ressembleront pas à celle-là.
Il nous reste cela.
C'est pourquoi nous faisons sécession[1]. »

1. *Do Not Count on Us*, Thomas F., *op. cit.*, p. 42.

Dans les jours qui suivent la manifestation, ils sont des milliers sur les routes.

La plupart sont partis le soir même, ou le lendemain, après une nuit à discuter, chanter, se tenir chaud, se tenir droit et se donner du cœur. Ils ont lancé un dernier appel à leurs familles et à ceux qu'ils aiment. Arrachement. Adieu. Au revoir. À l'espoir… Puis ils ont jeté leurs téléphones-liens, leurs téléphones-garrots, leurs téléphones-menottes dans les poubelles au passage et ils sont partis comme on s'en va en vacances, en camping.

À vélo.

À pied, en troupes joyeuses.

Dans des voitures, des camions, sur les plates-formes arrière de camionnettes pick-up. Comme pour une migration ou un exode, par bandes, par groupes, par affinités ; sous un soleil généreux ou sous les averses fumantes.

Ils vont. Cherchent un endroit délaissé. Ils mettent en commun leurs thunes, achètent un bout de champ et de forêt, un hectare agricole – ça ne vaut rien, la terre, là où personne ne veut vivre. Ils commencent à dépierrer, défricher, débroussailler, à construire des abris, des villages. Ils se cachent sous des arbres comme sous des ombrelles. Ils assemblent quelques planches, puis scient, clouent, perchent des cabanes.

Ils apprennent qu'il faut une source, une prairie, du bois…

Que leurs déchets, leurs excréments sont un problème à résoudre, qu'il vaut mieux redescendre sur le sol pour cela.

Ça n'est pas romantique comme une révolution. C'est la terre.

Ils vont puiser aux fontaines des villages, se rendent malades en buvant l'eau des ruisseaux, la font bouillir longtemps, apprennent à y jeter des pastilles, à la filtrer. Ils se purifient avec elle dans des gestes longs, lents.

Ils ramassent les fruits de printemps dans les vergers, les déposent avec délicatesse dans des cagettes pour les paysans ; ils les aideront cet été à la moisson, cet automne aux vendanges. Ils fauchent le foin des prés et nettoient les étables. Ils travaillent pour rien, sans salaire en échange – juste de la nourriture. Pas d'argent. L'argent corrompt.

Ils vont mener des bêtes qu'ils apprennent à connaître, adoptent des chiens errants, capturent au collet des lapins qu'ils mangent.

Ils endurent la pluie, la fin du mois de mai est torrentielle ; démolissent les toits vétustes, en juin ; en rebâtissent d'autres, plus solides, moins fuyants.

Leurs cabanes ressemblent presque à des maisons, elles ont des foyers – du provisoire s'installe.

Ils échangent des plans. Certains vont ainsi, pour transmettre aux autres, de village en village, à pied.

*

* *

Ils mangent, ici, là, partout, ce que les amis leur envoient – des sacs de haricots, de riz, de légumes secs, de lentilles, qu'apportent des camions et des fourgonnettes. Ils gobent ou font frire les œufs des poules qu'on leur a données. Des gens s'enthousiasment, rêvent pour eux – des anciens, des parents, des jeunes gens aussi qui n'ont pas eu le cran de partir…

Ils ont faim, souvent, pourtant.

Ils maigrissent. Leurs ventres grondent et grouillent. Estomacs vides. Intestins détraqués.

Ils reçoivent des planches, en achètent, troquent des clous, des vis, empruntent des outils, acquièrent des fenêtres, des portes, des piquets, des feuilles de goudron pour étanchéifier. Les cadeaux, ils ont décidé village par village de ce qu'ils en feraient : devaient-ils s'appliquer à une autarcie si grande qu'il faille se débrouiller seuls ? Sans rien, sans personne d'autre ? Dès le début ? Ils en ont débattu dans chaque village. Seule règle, seule consigne commune à tous : pas d'argent. Si vous voulez aider, venez avec vos présents, vos biens, ou venez acheter aux paysans voisins, aux scieries, aux quincailliers, aux éleveurs des alentours.

Apportez-nous vos dons vous-mêmes.
Et vous resterez, ce soir, à la veillée...

*
* *

Ils savent bâtir des feux, maintenant, partout, dans tous les villages. Ils savent réserver le bois au sec, le garder à l'abri, faire une fosse avant d'embrocher les animaux pour le méchoui, mettre des pierres et de la terre de côté pour étouffer le foyer et éviter que se propagent les flammes.

Ils savent creuser des feuillées, improviser des toilettes sèches, composter leurs restes.

Ils mangent les poissons qu'ils pêchent, les champignons qu'ils cueillent, les fruits qu'ils glanent après la récolte lorsque les maraîchers ferment les yeux. Et aussi, parfois, ils mangent de rapines.

Ils apprennent à vivre sur un pays.

Ils changent, déjà.

Leurs goûts et leurs dégoûts se transforment avec la faim et s'amenuisent. Leurs conforts et leurs paresses les quittent avec le froid, la canicule, la pluie. Leurs patiences, leurs impatiences s'ancrent dans un autre temps, une durée différente : défrichage à refaire, broussailles qui repoussent, pierres qui roulent, murets qui s'effondrent. *Faire et refaire.* Sillons qu'on dessine sur des champs, où l'on sème, dont il ne faut rien attendre avant quatre mois au moins. Des pois. Des choux. Des haricots. La pomme de terre met du temps, du germe à la feuille.

Leurs solitudes, le silence et l'ennui d'une chambre, l'intimité d'un casque stéréo, d'un trajet silencieux dans la ville leur manquent – sans cesse en mouvement, en action, en groupes, à faire, à tout discuter, ils regrettent parfois leurs inactions et leurs désœuvrements.

Ils s'engueulent, débattent, se battent quelquefois. À coups de poing. De sang.

Ils doivent se gendarmer, faire leur propre police.

Ils apprennent à se taire, à faire refluer l'être des caprices, des besoins et des impétuosités. Ils apprennent la méfiance aussi envers les corps. Leurs désirs et leurs ivresses sont des ennemis. Ils se disputent, se jalousent, s'engueulent, se déchirent, se quittent à propos d'une fille, d'un garçon, d'un verre de trop, apprennent à se cacher, à murmurer leurs aveux pour que les amours changeantes ne gâtent pas les amitiés neuves.

Ici, là, ils ne se baignent même plus ensemble, garçons et filles, dans les rivières.

La fidélité à ce projet commun les installe dans des distances, des pudeurs, des maîtrises, des interdits coûteux – des sagesses et des tabous anciens.

Certains vont de village en village, pour colporter les nouvelles, bonnes, mauvaises, des deux cents, des trois cents villages qui ont fleuri, et du « dehors » aussi.

*

* *

Car « dehors », ailleurs – du côté où s'organisent le spectacle, le récit et la norme –, on ne veut pas se résoudre à leur départ.

On les perçoit comme un affront, un ver dans le fruit, un poison, un levain acide plus dangereux qu'une tempête. « Mauvaises graines ». Il n'y a pas de plus grand danger que l'idée qu'ils instillent.

On ne leur cédera rien : pas un seul pouce, une seule acre, un arpent.

Alors, les contre-feux s'organisent.

Les marges, les déserts, les friches sur lesquelles ils campent, et dont personne ne voulait, on les leur conteste.

L'État a mobilisé ses préfets, mis la pression sur les maires, les responsables, l'Office national des forêts, les propriétaires de terrains voisins… Il demande qu'on se conforme à la loi, aux règlements, que les maires exigent des permis de construire pour les cabanes, que nul ne vive ni ne dorme sur des terres agricoles ou dans des forêts. L'État envoie les huissiers, dresse des constats, produit des rappels à la loi, des injonctions à démolir les cabanes, à raser les campements. Il a délégué ses autorités compétentes, il s'inquiète de la santé des sécessionnistes, de leur hygiène, des conséquences pour la santé publique de ces vies mises en marge, sans épuration, sans collecte des déchets, sans syndicats mixtes intercommunaux.

Par les mille bouches des médias amis, ou alliés, ou soumis, l'État inquiète, menace, parle de dysenterie, de choléra, de normes d'hygiène, d'abattages illégaux d'animaux, de chaîne du froid, de consommation dangereuse, de violences avec armes, de pollution, d'épidémies, de promiscuité, de vols inévitables, de dérèglements et d'anarchie… Ça y est, l'État et le spectacle ont mobilisé leurs porte-voix et leurs porte-parole.

*

* *

En mai, Thomas F., l'auteur de *Do Not Count on Us*, est accusé du viol de deux jeunes femmes qu'il aurait attirées dans un guet-apens – soi-disant pour organiser un campement – trois semaines plus tôt. On l'inculpe au Royaume-Uni ; on l'enferme. Il se suicide en prison, le deuxième jour.

Le chœur des beaux parleurs parle de « marchands d'illusions », d'« agitateurs professionnels », d'« anarchie », encore ; d'« irresponsables », de « retour nécessaire à la raison ». Ils parlent de ces « enfants de bourgeois » qui s'imaginent « révolutionnaires » alors qu'ils rentreront « la queue entre les jambes, aux premières neiges », chez « papa et maman », en laissant derrière eux les « miséreux », les « classes populaires », qu'ils ont « trahis », « dupés », dont ils ont « trompé les espoirs », « ces espoirs légitimes qu'avait ouverts le mouvement démocratique d'avril ». Et qui ne demanderaient, bien entendu, qu'un « emploi salarié ».

*

* *

Mais ça résiste. Ça ne prend pas tout à fait.

Les images des bulldozers rasant deux campements de cabanes, la vidéo de ces jeunes gens qui s'allongent simplement devant les engins, sans cri et sans peur, se répandent sur des réseaux jusqu'à ce qu'il ne soit plus possible de les ignorer tout à fait dans les médias de masse.

Ce courage déterminé inspire.

À B.

(Ne comptez plus sur nous)

À B., « les garces » sont arrivées à quatre, à l'arrière d'un camion, avec d'autres campeurs, le lendemain de la manif. Quatre seulement, les autres n'ont pas voulu ou pas pu suivre.

Au début, on se regarde en chiens de faïence, on se jauge, on s'observe autour des premiers travaux.

Les garces font peur, La Houle le sent.

Le « campement », à trois kilomètres du village, sur la prairie d'herbes folles au pied du tertre forestier, s'organise autour des trois granges.

Les jeunes gens refont d'abord les couvertures des deux bâtiments les moins endommagés, avec des bâches et des poutres pour solidifier les charpentes. Ils montent des structures métalliques pour étayer les planchers qu'ils installent à mi-hauteur. Avec des pics et des barres à mine, ils percent des fenêtres. Là-dedans, ils seront au sec, espèrent-ils.

Plus tard, on dressera des cloisons, mais pour l'heure, c'est un dortoir.

Il y a autour une dizaine de mazots, des abris, remises de jardin, petits chalets naïfs, et cinq ou six cabanes dans les bois pour les rêveurs, les trappeurs...

Elles s'effondrent. Ils les remontent.

Ils rient, s'interpellent. C'est un bruit de marteaux, de scies ; une fièvre de fourmilière.

*

* *

Jay la première emporte l'adhésion de tous, par sa joie, sa grâce, sa façon de chanter en travaillant, ses rires aux éclats et ses émerveillements. Berzerk le colosse, torse nu ruisselant de sueur, hisse à mains nues des poutres qu'il faudrait être trois pour soulever. Il mange pour trois aussi, attire les rires et le respect.

*

* *

Entre les deux granges, les jeunes gens désherbent ce qu'ils appellent « la cour », où l'on mange quand il fait beau, où l'on se réunit.

Ils font des conseils autour du feu, chaque soir, pour discuter de tout, des choses qu'il faut entreprendre le lendemain, de l'organisation générale du « village » ; des projets futurs, des plans, des saisons, de l'année qui vient... À parler, parler, parler.

Et La Houle se tait : il connaît le pouvoir des mots et s'en méfie.

*
* *

Le Duc s'en va début mai, au bout de quatre semaines : « Ils me font chier, avec leurs feux de camp… C'est pas pour moi ici. » La Houle, lui, reste à l'écart, comme s'il n'était pas là encore, en marge, observateur.

Le soir qui suit le départ du Duc, Antigone dit :

— Il faut qu'on se prépare à la défense passive… Les flics ne vont pas tarder à vouloir nous déloger. Il faut que tout le monde apprenne les techniques de résistance non violentes…

Il grimace.

Elle se tourne vers lui :

— La Houle, je voudrais que tu conçoives la stratégie globale… Pour qu'on anticipe les endroits par lesquels les flics risquent d'arriver, où il faudrait qu'on les bloque, qu'on se planque… Et comment on pourra fuir, aussi, le cas échéant. Tu ferais ça ?

Il hoche la tête. Il sent que c'est une façon pour elle de l'intégrer dans la communauté, de lui offrir une porte d'entrée. Ça le blesse parce qu'il fait pitié.

Le lendemain, il pénètre dans la forêt.

Il escalade la colline, grimpe dans un arbre, à trente mètres de hauteur, comme dans les échafaudages des immeubles lorsqu'il était môme – et il regarde.

Autour de lui, ce sont les vagues, les contreforts de la forêt : milliers d'arbres, branches hautes.

Il voit le campement, les trois granges imposantes aux toits couverts de bâches ; le chemin, l'étang, la route. Il voit les silhouettes des copains qui s'agitent, colonie de fourmis lentes, patientes. Il devine les cris de ceux qui s'interpellent.

Il reconnaît Berzerk : il doit rire comme un ogre, chambrer les petites natures. Pleinement là.

Il voit un groupe revenir du village, le vrai, celui de B., avec sa dizaine de fermes, sa place, son clocher, sa mairie et l'ancienne poste… Ils portent des bidons d'eau.

Il regarde, examine les zones où les flics voudront se déployer. La route. Les accès, les reliefs. Le territoire est à découvert, vulnérable, sans immeubles, grilles, caves, soupiraux, sans cachettes sauf la forêt. Ce n'est pas son terrain habituel.

Mais pour la première fois, il respire à pleins poumons la forêt.

*

* *

Il y retourne le lendemain, remonte dans l'arbre.

*

* *

Il s'abandonne aux travaux des champs, sous le soleil. Il faut défricher une parcelle qu'on met à leur disposition – « Si vous en tirez quelque chose… »,

« Une saison et on verra… », « En attendant, ce n'est pas une décharge… ».

Il s'adonne au labourage, sans motoculteur, à l'araire, comme une bête de somme, avec une énergie presque désespérée, pour oublier qu'il ne voit pas le sens de ça, qu'il s'est trompé, voudrait être ailleurs.

Il réapprend, lors des premières rencontres avec les paysans (les villageois de B.), qu'il ne sera jamais comme les autres. Ces femmes âgées, ces hommes usés, endurants, las, il devine qu'entre eux ils l'appellent « l'Arabe ». Il réalise aussi qu'ils sont les plus âgés du campement, avec Berzerk.

Ces différences l'attristent, l'alourdissent. Il pense à son père. À tout ce temps perdu. Il sent bien qu'il inspire aux autres « campeurs » un respect mêlé de crainte, de méfiance peut-être, parce qu'il a l'expérience du combat…

Cela l'effraye comme une responsabilité. Il en parle à Jay.

Elle rit, lui dit :

— Mais là, tu n'es plus responsable de nous. On a tous choisi d'être là, papa…

*

* *

Après ça, elle ne l'appelle plus que comme ça : « Papa », et tous les autres s'y mettent, et c'est comme une adoption. Comme s'il faisait peau neuve avec ce nouveau nom, ce prénom, nouveau baptême.

Il n'intimide plus, sans son nom de guerre.

*
* *

Il va voir Antigone. Face à elle, sous un arbre, il sent de nouveau cette électricité dans l'air ; comme au premier jour, cette tension qu'il n'a jamais connue avec personne, cette inquiétude, ce qui-vive qui les fait sursauter lorsqu'ils se frôlent…

Là, ça se voit : c'est elle qui a peur du tête-à-tête. Sa gorge tremble.

— Les granges avancent bien… dit-il. Et il y a une quinzaine de cabanes solides. Ce qui manque, ici, c'est un lieu de travail commun et de silence. Une bibliothèque.

Elle hésite un instant, surprise.

— Oui… Parles-en ce soir, si ça te paraît urgent.

Un silence.

— … Mais ça va distraire des bras… On en discute au feu de camp ?

— OK. Si tu veux…

Il est déçu de sa réticence, mais elle le retient par le bras :

— Excuse-moi… Faut y réfléchir…

De nouveau, il y a cette tension, entre eux, parce qu'ils se touchent.

— J'ai cru que… J'ai cru que tu allais me dire que tu t'en allais, avoue-t-elle.

— Tu préférerais ?

— Non.

Elle le regarde :

— Et toi ?

*
* *

L'explication frontale avec Anti et Xavier survient fin mai.

Ils viennent le trouver tous les deux, un soir, alors que La Houle fume seul, assis sous un arbre.

— Anti m'a dit ce que vous aviez ressenti l'un pour l'autre, commence Xavier. Ce… ce coup de foudre.

— Ouais…

— Tu veux qu'on en parle ?

— Non, répond La Houle. Y a rien à dire, mec… On ne va pas discuter de savoir lequel de nous a la garde.

Il se lève, frotte son pantalon plein de paille.

— On n'est pas des mâles dominants. C'est elle qui choisit, et elle t'a choisi. Point.

— Oui, bien sûr, dit Antigone. Mais ce qu'on voulait te demander, c'est… tu veux qu'on s'en aille ?

La Houle la regarde. Désarçonné.

— Pardon ?

— Avec Xavier, on a le sentiment que tu restes en retrait. On en a parlé… Si c'est ça qui t'empêche, ma présence, on peut… aller ailleurs, dans un autre village.

Un silence. Il se remet de sa surprise, réfléchit.

— Non, non… c'est votre truc…

— Berzerk a monté la moitié du village à lui tout seul, insiste Anti. Jay conquerrait le monde entier.

Et toi, malgré ta réticence, tu as défriché les deux champs comme un dingue… Et maintenant, tu projettes une bibliothèque.

On sent qu'elle a préparé ses arguments. Qu'elle les a répétés, peut-être.

— C'est aussi ton truc, on dirait… ajoute Xavier. Alors, si tu penses que nous, on doit partir…

Ils se dévisagent. La Houle se tourne vers Antigone.

— Ton mec… J'ai envie de lui casser la gueule, là. Ce serait plus simple s'il était un salaud.

Anti sourit très lentement.

— Oui. Mais éduquer des grands enfants, ce n'est pas *simple*, « Papa ».

Le sourire s'élargit…

— Et puis, qui sait, tu n'aurais peut-être pas le dessus ?

— Contre lui ? Un « non-violent » ?

Xavier fait un pas vers lui.

— Seulement dans le cadre du combat social, dit-il. Seulement là.

Regard contre regard. Provocants. Combat de coqs.

Personne ne baisse les yeux ni ne se dégonfle.

— Alors ? ajoute Anti.

— Alors quoi ?

— Tu dis quoi, Papa ?

— On reste ? Ou on s'en va ?

La Houle administre une bourrade à Xavier, rencontre une épaule dure…

— Vous faites chier, dit-il. En attendant, si personne ne s'y met, à cette bibliothèque, je vais la faire seul. Avec ma bite, mon couteau, et Berzerk.

Xavier se masse l'épaule, quand même.

— Tu nous prendrais Berzerk ? Ce serait déloyal…

— Et t'as pas vu ma bite.

Passé les premières heures, les premiers jours, Antigone se souviendrait de caresses.

La brise sur sa peau. La fraîcheur de l'eau.

Les nuits d'inquiétude, aussi, sans dormir, à cause de tout, tout ce qu'il faut inventer. Et cette difficulté, surtout, qu'ils ont tous à avancer sans chef, sans confier leur destin à personne, souverains d'eux-mêmes.

Elle en parle, des heures, dans les bras de Xavier, chuchotant dans la nuit – « On doit se faire discrets, plus discrets encore » –, parce que c'est sur eux qu'on compte pour tout décider. Xavier lui passe la main dans les cheveux. Mais tout son corps à elle se raidit, dès qu'il la frôle.

Elle s'excuse, demande pardon.

Et puis, le désir revient, doucement, tendrement, pas à pas.

*

* *

La récolte des foins. L'odeur de l'herbe chaude sur eux, leurs vêtements.

Fin mai, des pluies de merde, vicieuses, s'acharnent à les déloger. Ils en rient, ils sont pris de fous rires inextinguibles, dans les cabanes mal isolées qui ruissellent de partout, à chercher encore des bassines, des récipients, alors que tout flotte ; à finalement profiter de cette douche.

Les latrines débordent. On vit dans une odeur d'égout.

Un soir, ils ont un débat à la con, pendant une heure, pour savoir s'il faut faucher une parcelle alors qu'il y a des coquelicots, et que c'est beau, cette beauté-là…

Berzerker les interrompt, les bras chargés du foin qu'il a lié déjà. Il jette sa meule près du feu, s'assied dessus, demande :

— Et pour enculer les mouches, on en débat demain ?

Le village de cabanes est entièrement remis par terre, mi-juin. Ils le reconstruisent avec de la terre sèche, de la paille, du torchis, en suivant les conseils des anciens et les plans d'un village voisin. Une camionnette-dispensaire leur rend une première visite : quatre étudiants en médecine font le tour des villages du Sud-Ouest, pour soigner, pour soulager, pour écouter aussi – les bobos, les plaies, les bosses –, avec deux médecins pour les aider.

Ça s'organise avec les villages voisins. Pas trop, mais quand même.

Ça continue de réfléchir ensemble. Ça s'appelle depuis la cabine téléphonique de La Poste, puisqu'il en reste une ici, dans le désert rural créé depuis longtemps.

Xavier et elle, ils ont des entrevues avec d'autres « rêveurs ». Des concertations. On essaye de se tenir à la décision de ne rien coordonner, on veut inventer à chaque endroit, sans « délégués », sans « coordination », sans rien. Mais Anti et Xavier rencontrent quand même des gens, des copains d'Espagne, d'Italie, en deux occasions. Ils revoient Nicola et Chiara, font la connaissance d'Erri, un grand Italien au calme immense et à l'austérité tranchante.

On parle de non-violence et de colère. En Italie, les flics renversent les villages. Les campeurs italiens envisagent de remonter dans les Alpes.

*
* *

Le soir du feu de la Saint-Jean sur la place du village, on rit aux éclats, et pour la première fois, eux et les paysans forment quelque chose, une famille.

*
* *

Anti se souviendrait aussi de cette conversation avec La Houle, à la belle étoile, à l'écart du feu, un soir où on picole en chantant sous la Voie lactée.

Elle est allongée dans l'herbe de juillet. Il est assis à ses côtés, dans l'ombre – La Houle, son « redoutable ami » comme elle l'appelle, son étrange alter ego, cette étoile sombre qu'elle a reconnue, qui est un autre elle-même, une part manquante, à jamais manquante, et c'est heureux ainsi.

— Papa, je voulais te demander… Pourquoi tu t'appelais La Houle, là-bas ?

— J'étais un hool… Un prolo, un voyou des stades, comme les Anglais des années 80. Un barbare.

Elle l'entend sourire dans le silence qui suit.

— Mais *La* Houle ?

— C'est une vague… une vague plus puissante, plus dangereuse que toutes les autres, parce qu'elle vient du fond, du dessous. Elle soulève la mer entière au-dessus d'elle, sans déferler, mais en retournant tout… Une vague qui vient du bas, et qui peut tout retourner…

Il allume une cigarette, la lui tend, elle en tire une bouffée puis la prend.

Il s'en roule une autre.

— Et j'ai lu quelque part que le mot venait d'un terme arabe… hawl, hawwala… « La peur »… C'est cela que je voulais faire, là-bas : tout retourner, depuis le bas, là où j'étais… Et leur inspirer une trouille bleue.

— Et maintenant ?

Un rire muet.

— Je ne sais pas.

Il se retourne vers elle. Elle voit son visage, lame de couteau, dont les yeux brillent. Comme des étoiles.

— Honnêtement, je ne sais pas… Ce qui se passe, ce truc qu'on fait là, ça vient de loin, aussi, du large, du passé, et peut-être que ça leur fait plus peur encore… Plus peur que nos émeutes. Peut-être. On verra.

— Dans ce cas-là, ils nous détruiront. Ça a commencé, en Italie, apparemment.

— Oui.

Ils fument dans la nuit. Une étoile filante passe. Faire un vœu – *un* vœu ? Il y en aurait dix, vingt, mille…

— Et ça te fait peur, toi ? demande-t-elle. Qu'ils nous détruisent ?

— Non. Ça ne me fait pas peur. Et même si je ne leur inspirais plus aucune crainte, ça ne me ferait plus rien, maintenant…

Il hausse les épaules.

— Je dois devenir adulte, faut croire… J'ai passé l'âge de la guerre.

De nouveau, elle entend l'humour dans sa voix, une sorte d'ironie, un sourire très âgé de philosophe.

— Merci pour ça, ajoute-t-il, brutalement. Pour ce truc qu'on essaye.

Il s'est tourné vers elle, lui frôle la main, hésite. Elle s'est figée, un instant.

— Bon. Je vais aller pisser, dit-il en se levant. Et me chercher une bière, avant que la caisse du maire soit vide. Ils sont chauds, là, les copains.

— Fais ça, Papa. Et rapporte-m'en une.

Xavier se souviendrait aussi de tout ce qu'il n'avait pas prévu.

Tout ce qui déborde, bouleverse leur rêve, le colore et le transfigure, qui est bien plus que l'organisation de quelques milliers de jeunes gens en dissidence.

Des purs cadeaux.

Les matches de foot dans les foins coupés court, dans cette poussière de la terre d'août, avec et contre les villages et les campements voisins, garçons et filles mêlés, et qui laissent une trace de plaisirs, de triomphes, et des rancunes de mauvais joueurs.

La musique qu'on joue, le soir ; d'abord seul ou à deux, puis de plus en plus souvent ensemble, de concert, puisqu'on n'a plus de deezer, d'itunes, de playlists. Les livres qu'on lit à plusieurs, à voix haute, parfois à voix émue, tremblante, comme un partage, tant que la bibliothèque ne sera pas construite – il n'y en a pas assez, de livres, on a chacun fini de lire et relire les siens et ils ne sont pas reproductibles à l'infini…

Toute cette beauté-là, il ne l'avait pas imaginée, pas théorisée… Ce n'était pas dans le bouquin de Thomas F., ni dans leurs AG, leurs discussions préparatoires.

C'était imprévisible.

La fraîcheur de l'étang, en plein été.

Leurs plongeons, le ponton qu'ils fabriquent en deux jours.

La pudeur d'Antigone, à se couvrir plus que les autres filles, à attendre que certains soient partis pour aller se tremper, « parce qu'il y a La Houle… Et qu'il me désire ».

Les discussions avec les « autorités » du village. Des hommes, quelques femmes qui écoutent quand ils leur expliquent ce dont ils rêvent : une vie ensemble, simplement, une vie qui soit pour tous. Et les têtes se secouent, dubitatives, d'avoir trop entendu ce genre de promesses, mais les yeux y croient encore ou le voudraient.

Et les vieux ébauchent un sourire, après qu'ils ont vu les premiers travaux. Le conseil municipal les « convoque », lui et Anti, lorsque tombent les arrêtés préfectoraux. On va faire front commun.

Le maire, un type matois, leur glisse entre deux portes :

— Nous, on veut que vous restiez. Coûte que coûte. On est avec vous. Le woofing est légal. Et on a des tracteurs, on sait où se trouve la préfecture…

Ce n'est pas exactement tout seuls, finalement, qu'ils se battent. Thomas s'était trompé, à ce propos. Faire sécession, c'est peut-être rejoindre d'autres relégués.

C'est avec d'autres.

*

* *

Parfois, on parle de théorie. De science politique. Avec La Houle surtout, le seul qui lit et relit *Do Not Count*... au lieu de s'endormir, le soir, après les travaux.

Un soir, ils discutent, à quatre ou cinq, de Thomas F.

— Si ce mec était un violeur, ça pose un problème quand même, dit La Houle. On juge un arbre à ses fruits.

— Mais je le connaissais, répond Xavier. On l'a croisé, deux fois, moi et Anti. Il n'aurait jamais attiré des filles dans ce piège, crois-moi...

Silence. Dans ce silence, La Houle semble sous-entendre qu'on ne connaît jamais véritablement quelqu'un, que les gens changent, que le pouvoir, la griserie, le succès corrompent.

— Comment tu peux en être sûr ?

— Il était homo, dit Antigone. Honteux. Il n'en parlait à personne en dehors du cercle des amis...

La Houle grimace, regarde Berzerk, puis Jay...

Les homosexuels, est-ce son racisme à lui ?

— Et pourquoi il ne l'a pas dit, dans ce cas ? Après son arrestation, pour se défendre ?

— Parce qu'il ne voulait pas que sa mère l'apprenne, tout simplement.

— Pourquoi ? Il préférait mourir ?

« Nous nous organiserons collectivement, en sociétés, pour cultiver, cueillir, chasser, produire ce que nous mangerons, en quantité suffisante, sur un espace réduit à nos seuls besoins, le plus modeste possible, saison après saison ; pour disposer d'un toit et d'un abri ; pour nous protéger sans violence de la guerre et de la convoitise ; pour pouvoir offrir l'hospitalité à celui qui passe, une perspective à celui qui veut s'installer ; pour prodiguer des soins aux malades, et aux vieillards un jour, faire des enfants et les élever ; pour permettre à chacun de poursuivre la Beauté, de chercher la vérité, y compris dans le voyage – et de disposer de lui-même.
(…)
Ces vérités premières, inquiétudes et joies et techniques et économie politique, sont celles d'hommes originels, de chasseurs-cueilleurs, de nomades, et pourtant, nous nous ancrerons, pour ne pas errer, ne pas céder à l'envie de vous piller, de vous razzier. Pour vous permettre de nous éviter.

Tous les autres besoins, nous vous les laissons. Faites-en l'usage que vous voulez. Commentez sans nous. Administrez sans nous.
Cela ne nous importe plus[1]. »

1. *Do Not Count on Us*, Thomas F., *op. cit.*, p. 26.

Paul reçoit une lettre, au mois de juillet. Jay lui raconte tout. Jay lui dit que ce qui s'invente ressemble à la vie, à l'ardeur, à la trouille de leurs nuits.

Il reçoit une autre lettre, au mois de septembre. Elle se termine ainsi : « *(...) Un jour, il faudra que tu viennes nous rejoindre, Pibe. Tu découvriras le silence, la Beauté, comme nous tous. On te servira de guide. Et toi, tu nous aideras à en revoir sans cesse la nouveauté.*

Jay. »

Pibe se sent seul, abandonné...

*

* *

Quand vient l'automne, certains se découragent. Septembre : l'automne, les pluies, les rentrées lycéennes et universitaires. Ils vont perdre une année, une année entière... Le ministre annonce qu'on fera de la place pour les retardataires pourvu qu'ils ne gâchent pas leur avenir dans ces aventures sans lendemain, qu'on refusera en revanche d'accorder des années de césure…

Des semailles avortent.

Des maisons fuient sous les orages. Des toits s'envolent.

Le froid vif, prématuré cet automne-là, gerce, transperce, appauvrit chacun du peu qu'il croyait avoir. La faim, la douleur, le manque de soins, de confort, l'absence de perspectives aussi, les éprouvent : ce n'était qu'un doux rêve, une utopie, une erreur…

Engueulades, mots amers, coups de poing.

Puis, de toute façon, on n'y arrivera pas. On est trop peu. Trop seuls. Il fallait que tout le monde suive…

Certains villages « ferment ». Beaucoup désertent.

*
* *

En Italie, on fait la chasse aux campeurs.

En Allemagne, ils sont attaqués par des groupes d'extrême-droite, des nervis au crâne ras venus avec des chiens.

*
* *

En France, le pouvoir dénonce une « impasse vaine et sans perspective ». L'opposition pointe « des abcès de fixation », des « zones de non-droit », « hors des lois de la République ». Les intellectuels de plateau télévisé s'élèvent contre « un rejet de la modernité, qui est repli, et rejet des Lumières, du Progrès ».

Les médias ont inventé un sigle : VPI, villages provisoires illégaux.

Une trentaine de campements sont détruits, sur arrêtés municipaux, préfectoraux, malgré les chaînes humaines, les sit-in, ceux qui s'enchaînent aux arbres, se couchent devant les bulls. Une dizaine d'autres sont provisoirement fermés pour des raisons de santé publique et d'hygiène. Certains des doux rêveurs qui les avaient édifiés en recréent d'autres, plus loin, s'entêtent ; d'autres s'en retournent chez eux. Réassignés à résidence. À travail salarié, précaire, imposé, vain, introuvable – à études, dans l'un des nouveaux campus. À la vie telle qu'elle doit être, dit-on.

*
* *

À B., ils tiennent, serrent les dents, comme en beaucoup d'autres endroits.

Xavier et Anti, en qualité de « porte-parole », participent aux négociations cet automne-là…

Antigone voit son mec changer. Il perd son sourire. Ne voudrait porter que sa propre parole. Mais on ne peut pas. Il faut des représentants. Les discussions, entre campements, il faut les avoir – ces « réunions de concertation », ces « délégués », ces « assemblées générales », cette « confédération » qui s'esquisse, archipel d'îlots… C'est tout ce qu'ils auraient voulu éviter, mais les pouvoirs publics exigent qu'ils parlent d'une seule voix sur des points de détail et sur des points d'ensemble.

On ne leur accorde pas le temps ni la patience qu'ils avaient réclamés.

On leur laisse si peu le droit de tâtonner.

Les organisations, les consignes, les plans, il faut s'en donner, un minimum, pour qu'on ne rase pas tous les villages, qu'on ne disperse pas tous les feux les uns après les autres.

Des conseils sont distribuées pour passer les contrôles d'hygiène : ne jamais stocker de nourriture, utiliser la chaux vive pour les latrines, planter des roseaux pour préparer des stations d'épuration naturelle, régler l'éternelle question des déchets.

On ne peut être « rien ». On ne peut être que des créatures qui laissent derrière elles des traces, des marques, des ordures, des stigmates et des cicatrices.

*
* *

Il ne faut pas se soucier, en revanche, d'être compris.

Il faut accomplir les choses, accepter qu'elles soient montrées, interprétées, moquées, travesties, caricaturées – refuser toutes les interviews – garder l'hospitalité, accueillir chacun, d'où qu'il vienne, mais pas ceux qui viennent seulement « pour voir ».

Ne pas s'expliquer.

Endurer les critiques les plus blessantes, celles des anciens compagnons, ceux qui y avaient cru mais n'ont pas su durer, et qui finalement remettent en cause le plan d'ensemble. Des anciens copains font le procès des campements plutôt que de leur propre ténacité. Ils disent que c'était intenable – puisqu'ils n'ont pas tenu.

— Il faut que tu te prépares, Anti… Ils vont raconter des choses sur nous… Ça commence déjà.

— Je sais. J'ai entendu.

Elle regarde Xavier. Il est pâle, douloureux.

— Tu as peur ?

— Oui, j'ai peur… La prison… je n'ai pas envie.

*

* *

Essuyer les calomnies, les jugements sommaires, les rumeurs.

Apprendre qu'il y a des trucs qui partent en couilles, ici, là. Des soirs de boisson. Des petits trafics. Des compromissions. À J. et à T., on n'a pas su régler un problème de vol autrement que par la violence contre les voleurs. Parfois, c'est encore pire.

— Qu'est-ce qui t'arrive, Anti ? Tu ne dors pas ?

Xavier se lève, allume une bougie, vient s'accroupir devant la caisse sur laquelle elle se tient assise, dans la pénombre de leur chambre.

— Ça fait deux nuits… Il se passe quoi ?

— Il y a un mec qui a été abusé, au village de Timéo. Ils étaient trois, ils étaient saouls, ils l'ont coincé dans une cabane.

— Je sais… J'ai entendu ça.

Il lui caresse le visage.

— On n'y est pour rien… Tu n'y peux rien.

Trop facile. Elle refuse de se dédouaner, comme ça.

— Arrête, Anti… J'ai besoin de toi… De ton sourire. Faut pas que tu lâches.

Mais comment pourrait-elle ne pas se demander quelle part elle porte dans ce mal ? Le mal fait à ce jeune type, aux copains qui ont été tabassés par les flics, à ceux qu'on a molestés, aux abords de V., aux paysans dont les granges ont été brûlées parce qu'ils apportaient leur aide ?

Comment ?!

— Nous ne sommes pas parfaits, murmure Xavier. Le monde n'est pas parfait… Pour l'instant, il faut que tu dormes… Que tu dormes…

*

* *

Le plus simple serait bien sûr de ne pas lire les journaux, de ne pas entendre les radios, les télévisions. Mais eux, ils doivent écouter, regarder, savoir – eux qui voulaient simplement partir, ils ne peuvent éviter les échos du monde et des autres villages, de l'ensemble. Même si, parfois, ils voudraient juste lâcher. Disparaître. Devenir des ombres.

— On ne peut pas se dérober, répète Xavier comme pour se convaincre. Le monde croit qu'il faut des chefs, des têtes, des porte-parole… Mais on est tous les deux… On tiendra tous les deux…

*

* *

Plus tard, il faut quitter les granges de B., faire le tour des villages, sous les pluies de Toussaint, en stop, avec des copains, pour entendre les difficultés, réfléchir à ce qui doit être organisé.

Rendre visite sans prétendre rien résoudre, surtout, mais afin que personne ne se referme sur soi, en une triste autarcie.

Voir les visages fatigués, les corps endurcis et les sourires heureux. Les yeux las. Les doutes…

L'espérance qui ne lâche pas, et la foi qui vacille.

— On ne peut pas s'acharner, répète Vernet comme pour se convaincre. Le monde a ou qu'il faut des chefs, des rois, des porte-parole... Mais on est [illegible]... Qu'il [illegible] deux [illegible]

Qu'il [illegible] à tes côtés

qu'il te [illegible]

[illegible]

Qu'il en tombe mille à tes côtés,
qu'il en tombe dix mille
à ta droite…

Jay va mourir trop tôt. Dans moins d'un an. Mais elle vit au présent et reçoit dans l'instant chaque jour, chaque heure, chaque nouveauté.

Au printemps, elle a goûté la joie sans mélange d'être là, au milieu d'eux. Elle s'est assise avec eux, aux mêmes feux, sans qu'une quelconque discrimination positive ou négative régisse sa présence.

Elle a entendu Matthieu lire le soir à la veillée. A ri avec Jasmine.

Elle a transpiré pour le village.

Elle a vu qu'elle était belle dans les yeux de Romain ou de Sébastien. Belle, oui…

Elle s'est sentie redevenir une de ces femmes, comme sa grand-mère au pays, qui vont puiser de l'eau, laver le linge à la fontaine, avec ce déhanchement qui est inscrit dans son corps.

Elle a vu les mecs se joindre aux corvées d'eau, de lessive, au début, et puis lâcher l'affaire, par paresse, malgré leurs bonnes intentions, leurs vœux d'égalité…

Elles en ont ri, entre filles, du manque d'endurance des mecs.

Elle a goûté la joie d'avoir un amour d'été avec Sébastien, puis a ruminé la tristesse douce-amère que cet amour s'arrête d'un vœu commun.

Elle entre dans la forêt et la forêt entre en elle, un peu plus loin, plus profond, chaque jour.

L'odeur du bois de juin, puis celle de l'été, différente. Les feuilles grillées par le soleil. Les mousses sèches, les fougères encore humides qui exhalent des sucs. L'étang ne baisse pas, le lit de la rivière semble constant, mais une odeur de cloaque s'en dégage chaque jour, comme si la chaleur allait chercher le végétal en elle. Où se cachent les poissons quand l'eau devient une algue ?

Elle marche de longues heures, pendant que les copains font la sieste à l'ombre, en attendant les corvées du soir. Elle zappe des déjeuners. Elle a le sentiment de découvrir des mystères, ou plutôt d'y pénétrer, d'y circuler, sans savoir d'où lui vient cette intimité avec le sous-bois – mais en devinant d'antiques attaches, qui se révèlent comme si elle avait foulé ce sol dans des vies plus anciennes, et se retrouvait chez elle.

Chez elle.

Étrangement, alors qu'elle est heureuse au milieu des amis, adoptée par tous (mêmes affinités profondes qu'avec la meute, et sans colère cette fois), c'est vers cette solitude, cette gravité, ce silence, qu'elle va.

Elle s'enfonce plus profondément, découvre des espaces vierges, dirait-on, où plus aucun arbre n'est marqué d'une croix, où il n'y a plus ni sentier, ni traces des forestiers. Illusion d'une forêt primaire. Elle s'y égare, plusieurs fois, sans que cela l'effraye. Deux fois, elle rentre à la nuit, répond à La Houle qui s'en inquiète :

— Je me suis perdue dans la forêt.

Avec une joie gaie, désinvolte et enfantine.

Elle y retourne. Encore.

Elle voudrait savoir nommer les arbres qui l'entourent, les caresse de la main.

Ils sont une mémoire si ancienne, plus ancienne que ses grands-parents peut-être, ils sont une sagesse qui n'a rien à voir avec son histoire ou ses souvenirs : des forêts, elle n'en avait jamais vu dans son enfance de béton.

Elle sourit aux arbres. Paisible. Doucement exaltée. Ils ont la force tranquille des sages, la puissance des titans qui tombent en faisant trembler la terre. Délicatesse des jeunes pousses, rameaux d'un vert tendre qui se plient sous ses mains, à hauteur d'épaule, frondaisons qui bruissent au-dessus de sa tête sous chaque brisée d'air. Le sol est souple sous ses pieds. C'est comme si les racines, le réseau des milliers de rhizomes et radicelles qui circulent souterrainement, savaient des sources que les hommes ignorent, et échangeaient ce secret entre elles, comme si les feuilles et les écorces gardaient l'eau pour la vie, la chaleur à la nuit, la fraîcheur à l'été.

Toute cette vie d'insectes, de vers…

Les filaments de mycélium s'échappent de l'humus quand elle s'accroupit pour écarter les feuilles et recueillir dans ses paumes la terre noire, grasse, épaisse...

*

* *

Un jour de septembre, elle débouche dans une clairière.

Il y a des bâtiments. Deux longues maisons. Des murs. Des toits de tuiles.

Le clocher d'une église.

Une route s'en éloigne. Jay a traversé une partie de la forêt, elle a débouché sur un autre versant du monde des hommes.

(C'est l'Abbaye où viendront les enfants trente-six ans plus tard.)

Elle ne voit pas un chat, personne. On n'entend pas de chiens. Mais c'est habité, parfaitement entretenu. Le gravier sous ses pas est ratissé. Il y a des traces récentes de voitures.

Elle voit le panneau « Abbaye d'E. – zone de silence ». Elle entre dans le domaine, sorte de cour de ferme, trois bâtiments en U devant l'abbatiale. Elle lit un panneau : « Accueil, Hôtellerie ». Elle pousse cette porte, la sonnerie d'une cloche qu'elle déclenche la surprend.

Une très vieille femme au visage petit, fripé comme un fruit, sort d'un réduit et lui sourit.

— Vous cherchiez quelque chose ?

— Non. Je… Je passais…

Le sourire de la femme semble habiter ses rides et s'y loger à son aise, tout le visage a vieilli autour de lui. Elle porte un habit de religieuse, une bure de laine blanche et un tablier noir, un gros ceinturon de cuir, un voile noir sur ses cheveux d'argent. Jay voit qu'il y a quelques céramiques en exposition, des livres aussi, et des bijoux sacrés (pendentifs, médailles), un panneau rédigé à la main au feutre bleu qui indique que « tous les objets fabriqués au monastère sont vendus au magasin ». Elle voit une autre feuille, scotchée au mur : les nouveaux visiteurs sont priés de se présenter à l'hôtellerie à partir de seize heures.

La religieuse lui demande :

— Je n'ai pas entendu de voiture. Vous cherchez un lit, pour la nuit ?

— Non, je… Nous habitons de l'autre côté de la forêt, à B.

— Ah… Vous êtes de ces jeunes gens…

Le sourire n'indique ni approbation, ni condescendance, rien.

— Oui.

— Et vous êtes tombée chez nous par hasard ?

— Oui. J'ignorais qu'il y avait…

— Je comprends.

La vieille femme contourne le comptoir, vient lui serrer la main.

— Notre installation est plus ancienne et fait beaucoup moins de bruit que la vôtre. Vous voulez visiter ?

La vieille femme l'accompagne gaiement, lui fait visiter l'église, immense vaisseau étroit aux murs chaulés encore intègres des salpêtres, aux vitraux bleus et blancs point encore brisés, mais dans lesquels le maître vitrier a déjà caché des bulles de verre qui se teinteront de rose et d'orange dans la lumière déclinante du soleil.

— Nous sommes une Trappe… Une communauté de femmes qui se réfugient, chacune, dans la solitude, comme des ermites… Mais nous mettons certaines choses en commun pour protéger cette solitude.

Elle regarde sa montre-bracelet – sur son poignet, la peau sèche se parchemine et semble si fine qu'elle devrait s'abîmer.

— Nous avons un office chanté dans cinq minutes. Je vais devoir vous laisser. Mais vous pouvez rester dans l'église… Nous sommes très heureuses de votre visite.

Jay demeure quelques instants dans l'abbatiale vertigineuse. Elle regarde le chemin de croix, quatorze stations, croix sombres qui courent le long des murs blancs. Qu'attend-elle ? Que fait-elle ici ?

Elle va s'en aller, mais déjà, des religieuses entrent par une porte latérale.

Elle les voit avancer en deux files indiennes, se répartir entre les stalles. Mêmes habits, noir et blanc, mêmes allures, têtes penchées.

Elles sont plus de trente… Peut-être quarante.

Elles s'installent, ouvrent les missels, face à face en deux rangées, une de chaque côté de la nef.

Un chant long, lent, litanique se déploie. Fait de répons que Jay ne comprend pas.

Jay regarde plus qu'elle n'écoute.

La plupart des religieuses sont âgées, mais il y a également quelques jeunes femmes parmi elles. Et parmi les jeunes, deux Noires, et une femme d'Asie. Que sont-elles venues faire ici ? S'enterrer, se cacher ? Loin du monde ?

Toujours debout dans l'allée centrale, elle se retourne : personne. Les bancs sont entièrement vides.

À qui s'adressent les femmes ?

À quoi cela sert-il ?

Le chant s'arrête.

Silence.

Un deuxième psaume commence.

Jay sent une émotion la saisir, sa gorge se serre. Elle voit les bancs de bois clair des deux rangées de stalles, la pierre blanche de l'autel qui ressemble à un tombeau ouvert – elle est saisie, comme dans la forêt, par la même impression d'être déjà venue ici dans son passé, de retrouver le lien avec quelque chose de profondément enfoui.

Elle se souvient des mots qu'elle balbutiait avec sa mère, agenouillée devant son lit, foi naïve qu'elle aimait.

À la fin de l'hymne, elle se glisse entre deux bancs dans les travées, hésite, reste debout, ne s'assoit finalement que quand toutes les religieuses le font elles aussi dans leurs stalles.

Quand l'office est fini, elles se retirent.

Où vont-elles ? Dans un endroit invisible, fait de silence, et qui n'existe pas – comme l'oiseau qui la réveille chaque matin, qu'elle ne parvient jamais à voir mais qui chante pour saluer le soleil ?

*

* *

Jay rentre ce soir-là en traversant la forêt, légère, lourde de nouvelles questions, mais sans inquiétude.

Est-ce cela qu'ils font, eux aussi ? Quelque chose de parfaitement inutile, mais de beau ?

*

* *

Elle retourne plusieurs fois à l'abbaye. Chaque fois, c'est une sœur différente à l'accueil. Parfois, elles sont moins accueillantes que la première.

Un jour, dans le magasin d'artisanat, elle prend dans sa main une petite croix d'olivier posée juste devant la caisse.

— Vous la voulez ? demande la religieuse, assise de l'autre côté du comptoir.

Jay secoue la tête. Mais la religieuse referme déjà sa main sur la croix. Son sourire est plus forcé que celui de la très vieille femme, sa gentillesse moins naturelle – consciencieuse, appliquée, mais sans malice.

— Vous pouvez la garder. Sœur Rose-Marie nous a parlé de vous… J'imagine que vous n'avez pas du tout d'argent, là-bas, dans votre village… Aussi pauvres que nous.

La religieuse lui donne un lacet de cuir qu'elle noue habilement à la croix.

— Si vous voulez la mettre autour du cou…

*

* *

Jay porte la croix au cours de ses promenades. Elle ne se rend presque plus jamais à l'abbaye. L'automne l'accapare : il y a les travaux au village, sur les parcelles, et la forêt surtout, qu'elle n'avait jamais connue dans cette ivresse d'elle-même. L'automne a des artifices, capiteux, trompeurs, derniers feux flamboyants d'une vieille beauté passée – il a des grâces discrètes, les graines qui tombent au sol, les fruits qui éclatent, les faines et les glands fades sous la dent, les bogues piquantes des châtaignes, les marrons brillants, la douceur des soies…

La terre sent les champignons, une odeur de pourrissement et de vie longue.

Le tapis de feuilles mortes se bronze, s'oxyde.

Les animaux pressés de faire des réserves oublient toute prudence. Jay n'a plus besoin de guetter, de se taire : elle en surprend qui détalent presque sous ses pieds. La forêt a appris sa présence, on s'habitue à elle, on sait qu'elle n'est l'ennemie de personne, simple passante… Elle n'accompagne jamais le groupe des copains qui chassent avec les paysans du coin. Elle ne pourrait pas tuer cette beauté, même si elle aime la viande de gibier qu'ils mangent parfois ensemble, après l'avoir mise trois semaines à faisander.

La mélancolie qui la guette est de saison.

En novembre, elle écrit une nouvelle lettre à Pibe, pour lui raconter le cours des choses. Cette fois, elle ne parle pas de l'abbaye, ni ne lui redessine la croix de bois qu'elle sent danser parfois entre ses seins. Elle lui évoque un peu ses doutes : une vingtaine de copains du village sont partis une semaine faire les vendanges, à plusieurs kilomètres, acheter des matériaux et de quoi tenir tout l'hiver.

On gagne de l'argent. Quelque chose est-il en train de se perdre ?

Elle lui souhaite bon anniversaire. Il a seize ans. Qui sait, bientôt, ses parents l'autoriseront peut-être à les rejoindre ? Ou au plus tard, dans deux ans…

Deux ans.

Se peut-il que la vie, la Beauté dure jusque-là ? Elle ne se pose pas la question, à dire vrai.

Elle est dans un tranquille accueil de chaque jour.

Elle ne sent pas venir le drame.

[Novembre]

Berzerker perd patience.

Ces deux mecs, Max et Jules, tirent au flanc depuis des semaines et se défilent. Ils trouvent toujours une corvée confortable et au chaud, dès qu'il flotte – alors qu'on patauge dans la boue, parce qu'on a lancé deux chantiers en même temps (un de trop, certainement), à la ferme de Chalin pour bâtir un nouveau hangar et autour de la bibliothèque de La Houle, qu'on bâtit en démontant pierre par pierre la troisième grange trop ancienne…

Le soir, aux feux, quand Antigone ou Étienne leur adressent des reproches, Max et Jules disent qu'il pleut, qu'ils sont crevés, qu'ils n'ont pas choisi cette vie pour trimer comme dans leurs stages ouvriers.

Ça fait bouillir Berzerker.

Il ne dit rien, se contient.

Mais ce jour-là, il entre dans leur cagna à l'improviste, les surprend en train de fumer sur leurs lits.

Il attrape Max par le col, le soulève et le remet debout comme ça, d'un geste.

— Tu vois, ce toit, au-dessus de ta tête ? C'est moi qui l'ai monté… Et pas pour que tu glandes… Pour que tu puisses te reposer, le soir, quand tu auras fait ta part. Ta putain de part !

Max le dévisage, sidéré, terrifié. Pupilles dilatées par la marijuana.

Jules se lève paresseusement, vient se planter à côté de son pote et dit, voix pâteuse :

— Va te faire enculer, avec tes leçons de morale, toi et ton pote La Houle. Vous vous prenez pour qui ?

Max rit, bêtement :

— Vous voulez faire une bibliothèque… mais vous avez déjà lu un livre ?

Alors, le poing de Berzerker part sans qu'il ait réfléchi ni mesuré sa force, parce que ce type a insulté La Houle.

*

* *

La seconde suivante, il voit Max sur le sol contre la cloison, à deux mètres, les jambes étales, la nuque molle, les yeux vagues. Un filet de sang coule de son nez.

— Merde.

Jules sort en gueulant :

— Il l'a tué !

*

* *

Aude et Étienne entrent, ils prennent le pouls de Max.

Aude dit :

— Faut l'emmener chez le médecin, tout de suite…

— Non, dit Anti, qui vient de débouler à son tour. On appelle une ambulance.

Berzerker reste là, ses grosses mains inutiles, ballantes.

*

* *

Il voit les regards de leurs compagnons, ce soir-là – les mêmes que lors des tout premiers jours, quand ils le voyaient comme une brute imbécile.

Six mois se sont évanouis dans leurs yeux en un geste…

Quand Xavier revient avec Aude, il annonce :

— Traumatisme crânien et mâchoire fracturée. Tu ne l'as pas loupé, Berzerk…

— On range tout, dit Antigone, et on se prépare à une visite, les amis… Dès que Max sera en état de parler, les gendarmes vont sauter sur l'occasion et faire une perquisition.

*

* *

Le lendemain matin, Berzerk assiste plus qu'il ne participe à son « procès ». On s'efforce de ne pas faire ressembler la chose à un tribunal, mais c'en est un, tout de même. On discute de ce qui s'est passé, de l'idéal, des principes de non-violence. Des implications. De la nécessité de protéger Berzerk si les flics viennent l'arrêter – c'est risqué pour tout le village, les autorités ne demandent que ça, des prétextes pour évacuer…

Des copains disent qu'il a merdé et qu'il doit assumer.

D'autres défendent l'idée qu'on assume collectivement. Qu'on reste coude à coude, unis.

La Houle se racle la gorge, rappelle la conversation qu'ils ont eue avec Antigone lors de leur première rencontre :

— J'ai dit à Anti que si on perdait l'un des nôtres, on ne le laisserait jamais aux flics… Qu'on irait le chercher avec violence s'il le faut… Sur ce point-là, rien n'a changé pour moi.

— Les analyses montreront que Max était sous THC, dit Xavier. Vous avez nettoyé sa chambre ?

Plusieurs têtes se secouent.

— Dans ce cas, si on raconte tous la même version de l'histoire, la parole de Jules ne tiendra pas contre celle de Berzerk… Théoriquement…

— Mais la théorie, avec les flics…

— Oui. Mais moi, je dis qu'on prend le risque. Berzerk est l'un d'entre nous.

— Max l'est aussi… C'est pas parce qu'il tirait au flanc que…

— Si, dit Antigone. C'est pour ça que c'est arrivé.

— Il n'était pas obligé de le frapper, non plus ! Putain, il y a d'autres moyens de...

Berzerk se souvient de les avoir écoutés parler encore longtemps, débattre de lui à la troisième personne, comme s'il n'était plus maître de son destin. Et même si le village décide finalement de mentir (de le protéger envers et contre tout, au risque d'en pâtir), il fait son sac le soir même, et il s'en va – pour redevenir son propre souverain. Même vaincu et en exil.

Sans un adieu, ni pour Jay, ni pour La Houle – qui auraient su d'un mot le retenir –, sans un merci pour ceux qui lui avaient fait une place dans cette famille.

Et avec lui, c'est l'innocence, la force colossale, l'évidence des débuts qui désertent.

*

* *

— Je te cherchais... Jay te cherche aussi. Tu es au courant ? Pour Berzerk ?

— Oui. Il est parti.

La Houle lit seul en fumant dans la nuit, allongé sur un plancher glacial, à la lueur d'une lampe frontale, dans la carcasse encore vide de son rêve : la future bibliothèque, sans toit, sans fenêtres, et où le vent circule.

Antigone lui demande :

— Tu veux qu'on aille le rechercher ?

— Non. Il est libre.

Cela fait une buée, une fumée, quand ils parlent. Il semble qu'il ait pleuré. Ou peut-être est-ce juste le froid sur ses yeux. Il lui montre le livre qu'il lit. Steinbeck, *Des souris et des hommes*.

— C'est le seul bouquin dont j'ai pu lui raconter l'histoire… Cent fois. Il disait que c'était notre histoire.

Antigone à Xavier, quatre jours plus tard, après l'annonce de l'arrestation et de l'incarcération d'Erri et Nicola, dans le Val d'Aoste :

— Pourquoi ? Pourquoi c'est toujours les copains… les meilleurs copains, les plus innocents, qui…

— Je ne sais pas.

*

* *

Les flics débarquent le lendemain, sur commission rogatoire, consécutive à la plainte de Max H. contre le nommé Theo Niclou – alias Berzerker.

Les « campeurs » du « VPI » font une haie devant laquelle les véhicules s'arrêtent.

Trois officiers descendent.

— Je veux voir votre responsable.

— On n'en a pas.

Anti, finalement, répond aux questions au nom de tout le monde, et devant tout le monde :

— Berzerk n'est plus ici… il a quitté le village la veille de la bagarre entre Max et Jules. Ils s'étaient engueulés, l'avant-veille.

Tout le monde tient ferme sur cette version, ce mensonge invérifiable.

Quand les flics vont perquisitionner dans la cabane où a eu lieu la rixe, la chambre de Max et Jules est intacte, et on retrouve l'herbe illégale dans leurs affaires.

Le flic, en repartant, dit que Niclou avait des antécédents, un casier judiciaire de petit délinquant puis de hooligan : des condamnations pour destruction de mobilier urbain, violences avec armes, outrages, et une interdiction de stade… Il dit, assez fort pour être entendu de tous :

— Il y en a d'autres, ici, qui ont le même genre de casier…

Coup d'œil vers La Houle.

— On vous surveille de près.

— Nous aussi, on se surveille, répond Antigone.

[DÉCEMBRE]

Plus tard, c'est le premier Noël de dissidence, dans le frimas des granges, le gel des montagnes, le givre éblouissant qui sidère la forêt, comme les doigts d'une main noire ; dentelles ; toiles de nudité.

Dans le froid de la cellule d'Erri et Nicola, toujours incarcérés en Italie. Dans l'attente de Chiara – qui est un exil.

Dans la chambre de Pibe, abandonné.

Dans tous les « villages ».

Dans la solitude de Berzerker, revenu à Paris et qui claque des dents lui aussi – piaule sans fenêtre louée à un marchand de sommeil. Il fait le fort des Halles à Rungis.

*

* *

Noël sans neige, à B., mais avec une terre dure, cassante comme du caillou. Les ferrailles qu'on manie pour terminer la bibliothèque collent littéralement aux mains, certains matins. Il y a des sapins noirs, mais pas un kopeck pour s'offrir des guirlandes.

On fait du pain d'épices. C'est tout, en guise d'agapes, jusqu'à ce que le vieux couple voisin, Chalin et sa femme, Jeanne, arrivent avec deux chapons…

*

* *

Antigone rejoint Xavier dans leur chambre.

— On a encore un emmerde taille XXL. Aude est enceinte… Elle veut le garder, et Enzo aussi.

— Oui.

Il termine hâtivement de se dévêtir, se glisse dans les draps.

— Ça devait arriver… ajoute-t-il. Il y a d'autres grossesses, pas mal, dans les autres villages. De plus en plus de filles arrêtent de prendre la pilule… Et y en a marre des capotes, tu trouves pas ?

Il a dit ça presque joyeusement. Antigone ne répond pas, elle grelotte. Merde, il fait glacial malgré le poêle. Leurs souffles sont des fumées.

— Elles ne veulent plus des labos pharmaceutiques, insiste-t-il. C'est logique, cohérent, non ?

Elle se tait. Elle se sent seule, soudain, lui en veut de cette austérité. Elle rêvait d'étés à n'en plus finir. Elle ajoute une bûche, se retourne rageusement.

— Je ne te parle pas de théorie générale, là… Aude va avoir un môme. Ici, dans ces conditions. Avec ce froid.

— Il naîtra à l'été... Et on la convaincra de se faire suivre par un toubib. Après...

Il marmonne.

— Quoi ?

— Il faudrait qu'on soit cohérents. Qu'on invente des moyens communs pour les hospitalisations... Pour produire nos propres médicaments...

Elle se déshabille à son tour, se glisse sous la couette pour le rejoindre, claque des dents tant les draps sont gelés. Elle se colle contre lui mais lui tourne le dos.

— J'ai dit une connerie ? demande-t-il.

— Merde, Xavier... Arrête de... de théoriser. Tu te rends compte, la responsabilité... Si elle avait un accident, un...

— Arrête de *quoi* ? De *théoriser* ?

Il a répondu plus vivement qu'elle ne s'y attendait. Elle se retourne, le regarde : il est redressé sur son coude.

— On invente une nouvelle vie, Anti... On se trompe, on essaye. Mais merde ! c'est quand même pas une catastrophe que deux amoureux aient envie de faire un môme...Et puis, ce n'est pas à nous de dire que ce que font les copains est une connerie...

Il approche sa main du visage d'Antigone. Elle a un mouvement brusque, comme s'il la chatouillait, ou l'agaçait, pour se dégager.

— Tu dis ça parce que t'es un mec, toi...

— Ou bien je dis ça parce que j'aimerais qu'on en fasse un, nous aussi...

Elle le regarde, s'enfouit sous les draps, ses cheveux émergeant à peine de la couverture : on ne voit que les billes de plomb fondues, brillantes, ses yeux pleins de colère.

— Tu fais chier, Xavier. Tu crois que c'est le moment ?

Il se marre comme un gamin qui vient de faire une plaisanterie – y croit-il, même à moitié ? Elle sourit, brièvement, puis se retourne. Il se colle dans son dos, pose une main glacée sur sa hanche.

Elle frissonne.

— Un ou deux gamins, murmure-t-il. Pour commencer. Et on s'y met dès ce soir…

— Arrête… Tu fais chier…

Elle rit.

DEUXIÈME JOUR

14.

[Grande Forêt, mai 2061]

Au matin du deuxième jour, l'homme aux chiens se redressa brusquement sur sa couche. Il avait cet air surpris et résolu à la fois, celui qu'on a lorsqu'on quitte un vêtement de deuil ou un mauvais rêve.

Il s'ébroua, se leva, enfila ses vêtements et des mocassins de peau.

Ensuite, il ouvrit une malle, en sortit un couteau très long – ou une machette courte, comme on voudra.

La nuit assombrissait encore l'aube.

Avant de quitter la cabane, il écrivit un mot bref à l'intention de ses enfants, qu'il laissa sur la table :

« *Nous vous cherchons avec inquiétude. Restez ici, si vous revenez.*

Votre mère arrivera avant le soir.

Adam »

Puis il glissa le papier et le stylo – une pointe feutre, héritée Dieu sait d'où – dans la poche de sa veste, avec un collier de cuir tressé, sortit et siffla les chiens qui accoururent.

*

Ils allaient vite tous les trois – l'homme et les chiens – à travers les sous-bois. Plus vite encore que la veille. Ils couraient. Adam avait glissé le sabre dans son dos, comme un katana, accentuant sa ressemblance avec un missionnaire égaré au pays du Soleil-Levant.

Des pensées confuses l'agitaient, elles noircissaient son iris. Les chiens haletaient.

La forêt était plongée dans l'ombre, elle n'apprendrait la nouvelle du jour naissant qu'une heure plus tard.

*

Deux heures après, il avançait à pas de loup sur les feuilles craquantes. Collés à lui, sur ses deux flancs, les chiens grondaient *mezza voce*, une sorte de raclement qui faisait vibrer leurs ventres comme un poêle. Adam se pencha, murmura à l'oreille de l'un, puis de l'autre, pour les renvoyer à cent mètres.

Demeuré seul, il regarda autour de lui comme s'il voulait s'assurer que personne ne le surprenne ; puis il monta rapidement dans un châtaignier aux branches régulières, droites, franches.

Les loups avaient élu domicile dans une vaste clairière arbustive, sous une sorte de promontoire rocheux, dont le sommet ressemblait à un dolmen. Autour du promontoire, la végétation était basse, rabougrie, simple maquis d'arbustes tordus dévoilant une terre ocre, par endroits, comme une pelade sur la forêt.

On ne voyait aucun louveteau jouer dans la poussière devant l'entrée de la tanière.

On n'apercevait pas davantage de cadavre mais cela ne voulait rien dire… Il est rare que les loups ramènent leur pitance à leur gîte. Ils ne le font éventuellement qu'avec les proies les plus petites – bien plus petites que n'auraient été les corps de Daniel ou Montana, par exemple. Pourtant, le fait est : par une sorte de superstition, Adam était venu vérifier d'abord à cet endroit.

Parce que c'était d'ici, précisément depuis cet arbre, qu'il avait découvert le corps de Jolan.

*

Après avoir visité encore deux ou trois lieux voisins où les enfants se risquaient parfois (ils étendaient sans cesse le territoire de leurs jeux), leur père se dirigea vers l'est.

Sa battue ne donnait rien. Le soulagement qu'il avait éprouvé devant le repaire des loups s'était dissipé depuis longtemps.

*

Il arriva au gué près de la rivière vers le milieu du jour, à peu près. À ce moment, le soleil s'en allait déjà. Dans une heure tout au plus, l'endroit serait plongé dans l'ombre jusqu'au lendemain.

Des oiseaux chantaient dans les hauteurs, trilles de louange et de reconnaissance.

Comme dans les endroits précédents, Adam s'accroupit sur la berge, commença de lire le sol. Comprenant ce qu'il attendait d'eux, les chiens se mirent à chercher de leur côté. Ils flairaient, tournaient, comme ils l'avaient fait la veille autour du hêtre et ce matin déjà, plusieurs fois. Au bout de longues minutes, l'un d'entre eux – Buck, le chien-loup – aboya, un jappement agacé, rauque, qui ressemblait à celui lancé par la femelle alpha la veille au même endroit.

À quelques mètres de là, dans la boue, son maître savait lui aussi qu'ils avaient trouvé quelque chose. Les louves avaient laissé des traces nettes ; les louveteaux aussi. Des sangliers étaient venus ensuite… Mais il y avait également plusieurs empreintes de pieds, celles de ses trois enfants.

Il trouva le harpon de Daniel sur la rive, un peu plus loin. Cela lui procura l'impression que quelqu'un, quelque part, entrouvrait l'étau qui oppressait sa poitrine. Il avait plu l'avant-veille : les traces étaient récentes. Désormais, tout serait affaire de logique, d'attention, de minutie…

Il examina le harpon. Une mâchoire de fauve l'avait mâché, éraflé. Les louves étaient donc venues après eux. Ou en même temps ? S'étaient-ils rencontrés ?

L'homme invita calmement Buck et Corniaud à se concentrer, à trouver. *C'étaient de bons chiens*, dit-il. *Ils devaient l'aider, maintenant.*

Il parlait d'une voix douce, encourageante.

Les chiens geignirent, impatients de lui plaire, reniflèrent, repartirent. L'odeur âcre du loup, le cousin libre et sauvage, inquiétait et énervait leurs sens.

Finalement, Corniaud, la truffe au sol, se dirigea vers un noyer et aboya. Adam rejoignit le setter au pied de l'arbre, de nouveau il examina la terre puis l'écorce : il y avait effectivement une empreinte humaine, un pied nu, celui de Montana ou de Dan, entre les racines.

Un peu plus loin, dans l'herbe, il trouva les débris de poissons et des traces de sang ; une baguette effilée ; des lambeaux de tissu rouge. L'homme n'aurait pu le jurer mais il lui semblait que Daniel portait un vêtement de cette couleur, la veille.

Ils étaient partis avant l'aube, tous les trois...

Que s'était-il passé ? Il n'y avait pas assez de sang, ici, pour qu'on conclût à une scène de carnage.

Le sang était celui des truites, mais les loups ne pêchent pas. Si les enfants avaient abandonné leur pêche, le harpon et le T-shirt, c'était sans doute qu'ils avaient été dérangés et obligés à fuir. Par l'arrivée des louves ? Oui. Vraisemblablement.

Dans ce cas...

Si les animaux avaient surpris les enfants, ceux-ci avaient essayé de se réfugier dans les arbres.

Les yeux de l'homme se levèrent, scrutèrent attentivement la cime du noyer. Les branches maîtresses rejoignaient celles d'un frêne. Un chêne, plus vaste, atteignait ensuite la canopée. Cela représentait un jeu d'enfant pour ses deux aînés (et même pour Judith) de le rejoindre…

S'ils étaient parvenus à grimper dans l'arbre, pourquoi n'étaient-ils pas rentrés, ensuite, par les hauteurs ? Où étaient-ils ?

15.

[Au même moment]

Toute la nuit, le sauvage avait avancé, funambule et rapide, dans les arbres.

Lorsque le nouveau jour était né, les feuilles avaient filtré les premiers rayons du soleil comme le ferait la surface d'un océan, et à travers cet enchantement, on aurait dit que l'homme des bois évoluait parmi les algues et les récifs d'un océan.

Des oiseaux voletaient parfois dans cette mer autour de lui. Il dérangeait leurs nids sur son passage.

Il ne se souciait pas de la splendeur qu'il traversait, ne savait pas la singulière beauté de sa propre course. Toujours aussi délié, sans cesse en mouvement, depuis combien de temps n'avait-il pas dormi, créature n'offrant aucune prise à la fatigue ?

Son âme semblait prise dans un souvenir qui lui tenait lieu de cauchemar éveillé et l'avait retiré du présent depuis la veille. Il y évoluait à son aise.

Parfois il secouait la tête comme pour s'en extraire.

Il continuait de grommeler les noms.

« Pibe », « Joan », « Jay ».

*

Et maintenant, une heure après midi, le sauvage venait de s'arrêter en vue d'une cabane perchée dans les arbres, reliée à une plate-forme suspendue. C'était celle, précisément, où on avait vu l'ermite lire la veille les lignes de Thomas F.

L'homme des bois sourit comme un enfant, pour la première fois depuis des jours. Il dit un mot nouveau :

— La Houle.

Depuis l'endroit où il s'était arrêté, on voyait un homme, effectivement.

C'était l'ermite aux tempes grises.

Comme la veille, il s'était installé dans un trait de soleil qui traversait la canopée. Il lisait à cette lumière, jambes dans le vide, sans craindre le vertige, assis sur la terrasse circulaire qui encerclait le tronc du chêne (comme un nid-de-pie au sommet d'une grande vergue).

Considéré de loin, il avait un corps étroit et fuyant.

Il fumait. Parfois, sa poitrine était secouée par une quinte de toux.

Ses traits étaient aussi gris que ses cheveux.

Dans le calme de ce matin, dans cette lecture et ce mutisme, se dégageait de lui un sentiment d'immémorial et de tragique – l'impression d'un malheur qui dure.

Ses joues avaient disparu, mangées par la maigreur. Son front très haut semblait calme, concentré mais serein, offert sans partage au renoncement et à la défaite.

La Houle n'avait pas vu le sauvage, du moins rien n'indiquait qu'il eût deviné sa présence.

Celui-ci prit un air malicieux. Il sortit une flèche, banda l'arc, décocha son trait. La flèche se planta dans l'écorce du chêne, environ trente centimètres au-dessus de la tête de son ami qui ne sursauta pas, ni ne broncha.

Il finit sa page, au contraire, avant de relever enfin la tête :

— Pibe ! Te voilà de retour !

Il s'était exclamé d'une voix forte ; ensuite, sans même chercher des yeux la créature sylvestre, il se leva péniblement, toussa, rangea le livre dans la poche arrière de son pantalon après avoir corné la page où il en était de sa lecture.

Il emprunta le pont de singe (qui se balança sous ses pas) pour rejoindre sa maison avant son invité, son éternel invité…

Son presque fils.

L'homme efflanqué – La Houle, donc – tournait le dos à la porte quand le sauvage entra dans la cabane.

— Qu'est-ce que tu fais là, Pibe ? Où étais-tu ?

Dans la pénombre, il réchauffait une cafetière sur un poêle en fonte. (Quelles forces s'étaient liguées, pour pouvoir hisser le fourneau à ces hauteurs ? Quels colosses, quels titans ? Berzerk, certainement.) Il toussa encore, longtemps, dans son poing fermé.

Puis il ajouta, toujours sans se retourner :

— Tu te cachais depuis huit jours… J'étais presque inquiet. *Ne me quitte pas des yeux, petit homme… Je veux t'avoir à trois mètres de moi, jamais plus.*

Il avait dit tout cela d'un ton paternel.

On percevait une douleur sourde, essoufflée, dans sa voix.

Le café était un ersatz amer, une décoction de glands grillés et torréfiés. Il s'y était habitué depuis le temps, mais, quand il le porta à ses lèvres, il grimaça tout de même.

Pibe s'était jeté sur un banc, le long de la table.

Il refusa la tasse fumante, se lança dans un long palabre inintelligible dans son sabir.

— Calme-toi... mange d'abord... Puis raconte-moi, dans l'ordre.

Le vieil enfant avait l'air infiniment plus gauche, attablé ainsi, que lorsqu'il évoluait dans les hauteurs. Il ressemblait à un petit gamin fruste, ignorant les usages, comme un oiseau à terre. La Houle posa devant lui une assiette creusée dans une pièce de bois et qu'il avait remplie de farine de châtaigne mouillée d'eau et mêlée de fruits coupés.

Pibe avala trois cuillerées de ce porridge, goulûment.

Ensuite, il recommença à s'exprimer.

C'était une conversation hachée, des mots, des mimes, des gestes, de petits cris. Mais La Houle paraissait comprendre parfaitement le propos. Il hocha la tête, dit :

— Oui... Tu as bien fait. Tu aurais pu les blesser.

Pibe grogna et attendit.

— Finis de manger. Reprends des forces.

Pibe obéit, termina son déjeuner, s'essuya la barbe et la moustache, puis il regarda l'homme-qui-lisait avec des yeux d'enfant : il attendait que La Houle lui dise ce qu'il devait faire, comme toujours.

L'ermite prit un livre dans la bibliothèque qui couvrait deux pans de leur cabane.

— Je vais écrire un message, pour que tu préviennes leur père et leur mère... Qu'ils puissent te comprendre.

Il déchira deux feuilles blanches à la fin de l'ouvrage, sortit un vieux stylo, le trempa dans un encrier. Toutes les quatre ou cinq lettres, il devait refaire ce geste, alors il choisit ses mots, fit court.

— Tu te souviens d'eux ? De l'endroit où ils habitent ?

Pibe hocha la tête vigoureusement.

— Ils savent que nous vivons quelque part dans la forêt mais ne savent pas qui nous sommes. Sois prudent. Ils pourraient te prendre pour un ennemi. Surtout s'ils cherchent leurs enfants…

La plume du vieux stylo grinçait sur le papier.

— Sois prudent, répéta-t-il. Ils se méfieront de toi, sans doute.

Le sauvage chevelu hochait la tête.

— Et ne pense pas à Jay, surtout. Ce n'est pas elle, tu m'entends… Ce n'est pas elle que tu as vue hier. Celle-ci, nous allons la sauver. Avec son frère et sa sœur.

Les yeux de La Houle se posèrent, un instant, sur les murs couverts de livres – ou dans le vague, le lointain, l'ancien, le disparu.

Il connaissait le prénom des enfants : Dan, Montana et Judith…

Il avait entendu leurs cris et leurs jeux, souvent.

Combien de fois était-il allé les épier près du hêtre ?

Il se reprit, recommença à parler, beaucoup, pour se rassurer.

— Tu vas y arriver ? Il faut que tu te reposes… tu partiras tout à l'heure. D'abord, tu vas dormir…

Moi, ensuite, j'irai attendre leurs ravisseurs au niveau de la Chute d'eau. Je suis sûr qu'ils couperont par là. J'y serai avant demain. Je surveillerai de loin, je les retiendrai au besoin, et je vous attendrai pendant trois jours…

… N'utilise pas ton fusil, ni ton arc, contre les parents ou d'autres êtres humains que les braconniers, sauf en dernier recours…

… Ne préviens personne d'autre. Simplement leurs parents. Et ne traînez pas en chemin.

16.

[À DOUZE HEURES, VERS LE SUD –
AU MÊME MOMENT]

« Si vous touchez à Montana, si vous approchez Judith, nous nous tuerons tous !, a crié Dan. Et vous reviendrez bredouilles. »

Parlait-il sérieusement ?

*

Leurs ravisseurs ont battu Dan pendant qu'ils préparaient leur café.

Ils voulaient savoir où était le Hameau. Ils voulaient savoir combien nous y étions, s'il y avait des femmes et combien. Si nous chassions. Si nous avions des armes, de l'électricité, si nous pourrions nous défendre.

Ils n'imaginent pas que nous vivons seuls, en famille.

Ils m'ont interrogé en me giflant. Puis ils m'ont frappé, roué de coups, sans questions, juste pour s'amuser. Je sens mon sang sécher dans ma narine. Elle siffle quand je respire…

… Mais Dan n'a pas cédé.

Ensuite, ils ont dit qu'ils allaient torturer Judith s'il ne leur répondait pas, parce qu'elle ne leur servait à rien.

« Si vous l'approchez, si vous touchez un seul des cheveux de la petite, je nous tuerai ! Il me suffira d'une minute d'inattention » – « Je tuerai Montana, aussi, juste avant moi, et alors, vous n'aurez rien à rapporter à votre chef. Rien ! »

Il criait. Il paraissait hors de lui, les larmes aux yeux, possédé.

Judith y repense.

*

Après le café, ils se sont distraits avec Montana, comme la veille. Ils l'ont fait tourner, debout et mains liées, au milieu de leur cercle – certains s'amusaient à lui toucher le biceps, sous l'épaule droite, du canon de leurs fusils, ou à frôler son omoplate presque noire.

Elle se raidissait chaque fois.

Elle a fini par tomber sur ses genoux.

— J'aime quand tu es à genoux, toi !

— Tu vas tourner autrement, si tu continues… Tu vas voir…

Ils ont ri. Elle leur a crié qu'ils étaient des porcs.

Elle a essayé de cracher sur eux, les a ratés.

Dan, de nouveau, s'est mis à les insulter. À les maudire.

Ils l'ont rossé.

*

Pour l'heure, ils en sont restés là…

Sers-toi de ta colère, Dan, elle concentre leur attention sur toi…

Cela fait cinq heures qu'ils marchent.

Montana a si mal qu'elle repense aux mots hurlés par son frère ce matin. *Bredouilles*…

Elle doute que Dan ait le courage de les tuer. Elle n'en sait rien en fait, mais elle se dit qu'au fond il a peut-être raison : s'ils se tuaient tous les trois, les autres l'auraient *dans le cul*… En tout cas la concernant. Peut-être les mangeraient-ils tous les trois, même morts – mais dans son cas, ils seraient obligés de baiser une morte.

Elle sourit. Elle ne pense pas sérieusement à mourir, pour l'heure, mais sa grossièreté la distrait un instant de l'idée qu'elle a peur, et si mal.

Si mal… Plus que tout ce qu'elle avait connu jusque-là.

Parfois, la douleur est à tourner de l'œil. Quelque chose est cassé certainement, sous l'hématome qui vire au violet (presque au noir), au niveau de la clavicule ou sur le haut de son humérus.

En dépit de cette souffrance, elle essaye de réfléchir.

Ses pensées vaguent.

Elle rejoue un instant avec l'idée : si elle mourait, s'ils mouraient tous, oui, tout s'arrêterait.

N'y pense pas.

Elle se concentre sur une autre pensée assez voisine. Une pensée à propos de la douleur : elle marche depuis la veille sans ses mocassins de peau, mais elle ne sent pas les écorchures sous ses pieds nus. Comme anesthésiée. Parce que l'autre douleur, intense, vibrante, la tétanise dès qu'elle bouge son bras droit.

« *Tu marcheras sur le scorpion et le dragon, tu écraseras le lion et le dragon…* »

Elle a ânonné ça, dans le livre de lecture de leur père, un missel rapporté de l'Abbaye. Elle repense à ce verset, stupidement. En un sens, peut-être pourrait-elle marcher sur la braise, en ce moment. Est-ce possible ?

Ce qu'il faudrait, songe-t-elle, *c'est une douleur encore plus grande, une souffrance si intense et parfaite que tu oublierais ton épaule – tu deviendrais capable de les frapper, de te battre.*

Tu serais invulnérable.

Est-ce que ça existe, ce genre d'armure, de carapace, de bouclier, fait d'une souffrance si grande, et parfaite, pur précipité, que plus rien n'existe, ni peur, ni fracture, ni corps, ni limites ?

Délire-t-elle ?

Si tu n'as plus peur d'avoir mal, tu es libre. Parfaitement libre. Au-delà de toute liberté humaine…

Si tu sais que tu vas mourir, et que tu n'as plus peur d'avoir mal…

Quand elle fait un faux mouvement, que son épaule lui procure le vertige, elle a un haut-le-cœur.

Elle s'arrête un instant, ferme les yeux, respire. Puis elle regarde vers les hauteurs. Elle se souvient qu'elle volait là-haut. Qu'elle se croyait inatteignable.

Son frère, qui marche devant elle en tenant Judith par la main, sent que l'entrave qu'ils ont au cou les retient. Il se retourne, la regarde, l'encourage des yeux, en la questionnant, en même temps. « Tu viens ? Tu peux marcher ? » Alors, elle serre les dents, hoche la tête et repart.

*

La petite, Judith, pense à ce qu'elle voit et à tout ce qu'elle ne comprend pas.

Elle sait que Dan lui a menti cette nuit. Cela s'entendait, dans sa voix, sa façon de lui raconter une histoire pour la distraire.

Ces hommes veulent les manger, bien sûr…

Mais que veulent-ils à Montana ? Elle ne comprend pas leurs mots, leurs sous-entendus, leurs rires. Elle imagine des choses, voit des images. Elle frissonne.

Elle fait deux ou trois pas, pour rejoindre Dan et lui donner la main, qu'elle serre fort. Parfois, dans cette course, elle heurte une pierre.

Que n'envoie-t-il ses anges ?

— « *Le malheur ne pourra te toucher*, chantonne-t-elle.

Ni le danger, approcher de ta demeure[1]. »

1. Psaume 90.

17.

Adam avait encore tergiversé un moment, trop longtemps, au pied du noyer. Les empreintes, le harpon, les lambeaux de tissu étaient les premiers indices de ses enfants, il lui semblait presque insensé de les laisser derrière lui pour s'enfoncer de nouveau dans une forêt d'hypothèses et d'incertitudes.

Il le fallait pourtant.

Finalement, il avait résolu de se diriger vers l'Abbaye. C'était l'endroit le moins éloigné de la rivière sur la liste de leurs terrains de jeu.

Buck et Corniaud dénichèrent en chemin le cadavre du faon égorgé et à moitié rongé de vermine – il avait été mordu par un jeune loup ou un renard, mais on l'avait achevé nettement, avec une lame.

Dan ? Montana ?

Pourquoi n'avaient-ils pas emporté leur gibier, dans ce cas ?

L'animal dégageait un fort relent d'urine et portait aussi, vu l'excitation des chiens, l'odeur des enfants.

*

En arrivant à l'Abbaye une heure plus tard, Adam vit à nouveau le ciel : il tournait au gris-bleu, au brun presque, cette teinte indéfinissable qui annonce les nuits voilées. Le vent se levait. Il restait au moins cinq heures de visibilité dans la forêt.

L'homme fit quelques pas dans la clairière. Ses chiens s'égaillaient déjà dans deux directions opposées.

Il comprit aussitôt qu'il touchait à l'explication…

L'herbe avait été foulée récemment, en maints endroits.

Il y avait plusieurs dizaines d'empreintes devant l'église : des hommes lourds, bottés, avaient marché ici depuis la dernière pluie.

Buck trouva les mocassins de Montana au pied d'un arbre devant lequel les bottes avaient piétiné. En dépit de ce que cette découverte suggérait, le père des enfants resta concentré : il continua d'observer le terrain méticuleusement pour ne manquer aucun indice. Avec les chiens, il suivit l'odeur des enfants, entra dans l'Abbaye, trouva le lecteur de disques ouvert, dévissé, les fils électriques à nu. Ses mains tremblaient. Pas de traces récentes de lutte, dans le bâtiment.

Il ressortit, repéra encore deux emplacements où l'herbe était couchée et les empreintes de ses enfants mêlées à celles des bottes.

C'étaient les « cannibales ». Oui, forcément.

Les POACHERS ne se seraient pas encombrés de prisonniers.

Et puis, ce n'était pas encore la saison des « campagnes d'été ».

Mais que faisaient les « cannibales » aussi loin au nord ?

Une tentative d'intrusion ? Une chasse ? Une nouvelle migration ?

Peu importait.

Il suivit les traces. En repartant après leur rapt, les braconniers avaient apparemment repris la même piste qu'à l'aller. Ils redescendaient vers leur territoire avec leurs prisonniers. Ils étaient nombreux, une petite dizaine, et devaient progresser lentement.

Adam se dirigea vers les étangs d'un pas rapide.

Tu les retrouveras demain, après-demain au plus tard, si tu ne commets plus aucune erreur.

Reste à espérer que les hommes ne toucheront pas un cheveu des enfants… Pas un cheveu…

L'idée des cheveux de ses enfants, de leurs corps intègres enflammait sa colère.

[À QUATRE HEURES DE COURSE,
VERS L'OUEST]

À la même heure environ, Allis arrivait à la maison qu'elle partageait avec son compagnon et leurs enfants – la maison sur pilotis, et haubanée dans les arbres.

Elle devina de loin qu'ils n'étaient pas rentrés. Le préau-sous-la-cabane était désert. Les chiens n'étaient pas là pour accourir et lui faire fête. Aucune fumée.

Sois sage, ô ma douleur...

Son cœur se serra mais n'éprouva aucune surprise : durant toute la nuit et sa très longue matinée de course, elle s'était préparée à cette nouvelle. Elle ne se sentait plus paniquée, mais prête, disponible, offerte au tragique.

À leur étage, elle trouva sur la table le mot qu'Adam avait rédigé à l'intention de leurs enfants. *« Votre mère arrivera avant le soir... »*

Et lui, où était-il ? Que faisait-il ? Quand comptait-il revenir ?

Elle redescendit l'échelle, appela vers le sous-bois, le prénom d'Adam, celui des enfants, puis les noms des chiens. Silence. Elle allait devoir rester là les bras ballants.

Elle revint dans le préau sous les pilotis. Après avoir balayé la poussière du sol, elle brancha la batterie de la lampe frontale à un chargeur alimenté par le petit moulin à ailettes, puis elle fit une chose tout à fait surprenante en ces circonstances : elle décrocha une sorte de futon, fixé sur deux des pilotis, l'étendit et s'y allongea.

Apparemment, elle comptait dormir.

Qu'elle puisse y songer en ces heures d'incertitude aurait pu sembler fou, inhumain – ou surhumain, c'est selon –, mais non : c'était ce pragmatisme simple et immédiatement opératoire des gens qui affrontent quotidiennement la Nature.

Boire, dormir, manger, protéger sa progéniture…

Le corps doit se soumettre à ses besoins primaires, et les nerfs au corps.

Tant qu'elle n'aurait pas de nouvelles, il fallait prendre du repos, récupérer de sa nuit et de sa journée de course, exactement comme la batterie de sa lampe qu'elle venait de mettre à recharger.

Elle ferma les yeux.

Un fort vent d'ouest, qui avait parcouru la plaine et allait vers les montagnes, très loin, faisait bruisser les plus hautes branches des arbres.

Elle ne les entendait pas. La Forêt la protégeait.

Quelques instants plus tard, elle dormait.

18.

[Une heure plus tard]

Adam maudissait sa bêtise.

Il était revenu en face de la berge où il avait découvert les premières traces vers midi. Il lui aurait suffi, voici quatre heures, de traverser la rivière, et il serait déjà sur leur piste depuis longtemps : sur cette berge, les empreintes de ses enfants étaient parfaitement visibles au milieu de celles des hommes.

Il avait au moins une journée de retard sur eux. Peut-être une journée et demie, désormais. Il ne pouvait plus se permettre de perdre une minute…

Il donna l'ordre à Corniaud de l'attendre sur cette rive, entra dans l'eau qui lui arrivait aux épaules, traversa, siffla Buck. Le chien-loup se jeta dans la rivière pour le rejoindre. Quand il se fut secoué, son maître lui passa le collier de cuir, y glissa un mot qu'il venait de rédiger pour sa compagne :

« Les enfants ont été enlevés. Des braconniers, certainement. Je suis sur leur piste vers le sud. Rejoins-moi, quand tu pourras, avec un fusil. Je laisserai des traces derrière moi, depuis la berge est du gué.

Confiance.
Adam »

Ensuite, il expliqua à Buck qu'il fallait retourner à la cabane pour apporter ce message à Allis.

Le chien dressa la truffe vers lui, se lécha les babines en l'écoutant attentivement. Il y avait dans ses yeux une remarquable intelligence, la volonté aiguë de comprendre les mots de son maître, et aussi ce désarroi, cette dévotion des chiens quand ils savent qu'il va falloir se séparer, fût-ce pour quelques heures.

Adam le regarda s'éloigner au petit trot.

Buck se retourna, une dernière fois.

— Va… Cours ! Apporte à Allis !

Il disparut dans les taillis.

*

Sur l'autre berge, Corniaud lançait un aboiement inquiet. L'homme retraversa la rivière pour le rejoindre. Ensemble, ils s'élancèrent sur la piste.

19.

[En descendant un affluent]

Les braconniers ont quitté le lit principal de la rivière vers midi, après une longue discussion. Ils parlaient d'une chute d'eau… Ils ont apparemment décidé de couper vers elle au plus court, en suivant un des innombrables ruisseaux, minuscule bras qui s'insinue sous les broussailles comme un serpent, pour resurgir – et où ?

Dan l'ignore.

Ils sont entrés dans des territoires que leurs parents leur ont toujours interdits.

La chute, est-ce celle dont leur a parlé leur père ?

*

Une heure avant le crépuscule, les braconniers s'arrêtent enfin. C'est une clairière assez large et circulaire comme en dessinent les chênaies. On y distingue trois trous formés par des arbres dessouchés autrefois, quand les bûcherons entraient dans la forêt…

Pendant que leurs compagnons improvisent le campement, deux des chasseurs s'installent sur le sol, éventrent le sanglier qu'ils ont abattu tout à l'heure. Les tripes, lacis bleu d'intestins, fument.

Après l'avoir vidé, nettoyé, les deux hommes entreprennent de dépouiller le jeune mâle. Leurs couteaux sont excellents. Ils accomplissent leur ouvrage soigneusement. La peau sanglante sera tannée, sans doute.

Dan les regarde faire.

Un peu plus loin, Walter (le barbu à l'allure de colosse qui a tiré sur Montana hier midi) se charge de bâtir le feu.

On entend une source fraîche chuchoter, quelque part sous les mousses et les fougères. Un des braconniers est parti à sa recherche avec les bidons accrochés à sa ceinture.

Judith se plaint toujours davantage de son ventre. Il faudrait qu'elle aille à la selle. Elle n'y arrive pas, depuis la veille, n'ose pas faire sous ces regards d'hommes. Il doit s'occuper de cela, de ses sœurs, de choses concrètes.

*

L'homme est revenu avec les bidons, leur a donné à boire. Maintenant, les braconniers ont embroché une moitié du ragot, la gueule et les pattes avant. Les deux saigneurs découpent des lanières dans l'arrière-train, ils écrasent la viande avec des bardes de gras en utilisant la crosse de leurs armes comme des pilons sur une pierre, la mêlent avec du poivre, des herbes, des aiguilles de pin. Ils vont la mettre à sécher à distance de la flamme, pour les jours qui viennent.

Pendant ce temps, les deux types les plus jeunes sont allés à la glandée, la fainée, ils vont déterrer des fruits d'automne…

C'est peut-être ce qui déroute le plus Daniel : la parfaite science de la forêt qu'ont leurs ravisseurs. Aujourd'hui, ils ont ramassé des champignons en route, cueilli des baies ; ils ont su déterrer les tubercules maigres, blancs, coriaces *Daucus carota*, comestibles avant la floraison ; ils ont arraché des touffes de riz sauvage le long de la rivière ; ils viennent de glaner une variété de chicorée pour la soupe, et des glands de l'hiver précédent, déjà noirs, qu'ils cuisinent avec le porc sauvage.

Ils ne ratent aucun présent de la forêt. Ils vivent en harmonie avec elle.

Dan s'en trouve sincèrement étonné.

Dans son innocence, il pensait qu'avec ses parents ils étaient les seuls à *savoir* la forêt. Il imaginait les autres, les « cannibales », comme étrangers à la Beauté. Ignares.

Sa mère dit : « La nature nous enseigne le respect, la patience, l'endurance et la douceur… »

Mais c'est faux. Ces hommes mauvais connaissent parfaitement la nature, eux aussi, malgré leur violence. Ils la connaissent dans sa cruauté comme dans sa prodigalité. Ils s'en inspirent.

Daniel songe aux loups. Les loups sont une meute qui tue, mange, dont les membres se protègent mutuellement, mais qui abandonne les plus faibles, les vieux et les débiles, sacrifie les femelles aux mâles, les dominés aux dominants, les jeunes aux adultes. Les loups ostracisent certains des leurs, parfois, s'entredévorent quand le gros gibier manque, pour limiter la population de la meute.

Qui a le mieux retenu les leçons de la forêt, finalement ?

Les « cannibales » ? Leur famille ? Les « êtres humains » – comme les habitants se désignent entre eux, au Hameau ?

Judith geint doucement, elle se plaint de son ventre.

Dan va parlementer avec Walter, ses deux sœurs en retrait.

— Nous resterons derrière l'arbre… À portée…

Le chef de leurs ravisseurs finit par opiner.

À la queue leu leu, au bout de leurs entraves, ils s'éloignent tous les trois pour que les filles fassent leurs besoins.

— Il faut qu'on se barre, leur murmure-t-il quand ils ont mis huit mètres entre eux et le feu. Demain ou après-demain. Après, il sera trop tard, tu ne tiendras pas deux jours de plus sans soins, Montana…

— Mais tu disais que papa… proteste la petite

— Oui, je disais ça. Mais j'y ai réfléchi : les parents risquent de ne pas nous rejoindre avant deux jours. Si on réussit à s'enfuir, on les retrouvera en chemin.

Un coup d'œil au bivouac.

Walter a vu qu'ils parlaient tous les trois…

— OK, s'interrompt Daniel. Allez-y, maintenant.

Il tourne le dos. Montana s'accroupit et urine derrière le frêne, puis, après qu'elle s'est retournée à son tour, Judith accepte enfin de se soulager, dissimulée par l'arbre.

Cela va aller mieux, maintenant.

— On va y retourner, dit Daniel à ses sœurs. Mais mangez, ce soir… Prenez des forces.

Montana approuve.

*

Ils s'installent sur une couverture, à trois mètres du feu, à l'écart. Montana est toujours aussi silencieuse, morose. À quoi pense-t-elle ?

*

Pourquoi Montana se tait-elle ? se demande Judith.

Pourquoi Daniel lui a-t-il menti, à propos des « cannibales » et du moment où leur père les rejoindrait ?

Que va-t-il arriver ?

L'enfant sait que l'ordre du monde lui échappe : tout ce qui arrive a une raison, lui a appris papa ; une cause et une conséquence. Papa s'amuse à les lui faire deviner quand il l'emmène en forêt. La raison pour laquelle telle fougère se déploie et telle autre se rabougrit, quand il pleut ; pourquoi tel arbre pousse longiligne, pressé d'atteindre les hauteurs, pourquoi tel autre étend ses racines et prend ses aises ; pourquoi les insectes préfèrent vivre en colonie et les oiseaux en nichée. *Les causes, et les conséquences.*

Mais elle les ignore presque toutes…

Elle ne voit que le merveilleux, pas la chaîne de causalité.

Et ce soir encore, elle ne peut répondre aux questions. Pourquoi ces hommes sont-ils si méchants ? Pourquoi les traitent-ils tous les trois ainsi qu'on le fait de bêtes ? Est-ce dans leur instinct, comme les louves, ou le renard qui a tué le faon hier ?

Ont-ils des petits à nourrir, à protéger ?

Sont-ils d'une espèce différente de la leur, plus vorace ?

Sont-ils *mauvais*, simplement ?

Papa dit que la peur paralyse.

Mais l'impuissance de Dan à s'interposer, c'est le plus effrayant.

Ni son frère, ni sa sœur ne sont capables de la protéger, cette fois.

Ils n'ont pas l'air de savoir ce qu'il faut faire. Et ça, ça n'est jamais arrivé.

Pourquoi Montana a-t-elle dit, ce matin, qu'ils étaient des porcs ?

Judith n'a pas compris les plaisanteries qu'ils faisaient à propos de sa sœur. Ils rigolaient – c'étaient des mots cruels, des « choses de grands », la petite le devine. Mais lesquelles ?

Comptent-ils la manger *autrement* ?

La petite devine : ce qui lui échappe, à propos de leurs rires et de Montana, c'est parce qu'elle est une fille. Et une grande. Les hommes seraient-ils aussi méchants avec Judith, si elle était plus grande ? Si elle avait des poitrines qui poussent et un pelage sur le zizi comme sa sœur ?

Elle voudrait poser la question à Dan, mais elle sait qu'il lui mentirait de nouveau.

Et Montana ? Montana ne lui ment presque jamais.

Mais Montana se tait, depuis ce matin.

Elle a très mal, ça se voit. À cause de son épaule noirâtre. À cause de la douleur que lui font les moqueries, peut-être.

Judith voit dans les yeux de sa sœur une colère infinie. Une détresse sans fond. Montana s'est réfugiée dans une région inatteignable, comme lorsqu'elle est fâchée, ou contrariée, ou méchante et dure – quelle qu'en soit la raison, *cause ou conséquence*, Judith sait qu'elle n'obtiendra aucune réponse. Et si elle insistait, peut-être les hommes recommenceraient-ils à frapper Dan ou à agacer sa sœur.

Alors, oui, mieux vaut se taire.

[Plus tard]

Est-ce que c'est sa faute ?

Papa n'aurait pas voulu qu'ils aillent à la rivière, certainement, hier matin. Il n'aurait pas aimé les savoir seuls à l'Abbaye. Il le leur avait interdit. Et ils ont écouté la musique avec la batterie volée…

Ils ont désobéi. C'est pour ça.

Est-ce que tout est sa faute, un peu, à elle aussi ?

Judith pince la bouche, en regardant les hommes tourner le demi-sanglier sur sa broche.

Sa moue ressemble à celle d'une enfant capricieuse.

20.

[DANS LES HAUTEURS, PLUS À L'OUEST –
À LA MÊME HEURE]

Pibe va de branche en branche, aussi rapide que la veille dans la pénombre du soir, comme un rejeton né de l'ombre même, un diable, un animal de proie ou une créature de conte.

Un instant, parfois, il s'arrête pour reprendre son souffle. Il semble se repérer à des signes discrets de la forêt.

Il a dormi deux heures, avant de repartir. Cela paraît lui suffire. Il aura bientôt parcouru plus de la moitié de sa route, il va bifurquer vers l'ouest.

*

[ET AILLEURS]

Après le départ de Pibe, La Houle a ouvert une trappe ménagée dans le plancher, et située dans la partie la moins éclairée de sa maison. Au fond de cette cache, au creux de cette pénombre, il y a des dizaines d'armes à feu luisantes, noires souvent, métalliques : des fusils d'assaut, de simples carabines, plusieurs pistolets de calibres très différents. Il y a également des chargeurs par centaines.

Il prend un fusil, en vérifie le mécanisme, le graisse patiemment. Puis il fourre quatre chargeurs dans les poches de son pantalon de battle-dress, en engage un cinquième dans le fusil.

Ensuite, il se laisse glisser le long du chêne.

*

Un peu plus tard, il va d'un pas calme dans la hêtraie. Il avance mains nues, le livre dans sa poche arrière, le fusil d'assaut à l'épaule, comme le ferait le dernier homme de ce monde, ou un prophète. Dans son havresac, il emporte quelques provisions et des médicaments, toute sa réserve. L'air tiède frissonne sur les feuilles. Ses pas sont légers, mais des brindilles craquent. Toujours cet air de loup, quand il marche – comme avant et ailleurs, si loin, dans les rues nocturnes d'une ville en proie aux ravages.

Les arbres sombres autour et au-dessus de lui sont graves, ils ont cette dignité hautaine de vieux juges qui ne s'inclineront plus.

Le chemin qu'il s'apprête à parcourir, il l'a accompli des milliers de fois. La route la plus directe passe par la rivière : en marchant dans son lit, on évite les fourrés, les taillis, et on brouille sa piste. Mais on ne peut avancer sans bruit dans l'eau…

Où sont les braconniers ?

Loin encore, au nord et à l'est.

Passeront-ils au plus court, comme La Houle le prévoit ? Par la Chute ? Il y sera douze ou vingt-quatre heures avant eux.

Il fait un léger détour avant de prendre la route. Secoué par une quinte de toux plus violente que les précédentes, il s'arrête quelques instants pour reprendre son souffle, puis crache plusieurs fois, s'essuie la lèvre du revers de la main. Sa salive est rosâtre, sa respiration sourde.

À côté d'un bosquet de bouleaux, il y a un tertre. C'est là que Berzerk repose.

Un jour, le colosse lui a dit :

— Tu vois, j'aimerais être comme eux… Les gens disent que je suis fort comme un chêne, mais moi, j'aimerais être un bouleau, un arbre qui brille dans le noir.

Ç'a été la seule fois où son ami lui a confié son âme. Le reste, il a toujours fallu le deviner…

La Houle salue son ami, replace sur le cairn deux pierres qui en sont tombées, dérangées par quelque animal ou par la vie mystérieuse des sols et des sous-bois.

Ce soir, il pense comme Pibe. Il a le sentiment qu'un passé lointain va se solder. Que tout ce qu'ils ont vécu depuis trente-sept ans va trouver son épilogue dans les heures qui viendront.

Avec, et à propos, de ces enfants.

DEUXIÈME NUIT

21.

[Dans la clairière, au bivouac – le second depuis leur ravissement]

Les hommes continuent de débattre de ce raccourci. Walter insiste, mais deux de ses compagnons, les plus expérimentés, semblent craindre quelque chose *devant* eux.

Quoi ?

Daniel murmure doucement à sa cadette, comme si leurs ravisseurs n'existaient pas. Il lui chuchote ce qu'ils feront quand ils retrouveront leurs parents – les bains qu'ils iront prendre dans l'étang, la pêche au harpon… Il lui apprendra. Et les dessins qu'ils feront sur les murs de la caverne, pour raconter cette « aventure », à côté des dessins de leurs parents…

Mais Judith l'écoute sans sourire. Elle ne le croit pas, ce soir.

Les hommes déposent devant les deux filles des bols pleins, fumants. Soupe de viande, de légumes. Fumet sauvage.

— Pas pour toi… dit Walter à Daniel. Pour toi, ce sera un jour sur deux. Histoire que tu ne te croies pas en état de nous tenir tête.

Un rire.

Judith le regarde, l'air désolé.

Elle voudrait lui glisser une cuillère pleine en contrebande, mais dans sa maladresse, elle renverse une partie du bol de soupe brûlante sur ses jambes nues.

*

Un peu plus tard, ils s'allongent tous les trois. Judith sanglote encore doucement, longtemps après, à cause de la brûlure que lui a causée la soupe ; à cause de tout le reste, surtout… Elle n'en peut plus.

Dan lui caresse les cheveux.

Montana, sitôt couchée, a tourné le dos à son frère et sa sœur avec brusquerie, comme la veille. Dans ce mouvement, elle a tiré un peu sur l'entrave de cuir. Dan lui en a fait la remarque, à voix basse, elle a remué, leur a donné du mou sans se retourner.

Judith se tait et s'endort. Montana respire fort. Dan l'entend, voit ses côtes se soulever, doucement, de plus en plus régulièrement.

Elle pourrait bien s'être endormie.

Il voudrait la rassurer, elle aussi, mais a-t-elle seulement peur ?

Est-elle aussi terrifiée qu'ils le sont, lui et la petite ?

— Faut que tu lâches du lest, Montana, chuchote-t-il. Que tu te taises. Ils commencent à nous oublier…

Elle a eu une légère crispation des épaules et de la nuque. Le garçon se retourne, lance un coup d'œil vers le bivouac : les hommes ne l'ont pas entendu. Alors il reprend :

— Ils ont compris que tu ne te laisserais pas faire… Mais chaque fois qu'on les provoque, ça les excite… Tu comprends ? Tu comprends, Montana ? Tu dors ?

La jeune fille ne bouge pas.

— Je sais que tu ne dors pas…

Pas un mot en réponse. Pas un signe.

— Accorde-leur ta peur, Montana… Ça leur suffira, un temps… accorde-leur juste ça… Fais semblant qu'ils t'intimident… Moi, je les occupe, pendant ce temps.

En même temps qu'il parle, Daniel commence à gratter la cordelette de cuir qui les lie les uns aux autres pour essayer de l'entamer. Mais c'est un lien tressé à six brins, presque aussi solide que du métal. Et il y a aussi leurs menottes en plastique…

— Je t'aime, dit-il encore. Je ne les laisserai pas nous faire de mal, je te jure… Et papa non plus…

— Papa ?

Elle lui a répondu.

— Où est-il, papa ? Tu le vois, toi ?

— Il doit… il va…

— Tais-toi.

22.

[Plus au nord]

Adam a couru, par séquences, plusieurs fois, depuis qu'ils ont quitté Buck ; jusqu'à ce que le cœur lui monte aux lèvres. La nuit est tombée. Combien de temps leur a-t-il déjà repris ?

Depuis qu'il a quitté le lit principal de la rivière, il progresse plus lentement dans l'obscur, les ténèbres. Les halliers sont épais, même sur la piste que les hommes ont taillée et piétinée. Pas question d'allumer une frontale. Rien d'autre que les yeux, qu'on plisse, qui s'accoutument, et devinent les obstacles la seconde d'avant qu'on trébuche. Il trébuche parfois, tombe, se relève.

Sans doute ont-ils été obligés de faire halte pour la nuit. Même au pas, il regagne sur eux.

Corniaud a des yeux rouges, il est nerveux, a retrouvé dans la course l'instinct de ses ancêtres.

Adam, lui, s'est glissé dans des habits anciens : il semble redevenu ce que les braconniers avaient fait de lui après l'enfance (et qu'Allis a fait cesser d'un seul geste, d'une main sur son visage)… À surprendre les ruminations sombres qui tournent dans son crâne, on pourrait penser que ce retour en arrière suffit, qu'avec sa seule machette et cette immense colère, il va dévaster le monde. Mais c'est une double illusion. Une histoire qu'on raconte, à soi-même ou aux autres.

Adam le sait.

Il ne redevient rien. Cette nuit, il n'a rien à voir avec le braconnier de son adolescence. C'est le père en lui qui est en colère, le compagnon, le coureur des bois, plus que l'adolescent vengeur ; c'est cet homme doux, non violent, désarmé, qui s'apprête à la brutalité ; avec courage.

Ce n'est pas renouer, replonger, on ne se baigne jamais deux fois dans la même eau courante.

C'est faire le choix, de nouveau, en toute connaissance de cause.

Et il sait aussi, d'expérience, parfaitement, que puisqu'il a juste sa machette et son chien, cela ne suffira pas face à des hommes armés.

Pour l'heure, aveugle, dans les ténèbres, il risque de tomber sur eux – s'ils ne font pas de feu, s'ils laissent un tueur derrière eux… Alors il émet un bref claquement de langue, Corniaud revient vers lui.

— On va dormir une heure ou deux, bon chien, chuchote-t-il.

Par acquit de prudence, il s'écarte de la piste, s'enfonce de quelques mètres dans un fourré. Le chien se roule par terre en gémissant un peu. Il est fatigué, lui aussi.

L'homme se couche contre lui.

Le corps chaud du bâtard semble trembler d'énervement. Son poil est humide.

La Chute... C'est par là, probablement, qu'ils comptent couper, pour rejoindre leur campement.

La Chute – son ancien village ; il avait l'âge de Judith, quand...

N'y pense pas.

Il chasse les flashes de ce qui s'est produit dans *son* village cette nuit-là.

Des images du campement des braconniers, au temps de son adolescence, lui reviennent, et celles-là, en revanche, il les entretient quelques instants : elles sont comme le combustible auquel sa rage s'alimentera demain, pour le faire avancer plus vite, être plus redoutable, mais c'est à double tranchant... cela ne doit pas l'aveugler.

Ensuite, il fait refluer ses pensées, se concentre sur son souffle. Corniaud glapit dans son sommeil.

L'instant d'après, Adam a repris un parfait contrôle sur ses nerfs. Il s'est assoupi.

Au nord-ouest, à plus d'une journée de marche désormais, sa compagne dort elle aussi sous la cabane. Son sommeil est profond mais mystérieux. Ses paupières s'agitent, tremblent par intermittence, témoignage d'une vie silencieuse dans l'abandon apparent du corps. C'est une sorte de léthargie hantée de cauchemars, de présages, de visions, comme ceux dans lesquels plongent les héros des mythologies et des textes sacrés quand leurs dieux viennent les visiter ; un sommeil de chamane.

Quelques instants avant que Buck rejoigne la cabane, elle ouvre les yeux dans un frisson.

Quelle heure est-il ?

Elle pressent qu'il va arriver quelque chose.

On est dans ce cœur de la nuit où les habitants les plus attentifs de la forêt ne peuvent compter sur aucun indice de sa part pour savoir. Elle fouille dans sa poche, trouve une montre dont le bracelet s'est rompu il y a longtemps. Le cadran indique environ 1 heure.

Avant même que le chien débouche dans la clairière, elle s'est levée, a rangé le matelas.

Buck apparaît. Il court vers elle, presque son parent dans la nuit noire – lui gris d'argent, elle blonde, tous deux bleutés –, lui fait fête, lèche ses mains. Elle voit qu'il porte le collier, prend le temps, bien qu'elle tremble d'impatience, de lui offrir une écuelle d'eau et de flatter son encolure.

Ensuite seulement, elle dénoue le collier puis allume une lumière rechargeable accrochée sur un des pilotis, à côté de l'endroit où elle a reposé son futon.

« Enlevés… », « braconniers… », « fusil », dit le message.

Le sol tremble.

Peut-être, peut-être éprouve-t-elle, une seconde, cette terrible pensée des parents dont les enfants ont été ravis : « Mieux vaudrait qu'ils soient morts qu'entre ces mains criminelles. »

Mais l'instant d'après, déjà, dans la nuit, à la fragile lueur, ses yeux ont pris une couleur sombre, ciel changeant.

Elle remplit la gamelle de Buck, lui dit de l'attendre, monte l'échelle.

Elle éclaire l'intérieur de la cabane au moyen de deux bougies et d'une puissante lanterne qu'elle accroche au plafond. En hâte, dans cette lumière jaune, l'ombre tremblotante des deux flammes et celles exagérées que prodigue la lampe, elle prépare sur la table le nécessaire pour l'expédition.

Ses gestes sont vifs, précis.

Des vivres. Une des trois cartographies qu'ils ont établies, soigneusement, de la forêt.

Une boussole. Son couteau.

Deux lampes frontales et leurs batteries rechargées, pour courir dans la nuit. Des pastilles pour l'eau, une gourde, une trousse de premier secours…

(Tout ce matériel électrique, et sanitaire, médical et technique, ils le troquent au Hameau des « êtres humains » : on a pensé ces objets, on les a dessinés, conceptualisés ailleurs, dans des villes ; on les a fabriqués en série, peut-être sur un autre continent. C'est une entorse à leur autarcie, l'écot qu'ils payent au monde…)

Elle essaye de prendre son temps pour ne pas en perdre.

Deux couteaux, des pointes de flèches, l'arc à poulie, le carquois…

Son esprit, fébrilement, calcule à rebours. Adam a une journée de retard sur les braconniers, peut-être davantage ; six ou sept heures d'avance sur elle, au moins ; treize, quatorze, le temps qu'elle rejoigne la rivière, en courant.

Mais non.

Parce qu'il faut d'abord qu'elle trouve l'arme.

« *Rejoins-moi avec un fusil…* »

Ils n'en ont pas, n'ont jamais voulu en posséder.

Les « êtres humains » disposent de quatre fusils, accepteront-ils de lui en confier un ? Elle n'entraînera personne dans leur guerre personnelle, ne compte pas leur demander d'aide, mais il lui faut un fusil d'assaut et des munitions…

Au besoin, elle les volera.

Se rendre au Hameau lui ferait perdre vingt-quatre heures de plus.

Même si elle marche de nuit, si elle court en dormant deux heures chaque jour, jamais elle n'arrivera assez tôt…

Ses pensées marchent sur un fil, chaotiques, déterminées.

L'amour d'Adam lui a permis de désarmer, autrefois, comme on laisse un manteau. Mais elle se souvient douloureusement, familièrement, de ceux qu'elle va affronter.

Et elle connaît Adam, lorsqu'il s'agit de leurs enfants…

Mieux vaut le rejoindre sans fusil, peut-être. Mieux vaut tout risquer ensemble, sans armes à feu, avec l'arc que…

Buck se met à aboyer, furieusement, dehors.

Elle l'entend gronder : dans sa gorge, il y a une inquiétude et une menace.

Elle s'approche d'une fenêtre, voit que le chien aboie après l'arbre sur lequel est perchée leur maison. Un instant, fugacement, elle espère qu'Adam s'est trompé – que ce sont les enfants qui redescendent par les haubans – mais elle sait bien que non.

Elle sort dans la nuit sur le seuil en terrasse, ne voit rien d'abord.

Ses yeux s'accoutument.

Et dans la nuit, elle distingue peu à peu une silhouette blanche – un homme demi-nu se tient dans le chêne, au-dessus des haubans.

23.

Elle rentra, précipitamment, prit son arc, le carquois, la lanterne.

Quand elle ressortit et leva la lampe vers lui, il n'avait pas bougé. Si elle avait cru aux anges, aux envoyés du ciel ou des dieux, cela aurait pu en être un : à l'épaule, il avait un fusil d'assaut.

Allié ? Ennemi ?

Buck continuait d'aboyer comme un forcené. L'homme dans les arbres la fixait. Ses yeux, d'autant qu'on puisse en juger à cette distance et dans ces ténèbres, étaient effrayés, attentifs, noirs. Le visiteur semblait sur le point de déguerpir, bien plus que d'épauler… Lentement, très lentement, Allis posa l'arc sur la terrasse, bien en vue. Puis elle hocha la tête, accrocha la lanterne à sa ceinture le temps de dégringoler l'échelle.

Parvenue en bas, sur la terre ferme, elle calma Buck de la voix.

— Là, là… bon chien…

L'homme descendait vers elle avec prudence, manifestement perturbé par le chien. Il ne ressemblait pas à l'idée qu'on se fait d'un ange, envoyé de Dieu, *deus ex machina* – ni d'ailleurs à aucun être humain ou ailé, créature fantastique ou messager, qu'Allis eût déjà rencontré dans la forêt depuis quinze ans.

Au niveau de la plus basse de leurs deux cabanes, celle qui reposait sur les pilotis, il sembla hésiter, puis, finalement, négligea l'échelle et, dans un mouvement rapide, balancement ou bond, il fut à terre, à quatre mètres d'elle.

Allis retint Buck d'un geste, l'attrapa par la peau du cou.

Le chien montrait les dents.

L'homme ouvrit la bouche, se gratta les sourcils, embarrassé. Il poussa deux cris brefs, gutturaux, avant d'articuler :

— La Houle… Toi… Les enfants…

*

(Plus tard, elle s'avouerait qu'elle ne s'était pas attendue à ce qu'il émette un son humain.

Elle se souviendrait également de cet étrange soulagement, comme si une douleur quittait sa poitrine, quand elle entendit ses mots : « les enfants ». Comme si quelque chose se résolvait déjà. Mais ce serait plus tard.

Pour l'instant, c'était inintelligible.)

*

Elle secoua la tête. L'homme répéta les mêmes mots, une deuxième fois, la désigna, montra sa propre poitrine, et une direction vers le sud-est. Il semblait attendre quelque chose.

— Je ne comprends pas... Je suis désolée, mais je ne comprends pas...

Il secoua la tête, résigné déjà.

— Mes enfants... Vous savez où ils sont ? Par là ?

Elle montra la direction qu'il avait essayé de lui indiquer. Cette fois, il opina du chef, frénétiquement, puis il releva le front ; une idée ou un souvenir éclaira sa physionomie, il fouilla dans la poche de son short trop court. Il en sortit une feuille de papier pliée qu'il lui tendit sans faire un pas vers elle.

Ses yeux allaient de son visage au chien.

— Reste là, dit-elle à Buck. Assis !

Elle s'approcha.

Frôla une main calleuse qui frissonna de ce contact.

Elle prit le message, recula de trois pas pour le lire. C'était une page vierge et jaunie arrachée à un livre. On y avait écrit quelques mots à la plume.

« Vos enfants ont été capturés par des braconniers. Ils sont huit. Ils vont vers le sud. Suivez Pibe, retrouvez-moi aux chutes d'eau, dans le village natal d'Adam. Sans tarder en chemin. »

La page ne comportait aucune signature.

Allis releva la tête.

Le sauvage la dévisageait, attentif, plein d'espoir, lui sembla-t-il.

— Pibe ? Vous êtes Pibe ?

Il hocha la tête, rapidement, l'air satisfait.

— Je ne… Je ne peux pas vous suivre. Mon compagnon m'attend. Il est sur leurs traces.

Il saisissait parfaitement ce qu'elle disait, cela se voyait dans ses yeux vifs, limpides, prodigieusement intéressés mais sans malice, comme ceux d'un vieil enfant.

Même Judith est plus âgée que lui… songea-t-elle, en une révélation.

Elle fit un pas vers lui.

— J'ai besoin de votre fusil pour l'aider. S'il vous plaît.

Il fit un bond en arrière, secoua la tête.

— S'il vous plaît…

Et maintenant, trois heures plus tard, elle courait derrière lui, lumière de lampe frontale en pinceau. Il évoluait de branche en branche, à une dizaine de mètres de hauteur, parfois plus haut. Si rapide. Si agile. Il avait accepté de mettre à son biceps un brassard éclair, sorte de loupiote dans les ténèbres à laquelle elle pouvait se guider lorsqu'elle le perdait des yeux.

Qui était-il ?

Buck courait devant elle, sûr de lui, sûr de sa maîtresse, loup aux yeux attentifs et phosphorescents dans la nuit. Il revenait de temps en temps vers elle, la langue pendante, repartait sans jamais lancer le bref aboiement, cri de joie, qui ponctuait d'ordinaire leurs courses folles. Allis suivait son trot régulier, assez enlevé dans ces sous-bois clairsemés, tête levée, le nez parfois en l'air.

Le sauvage – gauche au sol, albatros et seigneur dans les airs – les guidait.

Où les emmenait-il ?

Ou plutôt, vers quoi ?

« Le village d'Adam », avait écrit le mystérieux correspondant, dans son message.

C'était à vingt-cinq heures de marche, au moins, plus d'un jour de course parce que le sous-bois allait s'épaissir et la Grande Forêt devenir impénétrable…

Qui les y attendait ?

Quoi ?

Depuis qu'ils s'étaient installés au nord, jamais Adam n'avait émis l'idée de retourner là-bas. Allis l'avait suggéré, pour que les enfants connaissent l'histoire de leur grand-mère, mais son compagnon avait toujours refusé…

Trop au sud. Trop douloureux. Trop… révolu.

Comment celui qui avait rédigé le billet connaissait-il l'histoire ? Qui était-il ?

Pouvait-il s'agir d'un piège ?

Elle se doutait de l'identité de ce duo. Les « trois ermites ».

Ceux qui, quinze ans plus tôt…

SOUVENIRS
DU DÉSASTRE (2)

Le mal

[Mai 2061. Fin de la deuxième nuit.
À presque trente heures
de la cabane d'Allis, à une douzaine
d'heures de marche du bivouac
des enfants. Vers le sud]

Le vacarme de l'eau…

Au bout de sa longue marche, La Houle atteignait la Chute. En ces prémisses du jour, la forêt frissonnait. Elle s'apprêtait à révéler sa fragile beauté, l'aube la déploierait comme on ouvre un tissu délicat.

Pour l'heure, les ténèbres demeuraient cependant, aussi épaisses qu'une brume.

Parce que les frondaisons ne se rejoignaient pas au-dessus de la Chute, et parce que les nuages avaient été chassés par un fort vent d'ouest toute la nuit, on voyait le ciel crépusculaire : il était encore piqueté d'étoiles qui s'apprêtaient à disparaître pour quinze heures, astres morts, blancs, invisibles – menteurs peut-être, éteints depuis des siècles.

Cette idée lointaine, théorique, désincarnée de la lumière, une nostalgie du soleil, était-ce d'autres mondes ?

La Houle y pensait, autrefois, quand il espérait qu'il y eût d'autres existences possibles. Était-ce ce à quoi ils avaient cru, tous ensemble ? À des étoiles mortes ?

Dans la poche arrière de son pantalon, le livre qu'il avait corné racontait ce rêve fou. *Do Not Count on Us*. Il le lisait et le relisait, maintenant qu'il arrivait au bilan.

*
* *

« Nous avons tellement hâte (excusez-nous de vous l'écrire)… hâte, oui, tellement, de nous réemparer de nous-mêmes, de notre vie, de l'avenir, à nos risques et périls[1]*… »*

*
* *

La Chute consistait en une cascade franche, un chaos rocheux, trois marches, haute chacune d'une dizaine de mètres. Il y avait à cet endroit une profonde déclivité, le terrain s'effondrait. La Houle surplombait la cataracte.

Dans la lumière incertaine, il fut, comme chaque fois qu'il revenait, bombardé d'images vives :

1. *Do Not Count on Us*, Thomas F., *op. cit.*, p. 38-39.

Les jeunes gens du campement qui se « douchent » dans les cris de l'eau glacée.

Le moulin dont la roue tourne – miracle de l'électricité.

Les filles et les garçons qui lavent ensemble le linge sur la rive, légèrement en aval, là où ils ont installé quatre pierres plates à cette fin. Les cordes à linge qui se balancent mollement dans la brise ; vêtements suspendus aux allures de danseurs tristes.

Les repas pris le long de l'eau.

Les baignades improvisées sur un coup de tête, un élan.

Les discussions qui se prolongent.

Les ablutions après une journée de labeur.

Les jeux, les défis homériques des enfants, leurs sauts dans le trou d'eau, sur la droite.

Les soirées passées là, à l'écart, dans le soir paisible, avec Antigone…

Tout avait disparu.

Les voix humaines s'étaient tues depuis longtemps.

Seul le chant de l'eau restait, immémorial – un bruit de fond, puis un vacarme, au fur et à mesure qu'on s'approchait de la cascade.

Cet endroit, c'est un ancien hameau, un campement dans la forêt.

Cette nuit, cet endroit ne ressemble plus à ce qu'il fut.

Ce fut un refuge où des gens vécurent. Un endroit où ils cultivèrent, cueillirent, chassèrent, élevèrent, produisirent ce qu'ils mangeaient et buvaient. Où ils prirent un plaisir âpre mais joyeux à élever des maisons, à nourrir des feux, à éteindre des passions tristes. À devenir meilleurs.

On n'y croisait pas un visage sans connaître un prénom ; on n'y prononçait pas un patronyme sans savoir son histoire. On y était amis.

Ce fut un village, une utopie fraternelle. Tout l'inverse des villes-centres ou des campus de l'Univer-City. Mais ses habitants ne voulaient pas posséder de fusils, ils refusaient de croire à la violence, cultivaient l'idée contraire ; et tout a disparu…

*
* *

En descendant le long de la Chute, prudemment, sur les rochers glissants, La Houle arriva au niveau des premières maisons en ruines. Cela avait été un bon endroit pour s'installer, quand les rêveurs avaient été chassés de l'orée. *Un endroit pour s'enfoncer dans les bois, disparaître, s'effacer*.

On n'avait pas imaginé que cette disparition se ferait totalement, comme le corps humain se décompose dans la terre, devient les sels minéraux, et il ne reste de lui qu'une mémoire entretenue par des récits, des lambeaux de souvenirs, des photos qui pâlissent et s'estompent.

Les ruines d'un rêve, l'humus du suivant…

Autrefois, La Houle avait cru que la réponse, toujours, l'explication de toutes choses était dans les rêves, c'est-à-dire les livres. C'était faux, bien entendu. Les livres ne font que poser l'idée.

Ce qui compte, c'est lorsqu'elle s'enflamme. Qu'elle brûle. Et ce qui compte, au fond, c'est ce qui reste, trente ans plus tard, de ces ruines, de ces pages, des lambeaux du rêve…

Ces trois enfants, au fond de la forêt.

Pibe les rejoint au mois de juillet 2026, quinze mois après la Sécession.

Il arrive un après-midi – il a fugué de chez lui, s'est enfui pour les rejoindre. Il veut se cacher au milieu d'eux. Jay le gronde, rit, le sermonne : il ne veut rien entendre.

Antigone, Xavier et La Houle discutent avec lui, essayent d'estimer ce qu'on risque et ce qu'on peut faire : va-t-on laisser les flics l'emmener, comme ils ont voulu le faire avec Berzerk ?

Les flics arrivent, une semaine après.

Ils ont une plainte des parents et un mandat du juge : les dénommés « Diop » et « S. » – Jay et La Houle – sont accusés d'être responsables de la fugue de Paul V.

Les habitants du village ont vu la fourgonnette de police arriver. Ils laissent les flics entrer, fouiller, regarder. La Houle répond à leurs questions, dit qu'ils n'ont pas vu Paul V. depuis plus d'un an. Jay n'est pas là, disent-ils, mais elle racontera la même chose (elle se cache en fait dans la forêt, avec Pibe).

Les flics reviennent trois jours plus tard, à la nuit. Les mêmes officiers, accompagnés d'autres moyens cette fois. Outre la fourgonnette, il y a deux cars, une cinquantaine de CRS. Ils annoncent qu'ils vont perquisitionner tout le village, qu'ils vont emmener « Diop » et « S. » pour auditions.

Xavier, Jay, Aude et quelques autres s'interposent. Anti aussi, malgré son état.

On ne mobilise pas autant de monde pour un enfant fugueur, dit-elle. Tout le monde sait ce que les flics sont en train de faire. S'ils essayent encore de criminaliser le mouvement des « campeurs », ils ne pourront pas tout se permettre.

Il faut que les choses se passent de façon légale, à des heures légales, dit Aude.

De là où il se cache avec Pibe, dans l'ombre et l'obscurité, derrière la bibliothèque et à dix mètres de la forêt, La Houle entend tout. Xavier a pris le relais, il parle à voix très haute, pour que tous les habitants entendent.

L'officier lui oppose la possibilité de perquisitionner à toute heure, n'importe où, en vertu des lois antiterroristes[1]. Antigone s'énerve.

Xavier se place devant elle, entre les matraques et son ventre rond, qui ne doit pas prendre de mauvais coups. Il répond froidement au flic que les habitants de ce hameau ne sont pas des terroristes, que les seules armes qu'on voit ici, ce sont celles des forces de l'ordre. La violence est toujours du même côté…

1. Loi sur l'état d'urgence, 2015, et loi sur la sécurité, 2017.

Autour d'eux, on s'échauffe.

Cela se tend.

Les deux escadrons de CRS sont descendus des cars, casqués, lourds dans leurs équipements anti-émeutes qui les font tant ressembler aux soldats d'une guerre menée contre les corps plus libres.

Certains des « campeurs » du hameau se sont allongés, ils font barrage pour empêcher le peloton d'entrer dans le village. D'autres font un cercle autour du petit groupe formé par les quatre policiers et leurs contradicteurs.

Les flics sont nerveux. Ils ordonnent qu'on s'écarte, qu'on se regroupe face à eux, en rang.

— Nous sommes chez nous, répond Étienne. On ne va pas se…

L'un des flics, celui qui flanque l'officier, sort démonstrativement une arme.

Tout le monde recule d'un pas.

Tout le monde, sauf Xavier, qui ne bouge pas, un sourire calme aux lèvres. Il toise le flic impatient, lui dit :

— Vous voyez. Des armes…

À ce moment, Anti a peur pour lui.

Jay aussi, alors elle fait un pas, se place à côté de lui.

— Je suis Joan Diop. Je peux répondre à vos questions. Ici ou ailleurs.

— Où est S. ? demande le flic.

Autour d'eux, des types lancent des cris.

Des imprécations.

— Où est S. ? répète l'officier, à voix plus haute.

Je suis là, bâtard, *murmure La Houle entre ses dents…*

— Je suis là… répète-t-il, à voix haute, en sortant de l'ombre.

Il a les mains en l'air, visibles de tous, et l'air tranquille.

Des visages se tournent vers lui, surpris.

La tension est tellement *évidente, les flics veulent tellement en découdre, à l'évidence, qu'il ne faut pas leur laisser l'occasion de tout détruire…*

*

* *

À cet instant, sans raison, à un mètre dans son dos,

parce que La Houle ne se tient plus à côté de lui,

parce que Pibe est un gamin,

parce qu'il a toujours fait comme ça, face aux flics,

(l'affrontement,

l'ennemi qu'on grêle de projectiles, avant de charger ou de décrocher),

peut-être également parce que c'est ainsi qu'il a libéré Jay encerclée, autrefois, et qu'il ne voit pas d'autre recours aujourd'hui, parce qu'il pense peut-être que c'est ça, le courage,

ou qu'il ne veut pas, simplement, que ses amis soient emmenés,

Parce que La Houle disait naguère qu'on ne laissait personne se faire interpeller, personne, jamais…

Pour toutes ces raisons

Qui sont bonnes

Pibe lance la pierre qu'il a ramassée par terre sur un flic qui s'est tourné vers La Houle.

*
* *

Le flic chancelle.

Celui qui avait dégainé tire. En l'air d'abord.

Il y a un mouvement, une confusion.

Un deuxième tir, un éclair blanc, au niveau du groupe. Dans la foule.

Des hurlements.

Une mêlée.

La Houle voit un des CRS lancer une grenade offensive vers le groupe pour dégager les flics. L'engin d'artifice produit une brève explosion, contenue, comme si la grenade retenait en elle une partie de son pouvoir dévastateur.

La Houle voit deux corps chanceler.

Un autre est par terre.

(Au procès, ils diront que Xavier a été tué par l'arme à feu et Jay par la grenade.) (Ils diront, pour la grenade, que c'était un accident.) (Ils ne concluront pas à l'accident pour le coup de feu, tout de même, ils lui trouveront des circonstances atténuantes mais n'oseront pas la légitime défense...)

Et l'instant d'après, deux flics dans leurs panoplies anti-émeutes se ruent sur lui, le jettent par terre, le plaquent au sol.

L'écrasent, un genou dans le dos.

Lui tordent la tête, appuient sur lui comme pour le faire entrer en terre.

Après, on emmène La Houle.

On le juge le surlendemain, ou encore deux jours plus tard, qu'importe, en comparution immédiate.

Qu'importe.

Qu'importe de se défendre, il s'accuse d'ailleurs : il reconnaît tout ce qu'on veut, il avoue. La pierre, dit-il, c'est moi qui l'ai lancée. Il reconnaît tout, et même plus, parce qu'il est condamné d'avance, pense-t-il.

Xavier est mort, et Jay, surtout – Joan. Berzerk est parti. Il les a tous entraînés là-dedans : Joan, Pibe…

Plus rien ne compte.

Mieux vaut que ce soit lui…

Plutôt que Pibe, un gamin…

Il prend cinq ans. Violences sur personne dépositaire de la force publique dans l'exercice de ses fonctions.

*

* *

Antigone vient le voir. En prison, malgré son gros ventre. Elle est à deux doigts d'accoucher.

Elle lui dit qu'ils ne savent pas où est Pibe ; que personne ne sait ; qu'on va le retrouver. Que La Houle doit revenir au village, quand… quand ce sera fini… Qu'il sera le parrain de cet enfant, qu'il ne peut la laisser seule, sans Xavier et avec l'enfant à naître.

Elle pleure.

Il lui répond qu'il ne sait pas. Qu'elle doit s'en aller. Qu'elle ne doit pas revenir.

Il apprend par ses lettres qu'elle a accouché d'un fils, Adam.

Il apprend un an plus tard que le « village » des granges a été évacué, incendié par les flics, parce que la forêt devenait « la Réserve », interdite aux hommes. Ses habitants devaient s'en aller, comme les moniales de l'Abbaye, comme les paysans de B.

*

* *

Il revoit Antigone, deux ans plus tard, au procès du flic qui a tiré sur Xavier. Fugacement. Elle est témoin parmi les témoins, comme lui.

Elle vient le voir au parloir de la prison, juste après le verdict. Elle lui dessine une carte, un plan de l'endroit où les derniers rêveurs de B. se sont installés, près de la Chute. Ils y vivent clandestinement, à l'abri, en silence. Au cœur de « la Réserve ».

Ils sont une vingtaine de couples, quelques solitaires, aussi, et une demi-douzaine d'enfants – dont Adam.

La Houle apprend que les flics ont retrouvé Pibe, huit mois après la grenade. Seul dans la forêt, il vivait à demi nu, de baies, de chasses et d'eau croupie – fou. Fou de chagrin, de remords, de solitude, parlant à peine, répétant son prénom, et celui de Joan.

Antigone dit que ses parents ont remis la main sur Paul.

Qu'ils l'ont interné pour prétendre le soigner.

La Houle dit : « Quand je sortirai, j'irai le chercher et je vous rejoindrai. »

*

* *

C'est ce qu'il fait. À sa sortie en 2029 (trois ans d'incarcération, bonne conduite), il retrouve d'abord Berzerk.

Berzerk est un clochard, un routard, immense, encore, titanesque, mais brisé, abîmé par l'alcool, les produits, la solitude, tout ce qu'il a trouvé pour pouvoir oublier en ville le hameau si libre et ses renoncements.

La Houle le retrouve et se plante devant lui, sur le trottoir :

« Viens, on rentre à la maison. »

Ensemble, ils vont libérer Pibe qu'on a enfermé dans un établissement pour les enfants de riches, quelque part en banlieue. Dans ces endroits, on cache les fous aux regards des « sains d'esprit ». Ils finissent par le retrouver, entrent dans l'hôpital de nuit, en brisant une fenêtre, plusieurs portes. Ils se foutent désormais de tout. Rien ne peut les arrêter.

Ils fuient vers la forêt tous les trois.

Des jours et des jours, à marcher, faire du stop.

Ils s'installent entre l'orée et la Chute, pour protéger le nouveau campement si les flics reviennent.

Ils apprennent la vie des bois. Pibe la connaît déjà. Pibe vole dans les arbres.

*

* *

Plus tard, six ans plus tard, le village près de la Chute est attaqué par des braconniers.

Les rêveurs sont tués. Antigone est tuée.

Adam est enlevé.

Ils cherchent les corps et Adam plusieurs jours, plusieurs semaines, dans la forêt…

DEUXIÈME ÉPOQUE

Deux enfants, des bêtes sauvages

{La Grande Forêt, printemps 2035.
Dix ans après la Sécession}

Quatre enfants jouent dans la rivière, s'éclaboussent en riant, maigres et énervés.

Leurs rires sont comme des cris de mouettes ou des cascades de vif-argent. Sous les arbres, à une cinquantaine de mètres, il y a une chute d'eau : à cet endroit le sous-sol s'effondre, créant une profonde déclivité…

*
* *

Cet enfant de neuf ans parmi eux, aux cheveux noirs, aux traits fins, aux yeux gris, c'est Adam : petit sac d'os et de peau au fond de la forêt. Cet enfant croit que la forêt est sa maison, que le village est un monde, un endroit qu'on habite en l'explorant – tout est jeu, terrain de jeu. Il croit qu'avec la prudence de sa mère, la protection des autres, la bienveillance de tous, on gardera la violence à distance, loin, à des kilomètres, aux portes de la forêt. Qu'il n'y aura que des plaies en auréoles, sur les genoux écorchés, des égratignures, des bleus, des coups, des fractures parfois, au pire…

Il sait qu'il faut être prudent, pourtant – il connaît l'histoire du hameau, il est allé souvent sur la tombe de son père à l'Abbaye –, mais, naïf, il ne croit pas à la menace,

pas réellement, tout à fait,

parce que cela semble impossible,

l'anéantissement.

Et puis, un jour, les braconniers viennent.

Ils viennent sans autres ambitions ni intentions que le meurtre, parce qu'ils ont pris de l'importance, ils sont devenus un campement, un cartel, une bande organisée, et ces hommes, ces hommes-là, ne souffrent pas qu'on vive à six jours d'eux, mais si différents et sans allégeance.

Peut-être ont-ils cru que le village des rêveurs était à l'origine des dénonciations à la police les concernant ?

Ou n'est-ce qu'un prétexte ?

Ils s'avancent déployés, armés, ils ont pris le temps d'entourer le village, de l'investir avec préméditation.

Ils sont aussi nombreux que les rêveurs, mais tellement mieux armés.

Alors très vite, ils ont pour eux le nombre, parce qu'ils tirent. Déciment.

Tuent les hommes, les femmes,

les enfants

qui tournoient

de panique.

Tous ces rêveurs, cinquante, cent.

Ces naïfs, ces non-violents, qui n'appliquaient leur révolution qu'à eux-mêmes,

Ne demandaient pas d'autre changement que celui qu'ils étaient.

Ils ravagent le village, et le monde,

pillent,

mettent le feu aux maisons, enflamment les toits

sans craindre de propager l'incendie à la forêt tout entière.

(Cela ne se produira pas.)

Ils s'emparent des victuailles, des récoltes, des cueillettes,

des chasses,

en riant.

Violent les femmes, bien sûr, assassinent les hommes,

les assassinent tous,

en riant.

Ils ne laissent derrière eux que des ruines,

fumantes,

corps couchés dans les feuilles,

cadavres tombés dans l'eau

allant à la dérive,

pierre sur pierre qui tienne,
des vestiges, des débris.

Ils emportent leur butin, et quelques enfants, mâles, femelles. Enfants-soldats. Enfants-esclaves. Et parmi eux, Adam. Neuf ans. Sac d'os et de peau, d'inconscience, enfant livré au Mal.

Au campement des braconniers, ils battent Adam comme plâtre. Ils le rossent, l'humilient, ils le laissent parfois à quatre pattes ou prostré, étourdi ou couché en position fœtale, cherchant son souffle après les corrections.

Cela dure pendant des jours, des semaines.

Quand ils lui ont battu le cuir, ils l'emploient. Ils le cantonnent d'abord, comme ses compagnons d'infortune, aux travaux humiliants : le tannage – dans les vapeurs de marmites plus grandes qu'eux –, le traitement des peaux, la vidange des fosses pestilentielles.

Il s'endurcit.

Ils l'assignent à la construction de murs de pierres… Trois fois, il tente d'en profiter et fait de naïves tentatives de fuite. Trois fois il est laissé presque pour mort sous les matraques et les gourdins.

Nourri de rogatons, entassé avec les autres enfants dans une cabane à ciel presque ouvert – sous la pluie quand il pleut, dans le froid l'hiver suivant – entravé sans cesse, placé en concurrence féroce avec ses compagnons pour un quignon, une écuelle, on en fait un sauvage, un bloc d'endurance, dur au mal, âpre, lent à la colère.

*
* *

Du temps passe.

On l'enrôle comme kapo. Il est chargé d'administrer sa cabane, de surveiller les autres. On l'emmène parfois à la chasse…

Jour après jour, Adam oublie les images du sacrifice de sa mère (quand elle lui a dit d'aller se cacher dans leur cabane, et qu'elle est restée à la porte, avec ses compagnons, devant la maison, un bâton à la main pour défendre son fils).

Il conserve ces souvenirs au cœur, mais il les occulte.

Les images ont quitté provisoirement sa conscience, elles reviendront plus tard, brutalement, comme des flashes traumatiques. Ne restent que les brumes de sa grande misère, abrutie de douleurs, et des éclaircies quand, parfois, on lui fait grâce.

*
* *

Il rencontre Mark.

Mark chasse seul et l'emmène avec lui. Il lui apprend l'affût, le tir, et lui confie parfois son arme.

Mark n'était pas au hameau le jour du massacre. Adam lui fait confiance. Mark l'adopte, vient le chercher, lui permettant d'échapper presque quotidiennement aux corvées qu'il laisse à de plus jeunes que lui.

C'est un homme juste, droit. Presque un père. Un tuteur le long duquel il peut grandir.

Adam a maintenant une chambre, chez lui.

Le campement se transforme.

De camp de chasse provisoire, repaire de trappeurs, il devient village. Les cabanes dans les bois ressemblent à des maisons bientôt, moins frustes. Près de deux cents hommes vivent là en permanence, trois cents y trafiquent, c'est presque une armée. Certains, dont Mark, ne sortent plus jamais de la forêt.

Des femmes et leurs enfants les rejoignent. Des prostituées, aussi. Mark emmène Adam les voir.

*

* *

Les lois se durcissent contre les trafiquants de viande et de cuir[1].

Ça enrichit ceux qui échappent aux flics. Ça permet d'industrialiser le trafic.

---

1. Lois « Grenelle VI » pour la Protection des Autres Espèces Animales, 2040.

On initie des élevages, on rationnalise le tannage, on vit de « filières » : cuir, lait, fromage, viandes. On s'érige en camp retranché pour durer et défendre ses biens ; à six jours de l'orée de la forêt, vers l'est, à quatre jours au sud de la Chute où des rêveurs avaient eu le rêve de vivre en marge (mais les rêveurs étaient sans armes, sans trafics, sans argent, ils avaient les mains nues), on est une position presque inexpugnable.

Adam a oublié les rêves que partageait sa mère. Il chasse pour son compte et pour celui de Mark.

Admis au camp, considéré, il braconne mieux que certains adultes. Il a quinze ans, puis seize.

Il a tout oublié. Il est comme eux.

[DÉCEMBRE 2042]

Environ au même moment, l'année de ses seize ans, Allis Koteas prit la fuite.

*

* *

Elle quitta le campus 3 de l'UniverCity Stendhal le lendemain du viol, avant l'aube, dans la nuit profonde – une nuit ample, interminable, qui ne finirait jamais.

Tram. Transports en site propre vers la ville-centre.

La terreur la faisait grelotter, celle de croiser un visage connu. Ces frissons effrayés, et ce sentiment de honte – c'est ce qu'il y a de plus abject, en ces circonstances.

Qu'a-t-on fait, pense-t-on, pour mériter ou susciter cela ? Avoir été traitée ainsi ?

*

* *

Dans la gare de Grenoble désormais trop vide et vaste, elle appela sa mère :

— Je reviens, maman. Vous pouvez me payer un billet ? Ça ne va pas. Pas du tout.

— Quand veux-tu que… ?

— Aujourd'hui. Maintenant. Je serai à Crest en début d'après-midi. Ensuite, je vous dirai.

Elle reçut son billet de train sur son téléphone.

À Crest, elle eut la chance de profiter d'un camion roulant au biocarburant qui était venu livrer à la ville les denrées de la campagne.

Sa mère avait prévenu le chauffeur. Il l'attendait au bout du quai.

*

* *

Quand elle arriva à la destination finale du camion, son père était là, debout à côté de sa bicyclette, devant une grange.

Il faisait nuit déjà, une nuit d'un noir immense seulement violacé par le reflet des neiges sur le massif.

Elle rentra collée au dos de son père, sur le porte-bagages.

Ses parents vivaient sur les contreforts et dans l'ombre du Vercors, c'est-à-dire presque le Sud, déjà. C'était un domaine agricole où l'on avait élevé des brebis, où l'on élevait toujours des murs de pierres sèches parce qu'on travaillait la terre en terrasses, d'arrache-pied, à se faire suer, transpirer, à se rompre le dos. L'herbe brûlait dès juin, d'ordinaire. Cet hiver, exceptionnellement, il reneigeait.

Elle resta cinq mois et demi chez eux, sous la citadelle de pierre impassible et le ciel vide.

Deux mois d'abord, qu'elle passa enfermée dans sa chambre et cette nuit sans aube, cloîtrée entre quatre murs…

Terrée et terrifiée, elle gardait le silence sur les images de cette nuit, nettes malgré les alcools – l'odeur de leurs rires, de leur sueur, en si gros plan… Elle revoyait les images précises et plus nombreuses de ce moment où le flic débarquait à l'ultime seconde en dégondant la porte ; il tabassait les deux mecs, lui disait qu'elle pouvait porter plainte, lui donnait un formulaire…

Cette nuit, ces visages… Comme si elle avait dégrisé d'un coup.

Elle se tut, malgré sa mère qui entrait dans la chambre certains jours, s'asseyait sur le lit, lissait de sa main la literie en la regardant douloureusement. Même avec le « spécialiste » qu'ils l'emmenèrent « consulter », elle conserva le silence.

Elle avait découvert la guerre. La guerre l'avait découverte, plutôt, débusquée. Cette guerre était venue la chercher, l'enrôler, lui demander des comptes, alors qu'Allis ne savait tout bonnement pas qu'il y en avait une, que quelqu'un avait écrit quelque part, pour chacun et chacune, un acte de conscription.

*

* *

Ces deux mois révolus, elle se chercha une issue : un endroit vers où elle pourrait s'enfuir, où son silence ne serait plus compris comme une faille, une faiblesse ; où elle ne serait plus objet de sollicitude ; où elle pourrait endurcir son corps et l'armer pour la prochaine fois – quand la guerre reviendrait.

Cela existait-il ?

Elle ne voulait plus jamais être surprise. Elle sortit de sa chambre. Le printemps revenait trop tôt. Les perce-neige pourrissaient, calices brunis avant terme.

Les arbres, pêchers, abricotiers, fleurissaient comme des estampes prématurées. Comme eux, elle était une enfant trop tôt jetée au monde.

Elle marcha sur des chemins détrempés de pluie, flous encore, dans des odeurs boueuses sans poussière ni pollens mais surplombée par la netteté printanière des alpages. Elle sentait quelque chose éclore, un renoncement à l'innocence, infiniment plus vieux que son âge, et qui n'était pas une résignation chez elle, mais une détermination.

Désillusion. Rage froide.

Si son âme avait eu un miroir, elle s'y serait dévisagée, hésitante, sans se reconnaître.

Tu as vieilli…

Elle avait seize ans. Majeure. Elle ne serait plus jamais une proie.

*
* *

Que se produit-il en soi quand, ayant renoncé aux illusions, on décide de vivre tout de même ? Avec obstination ? Et appétit, même ? De mordre dans cette vie qui a perdu son sens ?

Que peut-on faire ?

Elle choisit les BGPAEA[1] parce qu'elle ne se voyait pas entrer dans cette police qui l'avait secourue

1. Brigade de Gestion et de Protection des Autres Espèces Animales, corps de police créé en 2027 et chargé de faire appliquer les lois concernant la fin de l'exploitation de toute matière

comme un appât, ni dans l'armée. Elle aimait les animaux, aussi, depuis l'enfance.

Elle s'inscrivit sur cette impulsion, envoya des candidatures, remplit des questionnaires. Elle brûlait d'impatience d'être ailleurs, autrement ; là où personne n'honorerait plus ce petit cadavre, celui de sa joie perdue. Que personne ne vienne plus déposer des fleurs sur sa tombe. Qu'on l'oublie, feue Allis d'enfance.

Pour l'examen d'entrée, elle devait satisfaire à des critères physiques auxquels son adolescence montagnarde la préparait amplement, mais qu'elle fit mine – consciemment, inconsciemment – de surestimer. Elle se livra, s'abandonna à un entraînement forcené. Ses parents, en la voyant s'infliger ces footings, ces séries de pompes, ces parcours du combattant imaginaires dans la montagne, virent qu'elle guérissait en s'administrant de la douleur. Ils devinèrent qu'ils la perdaient tout à fait, l'Allis d'avant, et que c'était pour elle une question de survie.

Lorsqu'ils l'embrassèrent devant la ferme, avant qu'elle grimpe à l'arrière d'un camion sans ridelle pour aller vers une ville, et de là vers une gare, puis ensuite vers Montpellier, où elle suivrait la formation qu'elle avait choisie, ce n'était déjà plus leur enfant qu'ils embrassaient. C'était une étrangère qui lui

---

– viandes, œufs, lait, laines, cuirs, graisses – issue de la chasse, de la pêche ou de l'élevage.

avait succédé dans la même enveloppe, traits presque inchangés.

Le temps qui passe, panse, émate, suture, endurcit le pourtour des plaies comme une corne.

Si telles sont vos lumières,
j'irai vers les ténèbres

[Avril 2046, Montpellier,
quartier de la Paillade]

L'œil du rottweiler lançait des éclairs sanglants. La mince pellicule qui couvrait le fond de sa rétine (et faisait de lui un assassin nocturne remarquablement apte à repérer des proies dans des obscurités) brillait quand s'y reflétaient les photons des projecteurs qu'elle capturait par bribes. Les projecteurs étaient au tungstène. Ils éclairaient une scène de laquelle le chien se trouvait en marge, pour l'instant.

Leur clarté blanche, crue, découpait des faisceaux violents et nets comme les rampes d'une scène qui se croisaient au centre de l'ancienne fosse à vidange, profonde de deux mètres, cernée par un quadrilatère grillagé à hauteur de hanches humaines, dans le garage désaffecté.

Au fond de la fosse, un dogue argentin et un mastiff étaient en train de se déchirer, sous les cris des hommes. Le dogue avait le dessous.

Les groupes d'humains, une centaine peut-être, qui se pressaient contre les grillages au-dessus des combattants, pour mieux les voir (et dont les visages se confondaient en une masse grouillante), hurlaient, encourageaient l'un ou l'autre des animaux, insultaient celui qui avait le dessous pour que le combat, déséquilibré, dure encore, ou bien pour que celui sur lequel ils avaient parié l'emporte. Le dogue avait été mordu profondément au ventre et à la patte arrière droite ; l'arrière-train paralysé, il se contentait de se traîner, désormais, décrivant un cercle sur lui-même pour présenter encore ses dents à son adversaire.

Le mastiff tournait autour de lui, babines retroussées.

La décision ne tarderait plus.

Au premier sang versé, le rottweiler avait grondé et montré davantage de fébrilité, énervé par les cris et l'odeur qu'il connaissait : une mise à mort. S'il voyait dans le noir comme en plein jour, sa vision était uniformément médiocre, l'angle réduit de son champ ne lui permettait pas de distinguer précisément les reliefs. Il saisissait mieux les mouvements. De toute façon, de l'endroit où il se trouvait, il ne pouvait rien distinguer du massacre. On l'avait enfermé en retrait, à une dizaine de mètres de la masse criarde et vulgaire des spectateurs qui jouaient des fortunes.

Il aboya, deux fois.

Son ouïe et surtout son incroyable odorat lui indiquaient où en était le combat, dans la fosse.

C'était une bête superbe, musculeuse, noir et fauve, dont les épaules et le cou semblaient ciselés dans un airain souple et chaud. Sa mâchoire dégageait une impression de violence – une fois refermée sur une proie, il aurait fallu trois hommes armés de pieds-de-biche pour en desserrer l'étreinte. Il avait une queue tronquée, sorte de moignon, stigmate d'un précédent combat, qu'il agitait régulièrement de droite à gauche dans l'impatience presque érotique de sa propre heure de guerre. Elle battait contre les barreaux de sa cage et ce bruit le faisait parfois sursauter, oreilles dressées.

Tout à l'heure, ce serait son tour d'être jeté dans l'arène. Il déchiquetterait son adversaire comme il l'avait fait les quatre fois précédentes. Son instinct, et un long abrutissement de dressage à tuer, exaspéraient son impatience. Plus rien ne l'en distrayait, rien sinon cette odeur particulière, nouvelle, qu'il ne parvenait pas à identifier…

Il l'avait isolée, parmi les effluves anciens et rances d'essence et d'huile. Elle était discrète, moins aguicheuse que celles des viandes rôties qui s'échappaient des deux *asados* où les trafiquants avaient mis en broche deux agneaux et un porc, et autour desquels une trentaine d'hommes, de femmes et d'enfants tournaient… (Les morceaux se vendraient un bon prix, tout à l'heure.)

L'odeur qui intriguait le chien était humaine, mais inconnue – suave et acide à la fois, une fragrance de propre, de savon à la citronnelle et de nervosité sur une peau féminine. Il n'avait pas connu ce genre de parfum, jamais, depuis que, chiot, son maître l'avait sélectionné, entraîné, battu, roué de coups et d'injures, laissé pour mort parfois dans sa caisse, au fond d'une cave.

Régulièrement, il dressait la truffe et cherchait, intrigué.

D'après ce qu'il pensait, elle émanait de la jeune femme blonde aux cheveux mi-longs, à la veste de similicuir fauve, qui circulait parmi les groupes de parieurs, allait parfois jeter un œil aux combats, retournait aux rôtissoires.

Elle s'était arrêtée deux fois devant sa cage.

Sous le parfum, elle sentait la femelle. Jeune. Excitante.

Le rottweiler s'énervait, il aboya de nouveau. Il était trop ignorant des choses humaines pour comprendre que le discret objet qu'elle avait extrait de sa veste de skaï, en l'entrouvrant face à lui et en murmurant des paroles d'apaisement, était un appareil d'enregistrement vidéo équipé d'une vision nocturne, directement relié au *cloud* judiciaire (parquet de Montpellier) et permettant ainsi de dater précisément (jour, heure) les scènes qu'il enregistrait, avec valeur légale. Le chien ne pouvait deviner qu'elle avait filmé également le combat, les broches sur les braseros, les verres de lait frappés et additionnés d'alcool qu'on vendait dans le bistro clandestin. Autant d'infractions au code de la Consommation, et aux lois 1 et 2 de Protection des Autres Espèces Animales votées dans le cadre du cinquième Grenelle de l'Environnement.

*

* *

Dans la fosse, le mastiff bondit sur le dogue et le mit en pièces, sous les hurlements des hommes, ceux plus aigus de quelques femmes. L'assassin se désintéressa ensuite de sa victime.

La fureur des spectateurs, au plus haut de son triomphe, de sa rage, de sa cupidité, de son dépit, montait en cent cris. Le dogue, pauvre enveloppe de peau et de chair martyrisée, réussit encore à se traîner cinquante centimètres sur le sol bétonné de l'arène – jeu de ses nerfs, peut-être, ou manifestation d'un instinct commun à toutes les formes de vie : *durer*, une seconde de plus.

Il émit un râle enroué quand le dernier soupir s'échappa de sa trachée en lambeaux.

Les bookmakers brandissaient des liasses de billets, hurlaient déjà les cotes pour le combat suivant. Dans quelques instants, les vainqueurs iraient se faire payer, d'autres parieurs arriveraient, l'attention se disperserait.

Ce fut alors que le rottweiler entendit la détonation et que son œil enregistra l'éclair blanc d'un coup de feu tiré vers le plafond.

Puis il y eut une autre détonation, à l'angle opposé de la fosse.

— Police ! cria une voix de femme.

— Police ! répondirent trois ou quatre voix de garçons et de filles, partout dans l'immense garage désaffecté.

Les parieurs clandestins, les rôtisseurs, les trafiquants de viandes, de lait frelaté, de cuirs, la foule des consommateurs, vendeurs de tout et de rien, simples curieux qui espéraient gratter une bouchée de viande sans la payer dans la cohue et l'obscurité, au moment de la découpe des bêtes, s'égaillèrent en quelques secondes, affolés, pour dissimuler aux yeux des autorités la camelote interdite, faire disparaître le corps des délits, ou simplement pour fuir.

Mais il y avait deux flics armés de la BGPAEA devant le rideau de fer. Deux autres devant la sortie de secours mal éclairée qui débouchait sur une porte coupe-feu et l'entrée d'une cave. Et une huitaine dans le garage, parmi la foule. Une nasse parfaite.

Un type à la peau jaunâtre, hépatique, l'un des bookmakers les plus démonstratifs tout à l'heure, sortit une arme. La fille blonde à la veste de faux cuir fit feu avant lui. Il s'effondra.

On cria autour de lui, on leva les mains.

Le mastiff, au fond de la fosse, aboyait furieusement.

Les officiers de la brigade, qui avaient mis leurs brassards orange, hurlèrent qu'on se mette à genoux, les mains sur la nuque. La plupart des spectateurs s'y résignaient déjà. Les plus récalcitrants obtempérèrent après quelques coups assénés sur des nuques ou dans des côtes. Quatre des flics avaient allongé sur le sol les bookmakers et les organisateurs des combats de chiens, à qui ils menottaient les mains dans le dos. Deux autres avaient regroupé les rôtisseurs.

La blonde qui sentait l'herbe et le savon – manifestement l'officier commandant l'opération, en dépit de son extrême jeunesse – appelait une ambulance, accroupie à côté de l'homme sur lequel elle venait de tirer et auquel elle posait un garrot. Il avait le biceps droit et l'épaule démolis.

Deux des flics, un garçon et une fille d'une vingtaine d'années, cherchaient à identifier à force de cris les propriétaires et les dresseurs des dix chiens de combat enfermés dans les cages…

Le rottweiler vit un flic mettre son pistolet sur la tempe de Mitch – le garçon qui l'avait rossé et aimé, abruti et nourri, enfermé, battu et *dressé* pendant les trois dernières années.

Mitch tomba à genoux. Mitch pleurait.

Le chien rabattit ses oreilles sur son crâne de brute, se mit à vibrer, sourdement, dégageant ses canines – un souffle rauque qui semblait venir du ventre, qui était une menace, un vibrato et une plainte à la fois, comme le produirait un animal dont la mère serait menacée. Il pleurait, lui aussi…Si Mitch ne l'avait pas enfermé dans cette cage, il se serait rué pour le défendre, lui, son maître, comme on défend sa mère maltraitante, malgré tout, en dépit des coups, des humiliations, des douleurs et des jeûnes qu'elle vous a infligés. Dans la pénombre, peut-être même aurait-il réussi à mordre un des flics, ivre de carnage, avant d'être abattu.

— Lieutenante !

Le flic roux se retourna. Il avait des yeux très clairs et nerveux, avec des cils blonds qui lui donnaient un regard de bœuf. Il vit qu'on ne l'avait pas entendu, appela plus fort pour couvrir les discussions, les cris, les insultes :

— Lieutenante Koteas !

Le rouquin était accroupi devant deux types agenouillés, mains liées dans le dos.

La blonde à la veste de faux cuir fut près de son subordonné l'instant d'après.

— Ces deux-là sont prêts à donner leur dealer, dit le rouquin. Contre une transaction.

Allis approuva, les regarda. Le plus vieux était un homme au front et aux pommettes sombres, ridé comme un pruneau, vêtu d'une veste de coutil bleu souillée de traînées charbonneuses. Tout à l'heure, à la rôtissoire, il mouillait les carcasses, apostrophait les curieux… L'autre sortait à peine de l'adolescence.

Elle se pencha vers le vieux :

— Vas-y. Je t'écoute.

Son interlocuteur, accablé, ne répondit pas. Le jeune releva la tête :

— Vous nous donnez quoi en échange ?

— Je te parle, à toi ?

Toujours accroupie, Allis s'approcha encore du vieux et insista à voix basse.

— Ton dealer. Son adresse. Tout de suite.

Elle avait une voix légèrement enrouée, un feulement. Son interlocuteur la regarda avec une sorte de tristesse immémoriale.

— Celui-là, c'est mon fils, dit-il.

— OK… Je peux vous accorder l'immunité à tous les deux devant le procureur… Mais seulement si j'ai une adresse tout de suite et que je fais une grosse prise. Sinon, tant pis pour vous.

Elle semblait marquer une sorte de réticence avant chaque phrase, qu'elle eût parlé avec les suspects à regret ou simplement pris soin de considérer chaque mot avant de le prononcer, pour qu'il ne dépasse pas le cadre strict et légal de ce type d'entretien (en réalité, c'était sa première opération comme officier commandant, alors elle s'appliquait).

— C'est maintenant, ajouta-t-elle.

Le fils, peut-être plus nerveux que son père, dit dans un souffle :

— Usine de roulements à billes Lagache.

— Où ça ?

— Dans la zone industrielle. À Lattes.

— C'est là que les animaux sont abattus ? Les agneaux et les porcs ?

— Je ne sais pas. Mais c'est là qu'on les a achetés. C'était…

— Chut… Tais-toi…

Elle le regarda en penchant la tête sur le côté, sourcils froncés, comme si elle avait observé un animal empêtré dans des rets – comme elle regardait, aussi, les mâles qui l'abordaient dans la rue et se pensaient irrésistibles (jusqu'à ce qu'elle sorte son insigne et son flingue).

— … et ne me dis surtout pas que c'était votre première fois. Sinon, je te fais coffrer pour outrage.

Le gamin préféra effectivement se taire.

— Le nom du vendeur ?

— Der Stepanian, répondit le père. Virgile Der Stepanian.

— Son adresse ?

— On… on l'appelle sur un téléphone à carte, madame.

Elle se releva, les toisa, mit les mains dans les poches de sa veste.

— Si je vais à ses frigos aujourd'hui et que je ne l'arrête pas en même temps, vous êtes morts, dit-elle presque pensivement.

Le regard d'Allis s'attarda sur la nuque du gamin, l'élément fragile du duo. Elle fit deux pas vers lui.

— Der Stepanian ? Son adresse ?

Agenouillé, il avait le visage au niveau des hanches étroites de la flic ; il ne pouvait voir son visage, seulement la braguette de son jean, à quelques centimètres de lui.

Il jeta un œil fébrile à son père.

— Je ne sais pas où il habite, dit-il. Mais je sais où il traite ses affaires, madame. Il doit s'y trouver, à cette heure.

De nouveau, Allis s'accroupit. Leurs deux visages se touchaient presque.

— Je t'écoute.

Les gardiens de la paix étaient arrivés avec des paniers à salade. Ils avaient embarqué les books, les éleveurs, les rôtisseurs, les clients, séparément…

Dans leur 4 × 4, les sept flics de l'escouade d'Allis revêtirent leurs uniformes d'intervention rapide – noirs, siglés des lettres BGPAEA. Des gilets pare-balles, des casques légers moulés dans un alliage à l'épreuve des balles, les GoPro d'intervention, le circuit radio interne, les harnais, les armes…

Clinton conduisait à tombeau ouvert à travers l'agglomération. Ils traversaient des quartiers de hangars, des friches, qui avaient été les zones industrielles de Montpellier dans l'ancien modèle de production. Les rues vides, presque désertes, étaient hantées de chiens sauvages qui aboyaient en meutes, s'écartaient d'un bond étonnant de vivacité à leur approche.

Zones d'habitations, ensuite. Barres d'immeubles. Visages aux fenêtres. « Grands ensembles » relégués où ne restaient que les naufragés… Zones d'économie grise, lumpen-monde…

Quatre autres véhicules d'intervention les rejoignirent à l'entrée de Lattes, à cinq minutes du point d'impact.

Deux bagnoles et un bus grillagé roulaient à la même minute vers le café Daytona où on trouverait Virgile Der Stepanian si tout se passait comme prévu. Consigne : coffrer tout le monde – serveurs, clients – garder tout le monde pendant vingt-quatre heures dans les filets, faire le tri ensuite – les complices, les témoins, les quidams…

— Prends la tête, dit-elle à Clinton, dans la fréquence radio du Hummer.

Le chauffeur hocha la tête.

Elle bascula sur la fréquence du groupe, annonça :

— On prend le lead, commandant.

— Reçu.

— Impact dans deux cents mètres, dit Clinton, l'œil rivé à l'écran GPS du tableau de bord.

— À tous… dit Allis. On va entrer en bélier, commandant, avec votre permission. Vous nous suivez.

Clinton lui jeta un regard incrédule. Les six autres flics se regardèrent. C'était une procédure prévue par le code d'intervention, mais très inhabituelle. Instinctivement, ils rentrèrent la tête dans les épaules, décollèrent très légèrement les pieds du sol. Leurs harnais de sécurité les plaquaient à leurs sièges.

La radio crépita :

— Feu vert, Liddell. C'est vous le leader.

Allis sourit.
— Impact dans 5… 4… 3…

Le Hummer blindé percuta l'entrepôt une seconde avant l'annonce. À l'intérieur, les huit flics furent secoués par la décélération brutale autant que par le choc. Ils entendirent le craquement de la double porte qui s'arrachait. Le Hummer brinquebala en passant dessus.

Ses pneus crissèrent.

À travers les grillages des fenêtres, ils virent que le blindé reprenait de la vitesse.

Le décor, éclairé par des plafonniers au néon, filait à toute vitesse. On était entré dans un gigantesque entrepôt, plus de cinq mille mètres carrés, vaste comme un parking. Des piliers de béton soutenaient le plafond assez haut de l'usine désaffectée. Le sol de résine réfléchissait les néons. Autrefois, ici, avant la Transition, il y avait eu des machines-outils immenses fabriquant à la chaîne des milliers de roulements à billes destinés à des milliers de véhicules automobiles, sous l'œil d'une vingtaine d'employés, gardiens des machines, dont la tâche ne consistait plus à la fin qu'à contrôler d'éventuels dysfonctionnements. Mais c'était fini. Dans l'entrepôt vide depuis trente ans, entre les piliers qui défilaient à vive allure, pendaient maintenant des carcasses. Viande fraîche. Quatre, cinq tonnes, peut-être.

— Vers le comptoir ! gueula Allis à son chauffeur.

Ses lèvres découvraient ses dents. Ses yeux brillaient sous la visière de son casque.

La dizaine de types qui négociaient une transaction autour du comptoir avaient eu le temps de se remettre de leur surprise initiale.

Trois d'entre eux se ruèrent vers une camionnette blanche.

Allis vit des armes jaillir.

— Go, go, on s'éjecte ! lança-t-elle sur la fréquence « véhicule ».

Les garçons et les filles plongèrent par les portes arrière alors que Clinton décélérait brutalement puis décrochait à angle droit. Ils roulèrent au sol, dans deux directions.

Les projecteurs et les plafonniers s'éteignirent à ce moment précis. Noir complet.

Allis vit trois des autres Hummer laisser les traînées de leurs phares arrière. Ils fonçaient vers la porte du fond, à gauche. Le transport de troupe du commandant avait stationné à l'entrée.

Un coup de feu, mat, se répercuta dans l'espace couvert.

— Feu ennemi ! grésilla la radio.

Il y eut deux rafales, ensuite, une arme automatique, des stroboscopes blancs dans les ténèbres.

Puis ce fut un déluge de tirs, barrage et riposte.

Allis rabattit ses lunettes de visée nocturne sur ses yeux, mit une seconde à s'accoutumer : silhouettes vertes, chaudes, mouvantes, dans un décor minéral ; éclairs aveuglants des coups de feu : quatre tireurs ennemis, au moins. Une autre fusillade, vers le fond : amis, ennemis ?

— À tous, en tirailleurs ! gueula-t-elle.

« Ses » gars et « ses » filles avaient largement anticipé la consigne, ils s'étaient déployés et abrités derrière trois rangées de piliers. Connement, Allis épaula le *riot-gun* avant d'être à couvert, verrouilla l'une des cibles ennemies, tira trois fois. Trop loin pour son arme imprécise.

Elle eut le réflexe, tout de même, de plonger en avant.

Un fusil d'assaut répliqua dans sa direction. Les balles frôlèrent son sac à dos. Un impact résonna sur son casque, vers l'oreille droite. Elle tressaillit sous le choc, songea qu'elle était morte. Puis qu'elle ne l'était pas. Les projectiles étaient de calibre insuffisant. Armes de contrebande ?

Dans un flot nauséeux, elle prit conscience qu'elle n'avait pas observé les « règles d'engagement », qu'elle était trop exposée, qu'elle était de la biologie, une chose infiniment fragile

une escalope grise de tissu cérébral dans une boîte crânienne, qui envoie l'ordre de respirer, de vivre ;

un muscle cardiaque qui pompe le sang aux organes ;

du sang qui circule dans des artères en quantité nécessaire.

Elle *était* cela. Elle *fut* son corps, quelques secondes, sut que tout ça ne tenait qu'à un fil.

Qu'elle allait mourir.

Elle pissa sans aucun contrôle dans son pantalon, comme si la balle avait rompu quelque chose quelque part, et qu'il fallait que l'effroi fuite par un orifice, que quelque chose coule si ce n'était pas le sang.

— Repli, Liddell, repli, je te couvre ! fit une voix féminine dans son oreillette – celle de Cheyenne, sûrement.

Les mains d'Allis avaient lâché le fusil à canon scié.

Ça tirait partout, autour d'elle, au-dessus d'elle, derrière elle.

Ses doigts griffaient le béton.

Elle dut se secouer pour reprendre le contrôle, rouler sur elle-même, vers un pilier. *Tu as merdé, tu as merdé…* Elle était trempée de sueur, le pantalon raidi d'urine.

— Halte au feu ! Halte au feu !

Allis Koteas, nom de code « Liddell », avait jeté à ses pieds sa radio, ses lunettes, mais elle entendit le cri. Assise sur le béton, adossée à un pilier dans les ténèbres, elle se tordit le cou, risqua un œil dans la nuit. L'instant d'après, les hommes de la BGPAEA rallumaient les projecteurs.

[Moins d'une demi-heure plus tard]

Le Moine s'approcha d'elle.

— Les télés sont là, lieutenante… Elles veulent parler aux héros du jour. Je vous laisse les honneurs ?

— Dans cet état ?

Allis montra au commandant son pantalon souillé. Elle avait dégrafé son gilet kevlar et retiré son casque, ses cheveux collaient encore de sueur, en mèches épaisses, sur son front et ses tempes. Ses doigts écorchés poissaient d'un sang brun qui avait séché. Elle retrouvait des couleurs, petit à petit, touches de rose sur son teint de cadavre – elle revenait de sa propre mort.

Le commandant sourit. C'était un homme au port anglais, rigide, à qui une calvitie précoce donnait les traits d'un pasteur luthérien.

— Je suis désolée, commandant, dit Allis. J'ai merdé et mis le groupe en danger.

— Oui. Vous n'avez respecté aucune des règles d'engagement. Péché d'orgueil…

Ce genre de remarque, en plus de son crâne chauve, lui valaient son surnom : « le Moine ».

— … Mais vous avez permis ça, lieutenante, ajouta-t-il.

D'un geste ample, il montra le décor autour d'eux, maintenant violemment éclairé.

Lumières blanches, bleues, orange, clignotantes, reflétées sur le béton ciré : projecteurs éblouissants de la police scientifique, gyrophares de deux ambulances, des paniers à salade ; et, loin là-bas, vers l'entrée, flashes et lumières-caméra des journalistes… Dans l'immense entrepôt, au milieu des cadavres d'ovins et de bovins qui se balançaient mollement sur leurs crochets, il y avait quatre cadavres de plus. Deux à plat ventre, deux à plat dos, bras écartés, recouverts de draps à cause des journalistes.

Le sang frais faisait des flaques écarlates sous les visages et les torses.

Les autres trafiquants du comptoir et les acheteurs avaient été regroupés, à genoux, mains sur la nuque. Des flics les interrogeaient. D'autres suspects, en tablier de boucher, en bottes de caoutchouc, montaient dans les transports pénitentiaires, mains levées, poussés par les canons des fusils d'assaut. Il y avait la cinquantaine de carcasses suspendues dans l'usine principale ; et trois chambres froides, derrière l'entrepôt. On avait trouvé un abattoir clandestin, d'autres carcasses, plusieurs centaines… Au moins vingt tonnes de viande morte.

Et combien de viande morte vivante ?

Dans deux des petits entrepôts annexes, deux cents chèvres tremblaient, bêlantes, serrées dans leurs parcages comme un banc de poissons dans une nasse. On allait libérer aussi une cinquantaine de veaux, rendus apathiques par la lugubre stabulation à quoi on les avait contraints. Dans trois pièces longues et sans fenêtre : des centaines de caisses de volailles, entassées sur quatre niveaux. Les poulets, débiles à cause de l'exiguïté, de la promiscuité, s'étaient arraché les plumes quand il leur en restait, malgré leurs becs coupés. Les garçons, les filles qui avaient vu cette « basse-cour » avaient dans les yeux une pitié et une colère qui brûleraient longtemps.

Allis secoua la tête.

— Vous connaissez la donne, commandant. C'est vous qui me l'avez apprise. Plus on fait de prises…

— Oui… Plus important est le trafic. 15 %, toujours la même proportion.

— On ne gagne jamais la guerre…

Le Moine posa une main sur son épaule.

— Mais ce soir, vous avez remporté une manche, lieutenante. Presque seule.

Stupidement, elle sentit ses yeux s'embuer. Elle se serait peut-être laissée aller à pleurer, si elle n'avait pas deviné les yeux d'une dizaine de ses équipiers, braqués sur eux…

Il lui avait fallu des semaines pour remonter la filière, à partir de la dépouille d'un staff terrier retrouvée à demi calcinée dans une décharge : elle avait repéré le pit, l'arène ; planqué des jours durant devant le garage ; improvisé un dispositif quand les premiers éleveurs de chiens s'étaient pointés avec deux bookmakers, ce midi…

Elle aurait voulu qu'il la serre dans ses bras, le Moine ; elle aurait sangloté et lui aurait dit qu'elle avait eu si peur de mourir, une demi-heure plus tôt…

La main du commandant quitta son épaule, retomba le long de son corps.

— Allez vous changer et fêter ça, dit-il. Je vais m'occuper des journalistes. On se voit à mon bureau, demain, dix heures.

[Treize jours plus tard,
avril 2046, toujours]

Allis sortit sur la terrasse et s'accouda au balcon. De son onzième étage, elle voyait loin, les toits, les cheminées, les autoponts, les antennes, les « centres », le smog, les tours – l'asile d'aliénés qu'on appelait la ville (cette chose sépulcrale si loin des vérités premières)… Et, très loin, le golfe de la Méditerranée, baigné dans une lumière jaune. C'était l'aurore aux doigts de rose d'Homère – non, en fait, tout l'air était pailleté d'or et de poussière métallique.

Comme la veille au matin, elle fut saisie d'émotion. Plus encore peut-être. C'était vraiment la dernière fois qu'elle contemplait ce paysage familier…

Le soleil allait se lever, l'atmosphère, tiède pour avril, assez limpide, le diffracterait.

En quittant les draps, elle avait passé une culotte et un soutien-gorge de sport noirs. Une brise légère faisait trémuler les rideaux de gaze à la porte-fenêtre entrouverte dans son dos. À cette heure, les moustiques tigres dormaient. Après la fraîcheur relative de la nuit, l'air était déjà une caresse sur la peau. Dans trois heures, ce serait une fournaise au niveau du sol et dans le train qu'elle allait prendre – mais pas ici.

*

* *

Un havre. Un refuge. C'est le sentiment qu'elle avait eu dès qu'elle avait visité ce studio-terrasse, voici presque deux ans. La moitié de sa solde était passée en loyer, chaque mois, mais elle ne regrettait rien. Deux belles années « hors les murs », hors la caserne, loin de ses parents aussi… Deux années heureuses, après les dix-huit mois d'école de Brigade.

Elle repensa aux douze jours qui venaient de s'écouler.

Le lendemain de l'intervention à Lattes, le Moine la recevait dans son bureau, à dix heures précises. Il faisait glisser vers elle une lettre d'appui signée de sa main, pour son engagement dans les commandos POACHERS.

— Le recrutement est ouvert pour la prochaine campagne d'été. Vous souhaitiez en être. Je pense que vous êtes prête.

Allis l'avait regardé, stupéfaite. Plaisantait-il ?

— Vous savez qu'ils ont 22 % de pertes en moyenne chaque année, n'est-ce pas ? Si vous commettez les mêmes erreurs qu'hier…

Elle avait approuvé.

— Vous nous manquerez, Allis, avait-il conclu.

C'était la première fois qu'il l'appelait par son prénom.

Huit jours plus tard, l'ordre de mutation tombait sur son écran. Deux fusils d'assaut croisés, un fusil de chasse à double canon brisé, et la devise « Alter ego » : les insignes des commandos POACHERS ornaient le fichier à en-tête officialisant son intégration dans le IIIe Bataillon, *« sous réserve de réussite à la formation de quatre semaines au centre d'entraînement de Talence, Gironde »*.

Et hier soir, elle avait passé une dernière soirée avec eux, ceux et celles de son squad, et quelques autres « têtes brûlées » de la brigade, dans un bar d'un faubourg de l'agglomération montpelliéraine, à côté de l'école. Pas besoin de le « privatiser » pour l'occasion – ils étaient chez eux. Ils avaient fait tellement de bruit, tellement de fois, ici... Occupé tant de places, tellement ri, mis tant de vie.

Les cris. Les chants...

Elle revoyait les visages, un par un, se revoyait au milieu d'eux. Ils portaient leurs uniformes noirs froissés de fin de journée – les chemises retroussées aux coudes, sorties des pantalons, déboutonnées, décolletées parfois sur des seins ébauchés sur quoi les yeux des garçons louchaient.

Clinton, leur chauffeur, sortait parfois du bar pour tirer sur son éternel cigare – son snobisme. Une odeur l'accompagnait, épaisse, écœurante, quand il revenait.

Ginger, le rouquin aux cils de bœuf, laissait ses yeux vaguer ailleurs, sous l'emprise de l'alcool ou de la nostalgie, du regret de n'avoir pas osé avec elle…

Cheyenne se serrait sur la banquette en fausse moleskine, contre elle, « son » Allis, « sa » lieutenante. Cheyenne lui avait étreint le bras toute la soirée, presque à lui faire mal, avait émaillé les conversations d'anecdotes auxquelles Allis répondait par un souvenir – deux sœurs d'armes, qui avaient besoin de se convaincre l'une et l'autre de retrouvailles prochaines, en dépit de toute vraisemblance.

Matt avait porté le toast. Matt. Cet enfoiré de Matt.

Il avait dit que « Liddell » les lâchait, mais que personne ne lui en voulait. Ils le savaient tous, depuis le premier jour de classe, qu'Allis irait trop loin, trop vite, trop haut pour eux – première en droit, en biologie, première au tir sur cible et sur cible mouvante.

— Hé…

Helen s'était récriée : elle avait toujours été la meilleure, sur cible. Et en virologie.

Helen, bonne élève, mais trop réservée sauf justement quand elle aurait dû la fermer…

Les yeux de Moses riaient…

Ils avaient trinqué, tous, levé leurs verres et puis gueulé comme des ivrognes, pour que Liddell boive une mousse.

— Une seule bière, une seule ! Allez ! Une seule fois dans ta vie, avec nous…

Elle s'était fait prier, encore, avait secoué la tête, ça avait fait voler autour d'elle ses cheveux blonds qui prenaient la lumière, « toute la lumière de la tablée, un halo », disait cet enfoiré de Matt quand il voulait coucher avec elle. Finalement, sous les hurlements, les applaudissements, elle avait trempé les lèvres. Pour la première fois depuis Stendhal. Le goût, l'amertume de la mousse de bière sur ses lèvres ne l'avaient pas ramenée là-bas pour autant – au *Sex, PUB & Dub*, dans la plaine de M., à Stendhal.

Elle avait vingt ans.

Elle ne vivait plus dans le passé.

*

* *

Son paquetage était prêt au milieu de la pièce-studio : vêtements réglementaires, sac réglementaire, elle ne possédait presque rien d'autre.

Le studio était un meublé, cuisine équipée, vaisselle et linge compris dans les charges. Même les photos aux murs étaient fournies par le propriétaire.

Tout ce qu'elle emportait tenait dans la mémoire vive volatile de son ordinateur personnel et dans deux ou trois disques durs externes, qu'elle avait rangés dans une sacoche en toile cirée. Elle possédait quelques films, des musiques, des photos. Il y avait des mails qu'elle conservait, celui que sa mère lui avait écrit juste après qu'elle était repartie, un mois avant ses dix-sept ans, mots d'encouragement terrifiés : « Si quelqu'un t'a fait du mal, pardonne-toi, ma chérie… » Et puis aussi les mots de Cheyenne après leur premier raid : « T'es une cheffe, boss. Alors arrête de te planquer. Ton silence, il me fait chier. » Et d'autres messages d'amitié, et un message de haine, qu'elle gardait comme une boussole.

Elle entendit du bruit derrière elle, se retourna vivement, plongea un regard intense dans celui de Moses qui venait de quitter le lit pour la rejoindre sur la terrasse. Lui aussi avait passé un boxer.

Adossée au balcon, elle sourit, inclina la tête. Le paysage de la ville jaunie, soleil levant, dessinait une auréole chryséléphantine derrière elle.

Ses cheveux sont coupés en un carré assez long, décoiffé en l'occurrence, mais qu'elle peut retenir en une courte queue de cheval lorsqu'elle enfile son casque.

Elle a perdu ses joues d'enfance.

Ses sourcils sont épais, sombres. Des lèvres larges, bien ourlées, sensuelles, plus que tout le reste de ses traits – elles ont une couleur de chair, assez sombre, même sans fard, et ses cils noirs semblent dessiner un mascara pour sertir et rehausser son regard, alors qu'elle ne se maquille jamais.

Elle a les yeux cernés. On pourrait penser que c'est à cause de leur nuit d'ébats, mais non, ce sont de perpétuels cernes, deux poches d'un gris doux sous les yeux qui lui donnent l'air de se réveiller à n'importe quelle heure de la journée. Des yeux clairs, bleus ou verts selon les heures et la lumière, d'une tristesse amusée.

Elle n'a rien des attributs qui confèrent une sensualité épanouie aux femmes vraiment belles – ses hanches étroites pourraient être celles d'un garçon, néanmoins le corps marque une légère courbe, comme une âme de guitare qu'on aurait esquissée, aussitôt contrariée. Des seins, tout de même ; assez petits malgré la brassière qui les pigeonne, dessine un bref sillon. Sur son ventre excessivement plat, les muscles abdominaux saillent, en tablettes, de même que le nombril en boutonnière. Les cuisses sont fuselées, dures, mais les genoux cagneux.

Se dégage toutefois de ce corps si peu charnel une impression de tonicité, quelque chose de vif, de sain, de vivant, d'apte au monde – comme une athlète, souple, musclée, ou une gymnaste – ; et de ce visage, une ride de sourire moqueur et doux-amer, ironique, vorace parfois.

D'une traction des bras, alors que Moses arrivait à la porte-fenêtre, elle se hissa sur la rambarde, en équilibre, dos au vide à trente mètres du sol.

— Salto arrière ? Avec réception onze étages plus bas ?

Elle balança les jambes, pointes tendues, leva les bras comme une enfant lâche le guidon de son vélo, en équilibre sur la rambarde. Moses fit les deux pas qui les séparaient, la saisit par les hanches pour l'empêcher de basculer – ce qu'elle n'aurait pas fait, même sans lui.

— Il est tôt. Tu viens te recoucher ?

— Non. Le train est dans trois heures. Le proprio passe chercher les clés dans… cinquante minutes.

— On prend une douche ensemble, alors ?

Elle quitta Moses sur son palier, laissa les clés au propriétaire, prit un tram.

Elle descendit place de la Comédie, deux stations avant la gare, et fit les derniers hectomètres à pied, son sac à l'épaule. Elle voulait dire au revoir à « sa » ville.

Ce qu'elle voyait autour d'elle ressemblait à ce qui était, partout, dans toutes les villes-centres… Pelouses tondues et friches « naturelles » d'herbacées, semées puis laissées sauvages, comme apportées par le vent. Arbres élagués. Fontaines minérales. Tramways silencieux. Des hommes, des femmes en costumes ou tailleurs de fibres végétales, en souliers et escarpins de fibres synthétiques, armés et aimantés par des téléphones « intelligents » figurant parmi les industries les plus polluantes au monde, traversaient des esplanades, circulaient à pied ou dans des voitures « intelligentes » sans chauffeur ni impact sur l'effet de serre, mais pilotées par des ordinateurs dont les circuits reposaient sur des ressources – métaux, alliages – non renouvelables.

Signaux contradictoires, mensonges…

Ces espaces « naturels » étaient les moins naturels du monde. Des architectures de verrières, de bois, des « potagers participatifs » et des « toits végétalisés » accompagnaient l'empilement insensé de l'espèce sur des dizaines d'étages, alors que l'espace était libre, grand ouvert, ailleurs.

On laissait de temps en temps un spécimen sauvage entrer ici, en centre-ville. Si possible un grand mammifère, un oiseau spectaculaire, pour les photos, la presse, qui confirmeraient les urbains dans leur idée d'une « réconciliation » entre l'humain et son environnement. On surveillait les trafics, le marché noir, comme le faisait Allis ; parfois, on faisait une prise exceptionnelle. On allait fourrer le nez dans les show-rooms et les boutiques de l'industrie du luxe toujours friande d'illégal pour justifier ses prix – cuirs de contrebande, laines rares… On limitait les proliférations, on ramenait dans les friches les « nuisibles », les « encombrants » : porcs, chiens errants, rats, renards atteints par la rage.

Allis croyait-elle à ce Spectacle, la Grande Réconciliation de l'Humain et de la Nature ?

Elle marchait dans cette ville sans oiseaux. Elle voyait les regards de ceux qu'elle croisait, qui glissaient sur son uniforme et ses galons. Regards globalement bienveillants. Des sourires, parfois.

Ils la prenaient pour une « gentille ».

Elle aurait voulu leur dire qu'elle allait rejoindre la guerre.

Elle avait remonté les manches de sa chemise, déboutonné son col.

Son sac pesait dans son dos.

*

* *

Le train :

Dans la voiture 15, l'atmosphère confinée semblait épaisse, à couper au couteau, comme si une buée de chaleur y stagnait. La chemise d'Allis marquait déjà sous les aisselles, collait dans son dos.

Elle regarda autour d'elle, choisit un « carré désert », quatre places face à face, et s'assit dans le sens de la marche. Le wagon était aux trois quarts vide.

Le convoi s'ébranla. Elle regarda le paysage défiler. La campagne d'avril n'avait pas encore roussi sous l'été précoce. Des dispositifs d'irrigation mobiles, spectaculaires, couvraient les champs : cultures à perte de vue, emblavées, céréales de printemps, lignes de soja, chanvres aux verts mouvants sous le vent chaud. La floraison du lin, bleu délicat, avançait chaque année.

Des hommes, des femmes s'activaient autour des fermes.

Quelques silhouettes sombres guettaient, au loin, à l'orée des bosquets d'arbres : les cerfs – des daguets et quelques grands mâles – tentaient leur première sortie du printemps, les biches se cachaient encore avec leurs petits au fond des bois. Un peu plus loin,

Allis surprit une troupe de jeunes daims, enhardis, des animaux de deux ou trois ans qui traversaient un champ de maïs pour en croquer les pousses et qui s'étaient figés au passage du train, tremblant sur leurs pattes grêles – le miroir sur le cul des brocards avait déjà jauni bien avant l'été.

Elle sourit de plaisir.

Au sud, les cheminées immenses des usines de plasturgie du complexe chimique de Limoux, puis celles de Landiras, dessinèrent dans le ciel leurs fumées noires que semblaient éviter les volées de corbeaux. Régulièrement, vers le nord, très loin, comme les rouleaux d'un océan mystérieux, s'ourlait la silhouette sombre, immense, menaçante de la Grande Forêt…

*

* *

WEBREVUE

« La GRANDE FORÊT (Deep Forest) est un espace sauvage, protégé et interconnecté.

On désigne sous ce vocable l'archipel français de "réserves intégrales", partie ou totalité de parcs nationaux, créé à partir de 2027 et couvrant 5 millions d'hectares de massifs forestiers environ. Il est constitué dans le Sud-Ouest des départements administratifs de (...), du parc des Volcans d'Auvergne (...), et dans l'Est, du massif pré-vosgien de (...), selon une diagonale géographique et climatique.

La Grande Forêt couvre 10 % du territoire français métropolitain (27 % de la forêt française), selon les préconisations établies par l'Agenda Cop 22.

(...)

Le but de la constitution de ces réserves reliées est notamment l'exclusion de l'homme et de toutes ses activités de ces territoires naturels. Seuls des scientifiques sont autorisés à pénétrer dans cette "diagonale", afin de mesurer l'évolution du milieu sans perturbation d'origine anthropique. »

« En raison de l'absence de toute présence humaine (gardes forestiers ONF-gestion concertée, gardes-chasses, brigades BGPAEA, filière bois) depuis dix-sept ans, la Grande Forêt est devenue le territoire de prédilection des braconniers qui fournissent les filières illégales de viandes, cuirs, gibiers. (...) Selon des études parcellaires, plusieurs centaines de tonnes de moyens et grands mammifères ongulés – cervidés, suidés, caprinés –, de rongeurs, de petits et grands mammifères carnivores – canidés, félinés – et, dans une moindre mesure, d'oiseaux (scolopax, gallinacés...) sont "prélevées" chaque année par des trafiquants dans l'espace de la Grande Forêt (...), déséquilibrant les réseaux trophiques complexes (chaînes alimentaires) développés ces trente dernières années par la constitution de ces réserves et la réintroduction de prédateurs alpha (loups, ours).

L'activité de braconnage menée au cœur des "réserves intégrales", en violation de la loi, comporterait même désormais des élevages clandestins (caprinés, bovinés) (...). »

« *(...) C'est sur ce terrain d'opération, inaccessible aux BGPAEA urbaines et rurales, que les commandos POACHERS sont projetés, pour traquer les braconniers et les neutraliser*[1]. »

1. IIIe Compagnie de la BGPAEA – commandos POACHERS – Talence (page officielle).

[Soixante-six jours plus tard
– juillet 2046.
Lisière de la Grande Forêt,
à environ cent kilomètres au sud
de l'ancien village de B.]

Le bleu du ciel virait au soir, moins vibrant qu'il n'était à son zénith tout à l'heure. Il commençait de s'embraser paresseusement à l'ouest. Il ne ferait nuit que dans quatre heures, mais du fait des rayons déjà obliques, les six véhicules militaires qui roulaient à vive allure semblaient traverser un nuage pulvérulent rehaussé de vieux ors. C'étaient des transports de troupes d'un noir mat. Flancs larges, capots mafflus comme des crapauds-buffles, angles durs, tranchants, ils étaient hérissés d'antennes et décapotés, les barres de toit apparentes ; et les silhouettes des six hommes et femmes qui accompagnaient le chauffeur, dans chaque Hummer, découpaient elles aussi leurs ombres chinoises dans cette nuée fantastique – juillet, vent chaud de vitesse, débris de terres ocres et de pailles mêlées.

Trois des 4 x 4 (la section du capitaine Chapman) bifurquèrent sur une piste qui obliquait vers le nord tandis que les trois autres (la section du capitaine Basalka) continuaient comme des chevaux à bride abattue, sur la route vers l'est.

Les commandos de Chapman parcoururent encore une dizaine de kilomètres sur le chemin mal carrossable, à travers champs, à vitesse à peine réduite en dépit des ornières et des nids-de-poule. Ils croisèrent des éoliennes de métal rouillé et des petits ouvrages, buttes, rigoles, ruisselets d'irrigation. Puis ils ralentirent, en vue d'une bâtisse d'aspect délabré mais robuste, murs de pierre épais, larges comme ceux des églises-forteresses de la région, et toits presque effondrés par endroits, quand ils ne soutenaient pas les panneaux photovoltaïques. Les trois Hummer s'arrêtèrent.

Autour de la ferme, il y avait des barrières de bois, un corral vide ; deux véhicules agricoles dans la cour dessinée par le bâtiment en L ; trois grandes serres semi-circulaires et bâchées de plastique ; un verger sur les arrières et des champs à perte de vue, déjà moissonnés ou en herbe, vers le soleil couchant.

Au nord, à l'est, les taillis et les premiers bois de pins évoquaient une légion en ordre de bataille – avant-postes de la Grande Forêt.

Le capitaine Chapman discuta quelques minutes avec les fermiers, leur signifia la réquisition du lieu, puis donna à sa section la consigne de s'installer dans l'étable. À l'intérieur du bâtiment désaffecté, il y avait une dizaine de boxes construits autrefois pour des chevaux, et un vaste espace libre, genre de préau couvert. La paille des chènevières récemment coupées y était stockée.

En installant les litières pour la nuit, Timmy fit une plaisanterie sur le fait qu'on pourrait aussi bien fumer le chanvre, qu'on ferait de beaux rêves. Les autres rirent. Ensuite, par groupes de deux ou trois, les vingt commandos, leurs chefs d'escouades et leur officier sortirent pour partager le repas des fermiers.

*

* *

C'était une coopérative agricole, l'entreprise commune de six jeunes gens de leur âge – quatre garçons et deux filles. Celles-ci, assez discrètes, vaquaient dans la cuisine.

Un des garçons, un brun émacié, presque maigre, monta sur un escabeau pour accrocher dans les branches du platane deux spots, reliés à la batterie des panneaux, et qui les éclaireraient à la nuit. Ensuite, ils s'attablèrent avec leurs « invités » autour de quatre grandes planches de bois posées sur des tréteaux. Les fermiers portaient leurs vêtements de travail, ils s'étaient passé le visage et les mains à la pompe pendant que les commandos s'installaient. Ils avaient les cheveux courts, tous les quatre, des regards clairs, des physiques différents de ceux des hommes en armes : moins secs, moins athlétiques, mais puissants, brûlés par l'air, le vent, avec dans les bras, les cous, les nuques quelque chose d'une force immémoriale, comme l'ont les bêtes de somme.

Des corps plus âgés que leurs visages, songea Allis. *Des corps d'hommes.*

Elle rosit, éprouva une bouffée de désir inattendue, vague, floue, dirigée sur cette pensée plus que sur l'un des quatre garçons en particulier. Depuis son départ de Montpellier, cela faisait plus de deux mois qu'elle n'avait pas fait l'amour. C'était probablement interdit par la discipline, à la caserne de Talence, pendant l'exigeant processus de sélection (encore que les choses ne fussent pas parfaitement claires à ce propos). Mais quand bien même eût-elle été tentée de passer outre et de se glisser clandestinement hors du dortoir pour retrouver un aspirant, ou un mec des commandos, cela n'aurait sans doute pas produit grand-chose de potable… Le soir, ils étaient hors d'usage. Ils se couchaient dans le dortoir et s'endormaient comme des pierres, chutant au fond d'un puits jusqu'au réveil du lendemain matin.

Deux mois… Une longue abstinence.

La plus longue qu'elle ait connue, depuis qu'à l'école… avec Matt…

Elle s'assit à un bout de table, prit l'assiette qu'on lui passait, tendit son verre.

Discrètement, elle observait leurs hôtes et ses compagnons d'armes. Elle était fière d'y être arrivée, de faire partie des dix garçons et filles retenus pour la campagne d'été, parmi trente postulants. Mais elle ne pouvait encore se sentir tout à fait POACHER.

Ce matin, comme depuis une semaine, elle avait eu l'impression d'enfiler l'uniforme d'une autre. Elle ne se sentirait une place parmi ces durs à cuire qu'en revenant, après l'épreuve du feu.

Les deux fermières les avaient rejoints avec des marmites d'un rata fait de blé concassé, de carottes, d'ail et de courgettes, sentant l'huile de sésame et le safran. La bière artisanale qu'ils brassaient était bonne. Leurs hôtes parlaient de l'exploitation qu'ils avaient reprise trois ans plus tôt, sans passer par la fac. Un projet à six, deux couples de copains et leurs amis, sur une ferme ancienne laissée à l'abandon… Ils parlaient du travail dans les champs, rude ; des filières courtes qui ne suffisaient pas (d'où la nécessité de vendre à la ville) ; de leurs revenus qui laissaient à peine de quoi survivre. Ils évoquèrent la proximité de la Grande Forêt.

— Vous croisez parfois des braconniers ? demanda le capitaine.

Les garçons se regardèrent, ne répondirent pas.

— Vous auriez l'obligation légale de nous signaler leurs mouvements, n'est-ce pas ?

— Oui, dit l'une des filles, comme timidement.

S'ensuivirent quelques instants de silence. On entendit les couverts racler les assiettes.

Le garçon brun et maigre, l'un des deux célibataires, lança vers Allis un coup d'œil, un de plus, puis se leva. Il prit une des marmites vides, la rapporta à la cuisine, revint avec une planche sur laquelle était posé une espèce de tourteau grisâtre, rond, à la peau parcheminée de moisissures.

— Fromage de la ferme, dit-il, en provoquant le capitaine du regard.

Tous les commandos se raidirent.

Deux d'entre eux avaient porté la main, pur réflexe, à leurs armes.

— Il y a un troupeau de chèvres sauvages qui vivent sous le couvert, à l'orée de la forêt, expliqua le grand blond, celui qui parlait le plus. Elles vagabondent dans nos champs, on ne peut pas tout clôturer, on les repousse comme on peut.

Le brun maigre prit le relais :

— Ce printemps, les loups ont emporté trois des chevreaux. Les femelles viennent d'elles-mêmes se faire traire, ça les soulage. On n'allait pas jeter le lait.

— C'est illégal, dit le capitaine.

— Oui. Mais c'est la vraie vie.

— Vous auriez dû appeler une brigade, ajouta Irène, l'officier en second.

— C'est ça… Elle serait sûrement venue… Comme elles viennent pour chasser les corbeaux quand on sème ou pour s'occuper des loups qui rôdent autour de la maison, l'hiver.

— Écoutez, capitaine…

Le grand blond s'était levé brusquement mais sa compagne lui attrapa le bras. Il la regarda, sembla trouver en elle l'inspiration pour se calmer.

— On ne voit jamais personne, ici, ajouta-t-il. Personne de chez vous. Sauf une fois par été, pour les opérations de chasse aux braconniers.

Le capitaine hocha la tête et lui fit, de la main, le signe de se rasseoir.

Le blond obtempéra. Il s'était repris.

— Des braconniers, en revanche, on en voit toute l'année… Chaque semaine. Ils empruntent les pistes vers la forêt, en ressortent. Vous croyez qu'il se passera quoi, pour nous, si nous les dénonçons aux flics ?

— Je vois. Vous avez des armes ?

— Deux fusils de chasse.

Le capitaine regarda Irène.

— Vous chassez, parfois ? demanda la jeune sous-officière.

— Non…

— Non ?

— Seulement les loups, quand ils s'approchent trop près de la ferme.

— C'est…

— Illégal, oui. Mais on se démerde. On survit. Et vous êtes bien contents qu'on se démerde, pour produire ce que vous mangez.

— Que savez-vous des braconniers ? demanda le capitaine.

Le blond soupira.

— Rien… Pas grand-chose… On en voit passer sur la piste du nord, régulièrement. Il y en a d'autres qui vivent tout le temps en forêt, paraît-il.

— Vous les avez déjà rencontrés ?

— Non. Juste des rumeurs.

La compagne du blond intervint :

— Ils auraient des campements permanents, un vrai camp retranché… Une tannerie. Des élevages de petit bétail, aussi, dans les sous-bois. Et puis d'autres trucs encore. Des… des rumeurs effrayantes.

— Vous parlez de cannibalisme ?

Elle hocha la tête.

— Bien, dit le capitaine en se levant. Mes gars et moi, on va aller dormir. Demain nous partirons avant l'aube. On vous remercie de votre accueil. Et je verrai ce que je peux faire pour les loups. Si une compagnie de louvetiers peut…

— Non, dit le blond. Pas de fausses promesses. Ils ne viendront pas.

Les commandos étaient déjà en train de quitter la table.

— Vous ne prenez vraiment pas de fromage ? intervint le type maigre et brun.

Il avait quelque chose de moqueur dans la voix. Son couteau taillait une tranche épaisse dans la tomme grise.

— Vous devriez, pourtant… Vous n'avez jamais goûté le chèvre ?

— Si, répondit Allis. J'en mangeais, enfant. Mes grands-parents continuaient d'en faire, illégalement, à la montagne…

Le type lui tendit la tranche qu'il venait de découper. Ses yeux brillaient. Il s'amusait.

Elle secoua la tête :

— Depuis, j'ai grandi et appris la loi. Alors, jamais pendant le service, merci.

Elle s'installa pour la nuit dans un box de l'étable, avec Tess et Matthieu, deux des nouveaux. Elle ne parvenait pas à dormir, songeant à la conversation. « Camps retranchés », « élevages clandestins ». Elle connaissait les objectifs. Les rapports des éclaireurs, les témoignages… Les cartes satellite avaient repéré une concentration de chaleur sous la canopée, loin, très loin, beaucoup trop profond dans la forêt pour que les drones puissent y pénétrer. C'étaient des feux, probablement, un nombre très inhabituel de foyers, à soixante-dix kilomètres au cœur de la Réserve. C'est à cela qu'ils s'attaqueraient le lendemain – eux, la section du capitaine Basalka et dix autres escadrons depuis le nord.

Elle se sentait plus excitée qu'effrayée.

« Cannibalisme »… ?

Ça aussi, c'était dans les rapports. Une hypothèse née de quatre témoignages convergents. Rien de sûr. Elle se retourna dans la paille. Il faisait une chaleur étouffante dans cette étable. Matthieu et Tess s'étaient endormis. Le garçon respirait assez fort, presque un ronflement.

Comme une bonne élève, soucieuse de plaire, Allis se demanda si elle avait bien fait d'intervenir, de répondre à la provocation du maigre tout à l'heure, et ce qu'en avait pensé le capitaine. Ce n'était pas une bonne idée de se faire remarquer tant qu'elle n'avait pas fait ses preuves.

Elle revoyait le visage du garçon, en lame de couteau, ses épaules, son ironie. Il l'avait regardée par en dessous durant tout le repas et avait pris un réel plaisir à ce que ce soit *elle* qui réponde. Elle repensa à la bouffée de désir sans objet qui l'avait envahie au moment du dîner.

Des images lui venaient, maintenant, plus précises. Avec ce garçon-là. La chaleur devenait moite, irrespirable.

Sans un bruit, elle quitta son sac à viande, enfila son pantalon baggy, lourd du ceinturon. Cela fit un bruit métallique quand les deux étuis à munitions s'entrechoquèrent avec le holster. Personne ne bougea dans son box.

*

* *

L'air de la nuit était tiède, mais plus supportable. Les silhouettes des arbres, de la maison, de la barrière étaient tellement noires, à portée de main, que le ciel d'un bleu profond en semblait lumineux par contraste – sans nuit véritable. Des étoiles, pourtant. Des centaines d'étoiles.

Une lueur rougeoya, sur le perron de la ferme. La braise d'une cigarette.

Elle sut immédiatement que c'était lui.

— On n'a pas sommeil, madame l'Amazone ? fit la voix moqueuse, quand elle s'approcha.

L'Amazone ? Elle se considéra du point de vue du garçon : silhouette de guerrière fantasmatique, treillis et brassière de sport noire, armes et épaules nues. Un fantasme.

— Non, répondit-elle. Trop chaud. Et puis je pensais à toi.

— Tu es directe.

— Oui. Pas de temps à perdre. Cela fait deux mois que je n'ai pas… Et nous partons à l'aube.

Il se leva. Il était torse nu, luisant de sueur dans la nuit. Elle ne voyait pas son visage dissimulé dans l'ombre, juste sa silhouette, ses épaules, ses cheveux décoiffés.

— Désolé, dit-il. Ça paraît prometteur, mais je ne suis pas libre.

Il tira sur sa cigarette. Une odeur d'herbe atteignit Allis.

— Ma copine va nous rejoindre, précisa-t-il. Dans trois mois.

— Et tu… vous ne vous autorisez pas d'écart ?

— C'est ça.

— C'est pas un peu patriarcal, votre truc ?

— Si. Sans doute. En fonction des canons actuels…

Il paraissait s'amuser, comme tout à l'heure, de leur conversation.

— … Mais on s'en branle, si tu veux savoir.

— Ben je vais faire ça aussi, alors, dit-elle.

Il rit, franchement cette fois, à cette saillie obscène. Il restait debout sur les marches du perron. Elle piétinait d'une jambe sur l'autre, à trois mètres.

— Tu es une vraie dure, hein… ? Tabac ?

Il lui jeta la blague de cuir avec un sachet d'herbe. Elle se roula une cigarette mince, l'alluma.

— Je peux m'asseoir avec toi, quand même ?

Il secoua la tête, la rejoignit.

— On risque de les réveiller…

Ils allèrent vers la barrière, s'y accoudèrent en fumant leurs joints. La vue donnait sur la nuit et les champs sous la lune. L'herbe était forte, sans doute une production locale, plus dosée en THC que ce qu'autorisaient les normes. Cela tournait un peu, autour d'elle.

— Je me trompe, ou c'est ta première mission ? demanda-t-il.

— Ça se voit tant que ça ?

— Oui.

Ils entendirent un cri, chat-huant ou petit duc, Allis ne savait plus les distinguer. Son grand-père lui avait appris ça, enfant, dans la montagne. Un instant, elle se demanda si elle aimerait venir s'enterrer ici, réapprendre le chant des oiseaux, le cycle des saisons, la croissance des plantes – se trouver un homme, un vrai, un qu'elle attendrait et qui l'attendrait. Il lui sembla que non. Elle jeta son mégot.

— Bon, je vais te laisser, alors. Merci pour la cigarette.

— Bonne chance quand tu seras là-dedans. C'est l'enfer, il paraît.

— Oui.

Elle faillit lui voler un baiser, quand même, mais s'abstint. En revenant vers l'étable, les yeux du garçon dans son dos, elle se sentit aussi conne qu'une collégienne éconduite par un élève de terminale.

Une fois allongée dans la paille le léger vertige de l'herbe surdosée l'entraîna rapidement dans le sommeil qui l'avait fuie jusque-là.

*
* *

Une heure plus tard, un bruit de fusillade la réveilla.

Une dizaine de rafales, courtes, des fusils d'assaut.

Elle se redressa en sursaut. Trois tirs de pistolet automatique, encore. Puis plus rien.

Le silence. Quelques cris.

Elle se précipita dehors avec ses camarades, vit que des lumières étaient allumées dans la maison.

Très vite, dans l'agitation, elle entendit les explications : Irène et Kurt avaient obéi aux ordres du capitaine, ils avaient mis les fermiers sous surveillance pour la nuit et les avaient surpris devant un poste de radio clandestin à ondes longues. Les fermiers informaient les braconniers de la présence du commando.

Allis entra après d'autres dans le salon de la ferme, elle vit trois corps étendus au pied des chaises. L'émetteur-transmetteur volumineux, désuet, occupait toute la table. Les trois autres fermiers – les deux filles et le garçon brun, maigre – avaient été abattus à l'arrière de la maison, dans un hall donnant sur les champs et dans l'escalier. Lequel, laquelle s'était précipitée avec la carabine de chasse (deux canons superposés) désormais abandonnée sur le carrelage ?

Allis regarda le visage de son « flirt ». Il dormait dans une mare de sang, sur le dos. Ses yeux écarquillés étaient incrédules. Il avait une balle dans la poitrine.

Ils n'avaient même pas échangé leurs prénoms.

Elle pensa à cette hypothétique copine qui devait le rejoindre dans trois mois.

Avait-il refusé de converser avec elle sur les marches parce qu'elle risquait d'entendre la radio ? Probablement. Si ça se trouve, la copine n'existait pas, non plus…

S'il ne l'avait pas trouvée trop jeune à son goût, s'il lui avait dit oui, ils auraient été en train de faire l'amour quelque part, dans les herbes hautes de juillet, quand la fusillade s'était déclenchée – et il serait toujours vivant.

Elle ne pouvait se détacher de son visage stupéfait.

De ces yeux noirs, ternes déjà, voilés.

Quand Irène posa la main sur son épaule, elle sursauta.

— On était en planque, dit sa cheffe d'escouade. On t'a vue, tout à l'heure, quand tu as discuté avec lui. Ça arrive. Mais fais gaffe. Ne fraternise jamais pendant les opérations.

*
* *

Le lendemain, à la première heure, le commando entra dans la Grande Forêt.

L'entrée des POACHERS commença dans le silence. Ils progressaient prudemment, armes à l'épaule parfois, s'attendant à une embuscade rapide.

Mais rien.

Les fermiers n'avaient-ils pas eu le temps de prévenir l'ennemi ?

Sous la voûte des arbres, il faisait une chaleur presque supportable. Ils transpiraient tout de même dans leurs équipements de combat. Des nuées de moustiques voletaient autour d'eux, essaims mouvants, hargneux, à l'architecture mystérieuse comme celles des vols d'étourneaux qui dessinent des signes et des présages indéchiffrables dans un ciel d'orage. Le sol suintant s'enfonçait sous leur boots. Les lieux, assez marécageux, sillonnés de petits rus, étaient couverts de mousses.

Très vite, ils s'aperçurent que leurs communications étaient brouillées par l'épaisseur de la canopée, par des dispositifs électromagnétiques rustiques mais éprouvés, qui faussaient les fréquences radio, affolaient les boussoles électroniques. Ils savaient depuis longtemps que les antennes de téléphone mobile avaient été abattues par des saboteurs sur tout le pourtour de la Réserve.

Dans ces zones sans réseaux, il ne leur restait qu'à progresser selon les données GPS, puis selon les données cartographiques…

*

* *

Au soir, ils n'avaient rencontré personne. La radio leur apprit qu'au nord, deux des escadrons avaient été attaqués, avec de lourdes pertes qui compromettaient déjà le succès final de l'opération.

Ils continuèrent néanmoins de s'enfoncer dans les ténèbres.

Les officiers s'entêtaient dans le plan si patiemment mis au point : ils avaient compté sur leurs aptitudes, leur entraînement, la précision de l'orchestration, vingt groupes de vingt hommes dispersés, progressant à un rythme rapide, coordonné, marches de jour, de nuit, aux amphétamines, et convergeant vers le centre de la toile où ils frapperaient de toute part en même temps, brutalement.

Peut-être auraient-ils pu échapper à la mort s'ils avaient bénéficié d'un effet de surprise. Mais le dispositif d'ensemble avait été trahi de toute évidence bien avant le message radio des fermiers le soir de leur arrivée. L'ennemi s'était constitué en une trentaine de groupes mobiles et insaisissables. Ses pièges avaient l'aspect, la texture même de la forêt. Il avait installé des nasses, disséminé des crocs, creusé des fosses – souches piégées, câbles invisibles, trous de loup couverts de branchages, pointes fixées sur des planchettes et enduites d'excréments, de substances vénéneuses, baguettes *punji*...

L'ennemi connaissait le terrain comme sa maison, le défendait comme son pays, l'utilisait comme un allié. Et il disposait d'armes de guerre.

*

* *

Au cinquième jour de progression, quand ils parvinrent au lieu de rendez-vous convenu, la section Chapman avait seulement essuyé des escarmouches, perdu trois hommes tout de même... Mais celle du capitaine Basalka n'était pas là où on l'espérait.

Ils attendirent, sur place, un jour supplémentaire et une dernière nuit, une très longue nuit.

Allis assista à la mort de trois autres commandos et d'Irène, sa supérieure directe.

Elle ne sut pas en revanche comment Thomas et Tess étaient tombés dans cette fosse où ils s'étaient empalés, à cinquante mètres seulement du checkpoint ; ni pourquoi ils s'étaient éloignés dans l'obscurité ; ni pourquoi Chapman décida de tenir cette position en dispersant ce qui restait de sa section dans les bosquets, par groupes de quatre, autonomes.

Tout le monde semblait devenir fou, agir exactement à rebours du bon sens.

La forêt leur volait leur raison.

Quand Chapman mourut, transpercé par un carreau d'arbalète, Kurt – le nouvel officier opérationnel – donna l'ordre de se regrouper pour retraiter tous ensemble. Ils n'étaient plus que dix. Ils marchèrent une heure, courbés en deux, anticipant à chaque instant l'embuscade.

Puis les rafales éclatèrent en même temps sur trois côtés.

*

* *

Ensuite, Allis n'eut plus conscience que d'une longue course dans les ténèbres.

Ses lunettes de vision nocturne lui dévoilaient les obstacles, les troncs à la dernière seconde dans la nuit profonde. Des flammes blanches crépitaient autour d'elle pendant les échanges de tirs.

Elle entendait les cris, les détonations, croyait surprendre des ricanements.

Elle roula dans les feuilles après avoir accroché une souche, se releva.

Sa respiration était paniquée, dans la radio, quand elle répondait aux ordres de Kurt, puis de Jeanne, qui prit le relais.

Elle ne pouvait se guider aux rafales des armes.

Elle sut qu'elle ne savait plus où étaient les autres. À droite, à gauche ?

Restait-il des autres ?

Elle eut envie d'arracher son gilet, son casque, ses lunettes, comme elle l'avait fait dans l'immense usine de Lattes, et de se jeter dans un fourré pour s'y terrer et disparaître. Mais la discipline militaire, la cohérence du groupe, les leçons reçues pendant l'entraînement POACHERS la retinrent.

Elle vit le visage du Moine, entendit ses paroles : « Vous n'avez respecté aucune des règles d'engagement. Péché d'orgueil… »

Presque au dernier moment, elle eut l'intuition, fugace, que les braconniers les emmenaient *quelque part*.

Elle comprit trop tard.

Tout à coup, elle fut soulevée du sol, ses pieds ne touchèrent plus la terre alors qu'elle courait l'instant d'avant.

Elle se retrouva culbutée cul par-dessus tête. Elle réalisa qu'elle se dépêtrait dans un filet, un piège qui attendait qu'elle le frôle ou qu'on avait déclenché à son passage. Elle essaya de s'y débattre, cela revint à s'y emmêler davantage.

Ses lunettes de vision nocturne blessaient ses yeux.

Elle entendait des cris de triomphe, et des rafales de fusils d'assaut de plus en plus lointaines.

Elle sut que ses compagnons l'avaient abandonnée. Non loin d'elle, un autre commando appelait. Pierre, sans doute. Ils étaient deux, pris au piège. Et les autres ? Ses compagnons ? Ses frères d'armes ? Déjà tous morts ? Enfuis ?

Le mot qu'elle avait tu, mis sous le boisseau pendant les jours précédents, envahit son esprit, brouilla sa vision, dansa en lettres rouges devant ses yeux aveugles. « Cannibalisme ».

Elle éprouva une terreur innommable.

Elle eut conscience que des hommes arrivaient, qu'ils cernaient le piège dans lequel elle se débattait. Qu'ils riaient. Puis elle fut balancée au bout de son filet, rossée, frappée comme une *piñata*, longtemps, longtemps, et, son cerveau refusant plus longtemps la folie et la douleur, elle sombra dans l'inconscience.

Elle revint à elle, allongée dans une cage.
La nuit était tombée. Où était-elle ?
Assez loin derrière la silhouette sombre de plusieurs cahutes aux toits pointus, on distinguait deux grands feux clairs et des ombres. Tout autour, l'obscurité.

Elle avait cru entendre des cris terrifiés, comme des appels dans la nuit. Ils l'avaient sortie de l'inconscience.

D'où venaient-ils ?

Elle bougea, la cage se balança sans bruit. Elle était suspendue à trois mètres du sol. Dans le noir, essayant de rétablir un équilibre, Allis tâtonna. Les barreaux étaient un treillage de branches épaisses comme le poignet, étroitement quadrillé, au travers duquel elle pouvait passer un bras. Elle se mit à quatre pattes, stabilisa la cage, chercha autour d'elle et s'aperçut à cette occasion qu'elle était presque nue. On lui avait ôté son uniforme. Elle ne portait plus que sa culotte de coton et un maillot de corps, blanc, dont elle ne se souvenait plus si c'était celui qu'elle avait sur elle la nuit du massacre.

Qu'avaient-ils fait d'elle pendant son inconscience ?

Combien de temps avait-elle duré ?

Une journée ? Une semaine ?

*

* *

Avec hésitation, lentement, prudemment parce que sa tête résonnait comme un gong à chaque geste, elle tenta de se redresser. La cage se balança. De toute façon, Allis ne se tenait debout qu'en courbant la tête. La cage avait un mètre cinquante de hauteur tout au plus.

Elle se rassit, puis, à quatre pattes, elle fit le tour de sa geôle, deux mètres, deux mètres cinquante de côté. Dans un coin, elle trouva un récipient hermétique constitué par la cosse creusée et refermée d'un fruit inconnu d'elle.

Eau pure. On l'avait sans doute laissée à son intention.

Sa gorge était sèche, cartonnée. Elle n'hésita qu'une seconde, but avidement, garda un peu d'eau malgré la soif pour s'asperger les paupières, les tempes, et retrouver ses esprits. Puis, toujours accroupie comme le font les sauvages, elle plissa les yeux à travers les barreaux.

La cage ne tanguait plus, en tout cas pas davantage qu'un bateau au port. Dans l'obscurité qui l'entourait, légèrement mouvante, elle n'apercevait aucun gardien, simplement deux autres cages un peu plus loin, occupées elles aussi. Elle entrouvrit la bouche, faillit appeler, se ravisa et chuchota :

— Hé ho… Quelqu'un ?

Une voix dans la nuit lui intima l'ordre de se taire.

*

* *

Lorsqu'un peu plus tard, les feux montèrent très haut, au camp des braconniers – brasiers immenses dont les flammes léchaient les branches basses de la forêt, images dansantes, ombres, silhouettes gigantesques, tremblantes et noires, déployées en formes hallucinées sur les troncs –, lorsqu'elle entendit monter de nouveaux cris et des chants, et les halètements des tambours, chœur, respiration d'un monstre, elle pensa qu'elle délirait. Mais non. Le sabbat, la fête sauvage, les tambours et les feux reviendraient soir après soir pendant presque toutes les nuits qui suivraient, tunnel écarquillé de merveilles et de cauchemars.

*

* *

Aux premières lueurs du jour suivant, dans la brume dont elle émergeait, elle découvrit qu'elle portait des bleus, des estafilades sur tout son corps rompu et douloureux, conséquences de la longue nuit de fuite et du tabassage en règle… À travers la migraine, battement de son crâne, elle peinait à avoir les idées claires. Elle toucha le sang qui croûtait sous son nez, essaya de se rendre compte si ses oreilles avaient saigné elles aussi. Traumatisme crânien ?

Un peu plus tard, tandis que le jour se précisait, elle découvrit qu'ils étaient une vingtaine, dans vingt cages suspendues, semblables à la sienne, à l'écart de l'immense camp des braconniers dont elle voyait les toits et sous l'aplomb de quatre grands arbres à pain, comme des arbres à pendus. Chacune des geôles était installée à une dizaine de mètres des autres. Quand l'un des prisonniers essayait de héler un compagnon d'infortune, un gardien surgissait de nulle part.

On la fit descendre au cours de la matinée, dans un grincement de poulie. On ouvrit la cage, on lui donna une écuelle, brouet clair dans lequel surnageaient quelques morceaux de viande, forte et faisandée.

— Mange ! Vite !

En dépit de sa répugnance, Allis se jeta dessus voracement, mangea avec les doigts, but la soupe grasse.

Son ventre se récria. (Mais dès le repas suivant, les haut-le-cœur cesseraient.)

Ensuite, on la remonta, pendant qu'on en descendait d'autres.

Dans chacune des cages, c'étaient apparemment des commandos – les malheureux qui, comme elle, n'avaient pas eu droit au cadeau d'une mort rapide. Les avait-on fabriquées pour eux, ces cages ?

Avaient-elles été déjà utilisées en d'autres circonstances ?

Et dans ce cas, qu'étaient devenus les précédents prisonniers ?

*
* *

Elle apprit dans la soirée qu'ils venaient en chercher deux quotidiennement, à la nuit tombante.

Cela commençait par le bruit de la poulie. Celui qui comprenait que son heure était venue suppliait, demandait pardon, implorait, sanglotait.

Tous les autres détenus lançaient des encouragements aux malheureux.

Étaient-ce des cris semblables qui l'avaient tirée de l'inconscience, la veille ?

Le troisième soir, quand ils emmenèrent deux garçons, elle reconnut la voix de Pierre – il cria son prénom, son nom, sa ville, son bataillon, à l'intention d'Allis peut-être, à l'intention de n'importe qui, pour que quelqu'un sache et puisse prévenir... Si quelqu'un en réchappait...

On ne savait pas ensuite ce qu'il advenait d'eux. Une fois qu'ils avaient disparu derrière la barrière d'ombres noires et mouvante, et les silhouettes des cabanes, dans le vacarme, la musique, les cris, les chants autour des brasiers, il était impossible de savoir si les hurlements qu'on croyait distinguer étaient ceux d'une des victimes, immolée, dévorée vivante, ou les hurlements de joie féroce, de rires, d'ivrognerie, de ceux qui célébraient le sabbat.

« Cannibalisme », dansant et ressassé.

Quelle était leur place, le rôle qu'on leur avait attribué dans les célébrations de victoire ? Les *mangeait*-on ? Vraiment ? Et pourquoi les nourrissait-on, les maintenait-on en vie, pourquoi ne prélevait-on qu'un ou deux prisonniers par soir, sinon ? Pourquoi leurs gardiens emportaient-ils d'abord les « mâles » – que comptaient-ils faire des « femelles », ensuite ?

Jamais aucun de ceux qu'on emporta ne revint à l'aube.

Dans sa geôle balançoire, Allis grelottait. Fièvre ? Conséquence des coups ? Elle revoyait parfois le visage de ses parents, du Moine ; de Cheyenne, Matt, Moses ; tous ceux qu'elle avait voulu laisser derrière elle, mentors, amie, amants – pour quelle ambition ?

Des hommes, des femmes, des enfants passaient du côté des châtaigniers, au cours de la journée, les regardaient de loin dans leurs cages. Les visiteurs étaient vêtus comme des sauvages, de cuirs, de peaux, de laines. Les enfants s'amusaient à agacer les détenus, essayaient de leur jeter des bogues de l'hiver précédent. Parfois, les gardiens les laissaient faire, d'autres fois, ils les chassaient comme une volée de moineaux.

*

* *

Progressivement, à moins qu'elle ait perdu la raison, leur situation évoqua à Allis un souvenir : les cages des molosses d'attaque dans le garage de Montpellier. Dans un semi-délire, l'idée lui vint qu'on organisait des combats entre eux. Des combats d'hommes, ou de femmes, comme il y en avait de chiens. Dans une arène. Sous les cris de bêtes.

Qu'arriverait-il quand leurs geôliers seraient venus à bout des hommes ? Qu'ils en viendraient aux femmes ?

Elle faisait ses besoins dans un coin de sa cage, comme un animal, en attendant la nuit de préférence.

Au bout de trois jours, elle n'eut plus l'énergie d'essayer de se lever, de faire des mouvements et des exercices, dans sa cage. Elle n'était qu'engourdissement, courbatures.

La pluie commença de tomber le huitième matin, ou le neuvième peut-être. Une pluie d'été, d'orage, qui ruisselait interminablement, filtrée par les frondaisons, rebondissait d'une branche à l'autre, dégouttait sur eux. Elle grêla leurs crânes, leurs cheveux, leurs corps transis, à travers les barreaux de leurs cages offertes aux quatre vents. Allis, trempée, eut la vision nette qu'elle allait moisir sous cette pluie, dans cette cage, se couvrir de mousses, de lichens, de champignons, et finalement pourrir sur pied comme une souche. Mais la pluie réveilla sa volonté.

Il n'y eut pas de feux, pas de banquets, de cris ni de sacrifices, de prisonniers arrachés, ce soir-là.

Elle profita des ténèbres pour se dévêtir entièrement et pour laver sous l'eau de pluie ses sous-vêtements crasseux, qu'elle frotta avec l'énergie du désespoir.

Pendant qu'elle était nue, ainsi, ruisselante de pluie, se balançant mollement, sa culotte et son T-shirt dans les mains, deux éclairs frappèrent le ciel, si violents que leurs lueurs éclairèrent tout d'un blanc impitoyable : le sous-bois, autour d'elle ; les autres prisonniers dans leurs cages ; les silhouettes des deux gardiens qui fumaient à l'abri d'une guérite.

Et c'est dans cette lumière qu'elle vit le garçon brun, assis au pied d'un arbre. À une vingtaine de mètres.

Immobile, sous la pluie, il la regardait.

Incendie

Adam lui dirait plus tard que quelque chose s'était ouvert dans son esprit. Les souvenirs, une avalanche, la somme de tous les souvenirs.

*

* *

Il avait pris part à la défense du camp avec les autres chasseurs. Il avait tiré depuis des arbres sur des soldats vêtus de noir, les avaient vus tomber sous leur feu roulant, sans états d'âme parce qu'il était d'un camp et qu'ils étaient de l'autre. En avait-il tué ? Peut-être. À cette distance, ils étaient du gibier, des adversaires armés, des ennemis.

Ce ne fut qu'ensuite, le premier soir de la victoire, qu'il se souvint, quand il vit ce que ses « amis » faisaient aux prisonniers, aux filles, et à ceux qu'ils tuèrent tout de suite.

Alors, les images du hameau attaqué par les braconniers lui revinrent. Onze ans plus tôt. Des flashes :

les visages, les rires, le massacre – des femmes qui hurlaient, des hommes qui tombaient à genoux, des humbles morts – *chez lui, chez eux* – des enfants, ses amis – des rires, des rires de meurtres – sa mère l'enfermant dans la maison, se postant devant la porte comme une gardienne, un ultime rempart…

Toutes ces images occultées revinrent d'un coup et le terrassèrent.

Il passa la semaine suivante en proie aux fièvres. Hors de lui-même.

Chancelant, il erra dans la forêt. Il ne se souviendrait après coup que d'une chose : il vomissait. Beaucoup. Tout ce qu'il avait mangé à leurs côtés depuis trente saisons, toute cette chair faisandée, digérée, qui l'avait assimilé à eux, l'avait constitué comme chasseur.

Les images, à le rendre fou, déferlaient sur lui, dans son crâne, derrière ses yeux. Le mettaient à genoux.

Nul homme au campement ne remarqua qu'il manquait.

Pourquoi décida-t-il de la sauver, elle ? Allis ? Ils ne le surent jamais. Tout ce qu'il put lui dire, plus tard, fut : « Je t'ai vue, sous l'orage. »

*

* *

Le lendemain de l'orage, au crépuscule, ceux du camp firent descendre les cages de deux filles. Allis entendit leurs cris. C'était leur tour.

Une heure après (la nuit était tombée entièrement), elle entendit un choc mat, comme un corps tombe lourdement sur le sol. Elle sentit l'instant d'après que sa cage se balançait, entendit le couinement de la poulie, comprit qu'elle descendait.

— Tais-toi ! lui intima une voix depuis le sol.

La descente s'interrompit puis la cage tomba, d'un mètre, se stabilisa de nouveau.

La panique était montée comme une drogue dans son sang, elle accélérait son pouls, voilait ses yeux.

Ensuite, quelqu'un dut couper la corde : Allis se retrouva brutalement sur le sol, au prix d'une chute. Elle se frotta le crâne, tâtonna. La cage ne s'était pas brisée.

Elle releva les yeux. Le garçon qu'elle avait vu dans l'éclair la veille – peau bleue dans la nuit noire – était là, juste derrière le treillage. Il avait un fusil en bandoulière, un couteau de chasse. Il ouvrit un pan de la cage, lui lança un tas de chiffons.

— C'est tes vêtements. Habille-toi.

Elle passa son pantalon, laissa la veste. Elle titubait comme un marin revient à terre.

— Viens. On s'en va. Pas un bruit.

Ils passèrent à côté d'un des deux gardiens qu'Adam avait égorgés, coururent vers le couvert.

Derrière eux, deux prisonnières appelèrent depuis leurs cages pour les supplier.

Ce fut ce qui déclencha l'alarme.

*

* *

Il y eut d'abord des cris, des exclamations.

Des coups de feu claquèrent.

Ils se mirent à courir, s'enfoncèrent dans des taillis, s'écorchèrent, déchirés, giflés par les épines, les buissons. Ils coururent courbés en deux, la bave en bouche.

Allis suivait le mystérieux garçon, son guide, son sauveur.

Vers où ? Pourquoi ?

Parce qu'elle n'aurait su s'orienter toute seule dans cette forêt de conte ?

Qu'elle se serait perdue, égarée, qu'elle serait morte cent fois, aurait frappé dix fois à la porte des ogres ?

Ou parce que déjà, intérieurement, et même depuis la veille, depuis qu'elle l'avait aperçu sous la foudre, elle savait ?

Elle se retrouva hors d'haleine. Sa détention l'avait épuisée, la tête lui tournait, bourdonnait comme au premier soir dans la cage, ses jambes tremblaient.

— Je ne peux plus…

— Alors tais-toi… Viens, glisse-toi là.

Il lui montra un fourré épais, ils rampèrent, se replièrent, devinrent végétaux parmi les végétaux. Ils entendirent des courses, des cris, virent des torches et des lampes. Des bottes passèrent sous leurs yeux écarquillés, dans les deux sens. On les cherchait. À un moment de répit, il chuchota :

— Il faut qu'on profite de la nuit, qu'on s'éloigne.

— Qui es-tu ?

— Je m'appelle Adam. Je suis *l'un d'eux*.

Il évitait son regard. Dans la nuit, elle le trouva honteux, et beau comme le garçon maigre de la ferme mort les yeux ouverts.

— Tu peux courir, de nouveau ?

Ils repartirent. Coururent. Elle, perdue et effrayée, mais lui savait où ils allaient dans les ténèbres.

Ils sautèrent par-dessus des rochers. Contournèrent des clairières. Vers où ?

*

* *

Vers la fin de la nuit, elle crut qu'ils leur avaient échappé. Les cris étaient plus lointains, les lumières, les halos des lampes torches… Deux fois encore, ils s'arrêtèrent pour reprendre leur haleine. Allis trouvait un second souffle, malgré le point qui lui cisaillait les côtes du côté droit. L'endurance du garçon semblait infinie. Elle cracha de la salive. Le sang battait, de façon inquiétante, à ses tempes. Il lui donna de l'eau, essuya le goulot, but à son tour.

— On y va ?

*

* *

Le jour les surprit dans une chênaie, beaucoup plus au nord (mais Allis n'en savait rien). Vus des hauteurs, ils étaient deux silhouettes insignifiantes au milieu d'une immensité verticale de troncs. La forêt était souvent épaisse, presque inextricable, autour d'eux.

Parfois, les sous-bois se clairsemaient. Ils continuaient à courir, mais moins vite, prudemment. Le garçon semblait craindre la lumière. Allis, concentrée sur leur cavale, ne pensait plus – à lui, à la situation, ni à celles qui étaient restées derrière elle dans les cages, ou à ce qui se passerait si les braconniers les reprenaient.

À bout de souffle, ils se mirent à marcher, d'un bon pas. À un moment, un oiseau battit des ailes brutalement, ils sursautèrent. Il s'arrêta et dit :

— Ils sont encore sur nos traces. Peut-être… peut-être devrait-on se cacher jusqu'à la nuit.

— Non, répondit-elle.

Mettre la plus grande distance entre eux et les ogres, le plus vite possible…

— S'ils nous suivent à la trace, ils vont tomber sur nous, ajouta-t-elle.

— Oui. Tu as raison.

Il réfléchit, leva la tête.

— Tu sais évoluer là-haut ? De branche en branche ?

Il lui montra la canopée, à vingt mètres au-dessus d'eux. Elle secoua la tête.

— Jamais fait. Et avec mes vertiges, je risque de…

— OK. Alors on court. Sinon, ils nous rejoindront avant ce soir.

*

* *

La nuit suivante, ils montèrent dans un arbre, pour se rendre compte, virent plusieurs dizaines de petites lueurs, des frontales, des torches qui avançaient dans la forêt sur plusieurs lignes.

— Ils ne lâcheront pas.

— Non, répondit Adam. Ils n'ont pas digéré qu'on les ridiculise. Le chef déteste ça.

Il lui raconterait, plus tard, au fil des mois, l'étrange petite république qui s'était constituée dans les bois, qui avait établi progressivement son corpus, ses lois, ses règles, ses mœurs, une contre-société reculée et coupée du monde. Et comment la violence de leur survie, la brutalité de leurs activités économiques, la rudesse, la faim, la précarité, la marge et l'autarcie avaient progressivement créé un monde de sauvagerie. Il lui dirait qu'il en avait été, lui aussi, sans nuances ni réserve ; comment l'état de nature, qui n'existe pas, la concurrence entre violents, le règne de l'arbitraire, l'exaltation de cette force virile, existentielle, qui soulève des montagnes, la nécessité d'être craints, redoutés, avaient semblé transformer les humains en ce qu'ils sont de pire (à moins qu'ils soient partout ainsi, seulement retenus ailleurs par la peur des polices)… Comment le sentiment d'être assiégés avait fait le reste, comment l'assaut des commandos avait libéré, déchaîné les derniers bas instincts. C'est le cas de la guerre, toujours.

Mais de cannibalisme, point. Aucun rite anthropophage.

Seulement des rumeurs qu'on laissait circuler, tout autour, pour effrayer, parce que la peur cruelle qu'on inspire est le meilleur garant de la puissance qu'on exerce.

*

* *

Ils furent surpris au matin du troisième jour de fuite.

Ils avaient dû dormir quelques heures, la nuit précédente.

Ils virent la clairière, entendirent le silence qui y régnait mais s'y engagèrent malgré tout – lentement, avec hésitation. Ce n'était pas à proprement parler une clairière, on ne voyait pas le ciel, mais la hêtraie formait une sorte d'allée monumentale, assez large, un terrain plus découvert parce que les arbres étaient hauts, les frondaisons moins épaisses ; que la lumière descendait des hauteurs ; que les buissons étaient rares.

Ils ressemblèrent un instant à deux enfants qui pénètrent silencieusement dans une cathédrale végétale.

Soudain, il y eut un cri.

Deux silhouettes armées se redressèrent devant eux, dans les fougères, leur coupant la route.

Adam épaula. Allis se retourna.

Deux, trois, dix autres hommes en armes sortaient de leurs cachettes, en même temps. Ils formaient un cercle autour d'eux. Ils les tenaient en joue.

Adam et Allis comprirent qu'ils allaient mourir. Ils n'avaient pris que très peu de temps pour échanger très peu de mots, mais ça, c'était entendu : s'ils étaient repris, mieux valait mourir que de retourner au camp… Adam avait dit : « Je garderai deux balles, une pour chacun de nous. »

Ils se regardèrent.

Elle baissa les yeux pour lui dire qu'elle avait compris. Il tourna le fusil vers elle. À ce moment précis, une rafale éclata, puis deux, au-dessus de leurs têtes. Une grêle de balles tomba depuis le haut des arbres, de deux ou trois endroits – on arrosait la clairière.

*

* *

Ils se jetèrent au sol, virent une quinzaine de silhouettes tomber l'une après l'autre, devant, derrière eux – dans des cris de surprise puis de terreur, des râles…

Quatre parmi les braconniers tentèrent de s'enfuir. Ils furent tués simplement un peu plus loin.

Quand la fumée se dissipa, ils cherchèrent des yeux vers les cimes des arbres, pour voir qui étaient leurs sauveurs providentiels. Ils ne virent rien, se regardèrent.

Adam prit la main d'Allis, dit :

— Viens !

Et ils se mirent à courir comme si la mort était à leurs trousses.

Ils ne s'arrêtèrent hors d'haleine que devant une bauge, vers le soir : trou de boue argileuse aux flaques sombres, sales, qu'avait piétiné et éventré récemment une famille de sangliers.

Adam savait-il qu'ils allaient tomber dessus ? La cherchait-il ? Il dit à Allis :

— La nuit va tomber. Et on est trop repérables, avec nos peaux, tes cheveux et ton T-shirt blanc.

Sans en dire davantage, il s'agenouilla, se tartina de boue, le torse, les épaules, le dos, puis prit son temps pour s'en enduire méticuleusement le visage. Ensuite, il regarda Allis et, pour la première fois, sourit. Ses dents blanches brillèrent dans le masque.

Elle fit comme lui, à son tour, plus délicatement, à gestes lents. La boue était douce, d'une texture fine, comme la glaise d'un potier. Adam l'aida à en couvrir ses cheveux. Elle souriait en pensant à un soin étrange, une de ces thalassothérapies pour vieilles riches, mais ne songea ni à Lilith, ni à Ève, modelées dans cette terre. Quand Adam frôla la peau de sa nuque puis que sa main s'empara de son dos pour la couvrir d'argile, elle frémit.

Tout en reprenant leur route, Adam raconta à Allis la légende qui courait dans le campement, à propos de trois ermites, peut-être aussi âgés que la forêt elle-même, qui vivaient dans les arbres et tuaient les chasseurs lorsqu'ils s'aventuraient trop loin au nord ou vers la Chute.

On retrouvait parfois des cadavres, désarmés.

Étaient-ce eux, leurs sauveurs ?

Plus tard dans la soirée, intrigués par des cris d'oiseaux, ils tombèrent effectivement sur les restes de deux autres braconniers, criblés de flèches, ceux-là. Ils trouvèrent encore un autre corps, un peu plus loin. En restait-il devant eux, derrière eux, à les pourchasser ?

À partir de ce moment, Adam parla davantage. Il cueillait dans leur course quelques fruits, quelques tiges (les champignons et les racines qu'il avait emportés au moment de leur fuite étaient épuisés). La nuit, ils étaient aussi sombres que l'obscurité, on distinguait seulement leurs yeux dont on devinait le blanc brillant dans les ténèbres. Allis se disait que, pour être parfaitement invisibles, il faudrait marcher les yeux grand fermés. La boue séchée s'écaillait sur leurs peaux, leurs visages, leurs vêtements, comme une mue de reptile.

Ils marchèrent encore deux jours ainsi, alternant les progressions de jour, de nuit, levant parfois la tête pour tenter – en pure perte – d'apercevoir des silhouettes dans les cimes.

À un moment, Adam montra une direction du doigt, sur sa droite – vers l'est sans doute puisqu'il lui avait dit qu'ils allaient vers le nord.

— Écoute… On entend la Chute… C'est là que vivaient ma mère, mes amis, dans le village. Quand j'étais un enfant innocent.

Allis tendit l'oreille, elle entendit un bruissement d'eau très lointain. Mais ils ne bifurquèrent pas vers cette direction.

*

* *

Le lendemain, ils atteignirent une rivière verte, lumineuse et paisible. Des roseaux, des touffes de quenouilles la festonnaient. Des insectes bourdonnaient, la lumière du soleil, en reflets blancs diffractés, en taches, les obligeait à plisser les yeux. Une libellule d'un bleu de lapis-lazuli fut saisie un instant dans les rayons, elle ressembla à une pure énergie, un photon électrique, avant de disparaître dans des reflets plus sombres. La forêt bruissait, feuilles d'un vert irréel dans cette lumière neuve. Elle redevenait amicale à cet instant, d'une beauté de premier matin. C'était un premier matin.

— Je crois que nous sommes assez loin au nord, dit Adam.

Il se dévêtit, garda son caleçon, descendit prudemment dans le cours d'eau et s'y immergea pour se laver de toute la boue, de la sueur et du sang des journées précédentes. Allis restait sur la berge. Elle regarda le fusil d'assaut qu'il avait appuyé contre un arbre. Il avait déposé son couteau de chasse, une lame large et crantée, sur ses vêtements en tas.

Depuis le début, il n'avait jamais semblé envisager qu'elle cherche à fuir seule de son côté. Elle n'y avait peut-être pas songé elle-même mais l'idée lui en vint.

C'était le moment parfait. Elle n'aurait même pas besoin de le tuer.

Elle hésita, fit deux pas vers le fusil, un armalite AR-15 noir qu'elle aurait pu monter et démonter les yeux fermés. Un chargeur était engagé. Elle le savait. Elle chancela, s'appuya au tronc contre lequel le fusil était posé, ferma les yeux.

Adam sortit de l'eau.

Elle l'entendit.

— Tu ne veux pas te laver ?

— Si, répondit-elle en rouvrant les yeux. Mais toi, éloigne-toi.

Elle lui avait répondu avec un si profond ressentiment qu'elle en fut surprise elle-même.

Il partit dans les taillis, les épaules basses, après avoir ramassé son linge.

Il avait laissé l'arme contre l'arbre.

Elle se dévêtit, entra dans l'eau verte, en éprouva la fraîcheur – elle eut de l'eau jusqu'à mi-cuisses, puis aux hanches, aux épaules… La rivière était plus profonde qu'il n'y paraissait. Elle s'y immergea tout entière, les yeux ouverts sous l'eau, longtemps, longtemps, jusqu'à laisser des grappes de bulles s'échapper de sa bouche, sentir le manque d'air comprimer sa poitrine – elle allait se dissoudre, disparaître, se noyer, et elle dériverait, algue parmi les algues, les yeux grands ouverts dans cette eau courante, voilés par les fragments de mousses et de vases…

Et puis son corps décida de ne pas mourir.

Cela vint par le talon.

Elle ressortit de l'eau, monta sur la berge, se frictionna avec des branches de fougère aigle ; encore légèrement humide, elle enfila ses affaires sales sur son corps propre, laissant par terre les sous-vêtements. Quand Adam revint une demi-heure plus tard, encore penaud et incertain, elle demanda :

— Où allons-nous ?

Il la regardait avec hésitation, avec crainte peut-être.

— Il y a une grotte, sous un arbre. C'était à une journée et demie de mon village.

Elle le transperça du regard.

— Je l'avais trouvée, avec des amis, quand j'étais enfant, ajouta-t-il. Il y avait comme des inscriptions… très anciennes… préhistoriques. Les souvenirs me reviennent. On… on pourrait s'y cacher…

Elle attendait. Il se tut.

Elle lisait en lui, en eux, comme dans un livre ouvert brutalement, mais dont chaque page serait ensuite tournée avec délicatesse.

Enfin, elle approuva.

— Excuse-moi, pour tout à l'heure… dit-il. Je ne comptais pas en profiter pour…

— Tais-toi.

Ils marchèrent en silence.

Elle allait sur ses pas, regardait son dos.

Ils arrivèrent au hêtre immense (qui ne s'appelait pas encore le Colonel Aureliano Buendia), virent les racines qui formaient des serpents tout autour du tronc, se glissèrent dans la caverne.

Allis eut l'impression que l'obscurité allait les engloutir. Il régnait un noir sans nuances, aussi profond que celui des origines, quand les hommes allaient sans lumières sur la terre. Elle entendait Adam fourrager dans l'obscurité. Il y eut une étincelle, deux : il alluma un feu, à l'aveugle, avec les brindilles, les branchettes qu'il avait ramassées pendant la dernière heure. La torche qu'il fixa au mur jeta sur eux des lueurs plus douces, plus chaudes, plus tremblantes que tout ce qu'elle avait connu.

— Je vais aller nous chercher à manger… Si tu veux je dormirai dehors, je…

— Chut.

Il la regardait. Interdit, immobile. Elle s'approcha de lui, se colla, se frotta contre lui, bassin contre bassin – dégagea brusquement le couteau qu'il portait à la ceinture avant de faire un pas en arrière.

Elle pointait l'arme vers le ventre du garçon.

— Tout à l'heure, je voulais te tuer… J'aurais pu…

— Oui.

Il déglutit, mais il n'avait pas esquissé un geste pour se défendre. Sur son visage, elle lut qu'il accueillerait ce châtiment avec calme, peut-être avec reconnaissance, pour toutes les fautes qu'il avait commises, tous les oublis, toutes les compromissions dont il s'estimait coupable.

— J'aurais pu me tuer, aussi…

Elle retourna l'arme contre elle, lame pointée sur son cœur, si près de la tuer qu'elle l'entama peut-être (une toute petite incision, au niveau de la poitrine, une gouttelette de sang qui perle pour se sentir vivante).

Les murs de pierre, autour d'eux, dans cette caverne qui était le ventre ancien de l'humanité, se couvraient de signes, de gravures, de pigments, art rupestre très ancien peut-être, sur lesquels la flamme lançait des ombres. Ou alors s'agissait-il d'imitations qu'avaient faites des enfants ? Au temps innocent ?

Elle lâcha le couteau qui tomba dans la poussière. Retira son T-shirt en le passant par la tête, puis en secouant ses cheveux blonds,

dans ce geste si simple, en apparence, si rapide,
qui est
le plus beau du monde
quand les femmes le font avec audace,
avec joie,
avec fièvre.

Demi-nue, face à lui, trop maigre et écorchée, côtes apparentes, os du bassin saillant, avec cette poitrine petite mais arrogante, fière, merveilleuse, suspendue par un fil,

le même fil à plomb qui mesurait
la cambrure de son dos ;
nombre d'or ;
la raideur de sa nuque parfaite
et la ligne pure de sa mâchoire, celle de son front,

pures comme le sont la nuit ou la flamme ou la lame effilée d'un couteau, elle était la beauté même. Dépouillée de tout. Enfin.

Elle tendit une main vers Adam.

Il lui donna une main qu'elle posa sur son sein battant.

Il tremblait ; il trembla de la tête aux pieds.

*
*   *

Ils firent l'amour dans cet antre, ce jour-là qui se confondait avec cette nuit-là ; et puis ils le refirent, bien d'autres fois les jours suivants, bien d'autres nuits ; en se promettant des choses qu'ils tinrent, des enfants qu'ils firent et élevèrent, des éternités qu'il était impossible de tenir.

Ils tracèrent sur les murs de la caverne l'histoire de leurs innocences saccagées et de leurs méfaits, des histoires de chasses, de rêves, de courage, de libertés qu'on recouvre ;

ils apprirent le son miraculeux du rire de l'autre en moquant ces dessins maladroits, exécutés de la pulpe des doigts, ou à la pointe du couteau, pour raconter des drames ;

burent les larmes de l'autre ;

accueillirent des pardons, et les accordèrent,

même s'ils n'étaient pas les auteurs du Mal qu'ils pardonnaient ;

et finalement, un jour, des semaines plus tard, ils sortirent de la caverne, pour aller bâtir une cabane, plus au nord.

SOUVENIRS DE LA LUMIÈRE

Après leurs guerres

{Mai 2061. Dans la Grande Forêt}

Au milieu des ruines, alors que le jour va se lever au-dessus de lui, très haut, par-delà la voûte fragile que forme la forêt comme des mains refermées, La Houle est assis.

Il fume. La chute, à deux cents mètres, produit cette rumeur assourdie.

Il a fumé toute la fin de nuit, les paupières closes.

Le village autour de lui est dans l'ombre, mais, avec la lumière naissante, on en distingue davantage que tout à l'heure : murs de soubassement, de pierres sèches, ruinés, qui dessinent encore les plans des maisons ; amas des ardoises qui couvraient autrefois les toits et forment un plancher craquant dans les restes des demeures ; bois calciné, pourri, sur lequel trente ans de bourgeons, de lianes, de branches, de troncs ont prospéré… Cela ressemble à un site archéologique, mais La Houle pourrait s'arrêter devant chaque rectangle, dire qui a dormi ici, qui y a vécu, y a travaillé…

À l'orée du village, à l'opposé de la rivière, là où il s'est assis, il y a une cinquantaine de sépultures.

Autant de noms. Tous les visages des magnifiques jeunes gens qui ont essayé, se sont entêtés, tenaces, n'ont pas lâché leur rêve pour l'ombre.

*

* *

« Un parrain »...

Antigone lui avait demandé ça pour son enfant, en suppliant, le jour du parloir.

Et il avait dit oui finalement.

Il avait joué ce rôle, s'en était acquitté avec bonheur quand il était revenu dans la forêt plus tard : un parrain pendant six ans, qui passait tous les deux jours au hameau caché près des chutes ; qui voyait l'enfant d'Antigone et Xavier grandir et s'élever ; qui pensait qu'il suffisait d'habiter entre l'orée et le village pour les protéger tous, parce que ceux qu'on craignait, c'étaient les flics.

Ils n'avaient pas pensé aux braconniers...

La non-puissance, le refus sans résignation sont un combat acharné, chaque jour.

La Houle n'avait pas pensé, malgré ses lectures, que le monde des reclus et des retranchés pouvait être aussi cruel que celui des puissants – à peine une question d'échelle.

Et il n'était pas là, ce jour-là. Le jour où...

Un parrain pour l'enfant, avant qu'Antigone ne meure dans un village en flammes.

Un parrain jusqu'à ce que les braconniers emportent Adam. Alertés par les fumées, La Houle, Pibe et Berzerk arriveraient trop tard.

Il s'est assis devant les tombes. Il les a creusées avec Pibe et Berzerk.

Ils ont passé trois jours à rassembler les corps, puis à les inhumer, chacun dans son propre lit de terre, cousu dans ses vêtements comme un linceul. Ils ont rhabillé ceux, celles surtout, que les assassins avaient dévêtus. Ils ont planté des croix dans les monticules sur lesquelles ils ont gravé des prénoms, et des patronymes quand ils les connaissaient.

Il pourrait se recueillir mais il ne prie pas.

Il n'a jamais prié. Joan n'a pas eu le temps de lui apprendre.

Assis sur le mur de soubassement de la maison où ont vécu pendant sept ans Antigone et son fils, en face du cimetière, il fume. Cela le tue. Un cancer lui ronge le poumon – ou est-ce la tuberculose ?

(C'est une maladie qui l'essouffle, dont la médecine de la ville l'aurait gardé peut-être – les scanners, la chimiothérapie, la vaccination, les antibiotiques, toutes ces choses bonnes qui vous gardent loin de la mort, et parfois de la vie…)

Six ans. Six ans de bonheur, puis six ans d'absence.

Et six ans après sa disparition, il retrouverait Adam chez les chasseurs. L'enfant serait devenu l'un d'eux : un braconnier.

Il le verrait de haut, de loin (« Comme il ressemble à sa mère ! Même silhouette, même teint pâle… »), et, incrédule, il le suivrait depuis les cimes. Émerveillé. Effaré. (« Que fait-il parmi eux ? Ces tueurs ? ») Qu'aurait-il pu lui dire ?

Il le protégerait de loin. Veillerait sur lui, à son insu.

Pendant cinq ans, depuis les hauteurs, les cimes, comme un bouclier entre lui et le malheur, il le verrait devenir un homme au contact des tueurs.

Il tuerait les compagnons d'Adam, un par un, pour venger le village, prélèverait leurs armes, mais en épargnant son filleul, en lui laissant le temps… La liberté… Attendant l'heure, le jour, pour être là quand il faudrait.

Ensuite, il verrait Adam combattre les commandos POACHERS, avec ses frères d'armes. Il le verrait s'approcher de la cage, dix jours plus tard, dans l'obscurité, et s'enfuir avec celle qu'il avait choisie. Dans la clairière, avec Pibe et Berzerk, ils décimeraient les ennemis.

Tous. Sans exception.

Il suivrait seul les jeunes gens, ayant congédié ses amis. Il penserait qu'ils retournent au village d'Adam. Celui des rêveurs, de sa mère…

Il les verrait entrer dans la caverne…

Plus tard, Berzerk mourrait. Cancer.

Le sourire qu'il aurait au moment de mourir ne serait pas celui qu'il aurait eu si on l'avait laissé crever sur un trottoir. Ce serait le visage d'un homme en paix ; un homme qui aurait été au bout de l'aventure.

Pibe lui fermerait les yeux.

[MÊME DATE, MÊME HEURE –
PLAINE DE GRENOBLE,
UNIVERCITY STENDHAL]

— Eh bien, faites comme ça… Mutez-moi. Et ensuite, allez vous faire foutre, monsieur le préfet !

Hugo Behrs raccrocha, sourit finement comme s'il s'amusait de sa propre colère – peut-être était-elle feinte. Mais il expira tout de même, longtemps, secoua la tête, s'essuya le front. C'était encore la nuit, mais il faisait déjà une chaleur étouffante – et il ne dormait plus depuis si longtemps. La climatisation gouttait, condensation dont on entendait le cliquetis.

Comme à regret, Behrs se leva, alla à la fenêtre.

Le bureau qu'il occupait donnait sur le campus III. Immense baie vitrée, blindée.

Au loin, les contreforts du Vercors allaient s'illuminer, une barre jaune l'annonçait. L'aube. Une écume de nuages surlignait, marée montante, le ciel d'un bleu allant vers le tendre. Des milliers de drones noirs survolaient les toits, les rues, les avenues de l'UniverCity dans leur bourdonnement silencieux, imperceptible ; ils étaient les insectes affolés traquant le pollen de toutes ces vies.

Hugo Behrs ne patrouillait plus, du soir jusqu'à l'aube.

Il avait fini par passer les concours d'OPJ, jouer le rôle écrit pour lui, satisfaire les attentes. Il avait montré de l'ambition, comme il convient. Il était monté en grade, avait trahi ses rêves de maraudes éternelles. Il s'était empâté, usé ; ses traits presque féminins et légèrement hâlés n'évoquaient plus l'adolescence, mais il avait toujours de longs cils délicats, très noirs, des cils de fille.

Behrs sèmblait presque aussi vieux que La Houle. Il ne parvenait plus à oublier, à fermer les yeux.

*

* *

On l'avait finalement nommé commissaire principal de Stendhal, après les émeutes[1] du printemps 2059.

---

1. Les émeutes de 2059 : explosions parfaitement spontanées, parfaitement désespérées, sur la moitié des campus de France, d'Espagne et d'Italie, où les étudiants impuissants et enfermés, cantonnés entre eux, avaient fini par retourner leur colère contre eux-mêmes, incendier leurs propres immeubles, les voitures de leurs condisciples, les restos U, les bibliothèques, les cantines, les postes de secours, les dispensaires où ils mangeaient,

Au cours de ces violences urbaines, une troisième vague en vingt ans, il avait vu des choses déjà vues tant d'autres fois, des scènes terribles, et des merveilles.

Pourquoi en était-il resté frappé, cette fois ?

L'armure qui se fendille ?

Pendant les deux semaines qu'avait duré le siège de la caserne, il était sorti par les parkings souterrains, plusieurs fois. De jour, de nuit. Il avait rôdé dans les rues de l'UniverCity, en solo, en civil, au mépris de toute prudence, juste pour voir et parce qu'il ne supportait pas d'être cantonné quelque part.

Il avait assisté à des scènes sans rime ni raison…

Deux gamins qui se précipitent dans un immeuble de containers en flammes, juste avant qu'il s'effondre – un incendie qu'ils avaient peut-être allumé – pour, au péril de leurs vies, sauver une camarade (l'immeuble était tombé sur eux et sur la fille). Des émeutiers qui se battent entre eux, cinq jeunes gens – trois filles, deux garçons hirsutes – protégeant, contre les autres, un lieutenant à terre, empêchant qu'il soit lynché alors que ce flic essayait l'instant d'avant de les arrêter… Un îlotier en maraude qui percute en reculant un casseur en train d'exploser son pare-brise arrière à la barre de fer, puis qui sort du véhicule, cerné par une foule rageuse, prend le blessé dans les bras, le jette dans sa bagnole… Et qui fonce à travers les émeutiers, direction l'hôpital de campagne…

---

lisaient, travaillaient, se soignaient, vivaient – faute de pouvoir accéder aux villes-centres qu'il aurait fallu brûler…

Le dernier jour, il avait vu deux adolescents, les joues souillées de fumée et de larmes, dans l'avenue XXII. Les révoltés avaient perdu, ils ne pouvaient plus rien espérer… Debout, au milieu de l'avenue, armés de simples frondes, sans chercher à s'abriter, ils lançaient leurs projectiles dérisoires, pierres, boulons, contre les véhicules blindés qui avançaient, inexorables – c'était des graviers contre des transports de troupes, une piqûre d'insecte sur un monstre d'acier – ils allaient se faire passer dessus…

Au milieu du kaléidoscope, il y avait deux images dont les souvenirs le hantaient.

Cette jeune fille aux cheveux longs, dans la cour de la caserne, tranquillement appuyée contre le mur, dans la longue file de ses camarades arrêtés et maussades, à la fin des « combats ». Serrée dans une veste de jean, elle fredonnait doucement, à voix basse, un chant de révolte. On lui avait intimé l'ordre de se taire. Elle n'avait pas obtempéré, avait poursuivi son chant à mi-voix, en regardant son gardien avec insolence. Même quand il lui avait donné un coup de matraque dans les jambes. Même après, quand ils s'y étaient mis à plusieurs, qu'ils l'avaient frappée dans le ventre, dans les côtes, au visage. Même alors que sa bouche saignait… Elle n'avait cessé de chanter que lorsque les coups l'avaient laissée évanouie, sur le sol.

Et Behrs se rappelait également ce môme qui était monté sur le mur d'enceinte à moitié incendié de la caserne : en équilibre, il avait parcouru une trentaine de mètres, funambule, à douze mètres du sol, pour aller tracer son graffiti rageur, parfaitement inutile, inoffensif, sur l'un des miradors. Après les premiers tirs à balles de caoutchouc, il s'était rétabli, avait ajouté encore trois lettres sur le mur, avant la deuxième salve, à balles réelles cette fois.

Il s'était écrasé douze mètres plus bas. Le graffiti, inachevé, disait : « La police est l'ennemie jurée de… »

De quoi ? De qui ? D'elle-même ?

Depuis son bureau, Hugo voyait distinctement l'endroit où on avait repeint, en blanc, les mots écrits au marqueur noir.

Ces scènes-là, des actes, des élans, il en voyait depuis toujours, s'il y réfléchissait. Mais plus il vieillissait, et plus ces scènes s'imprimaient en lui.

L'être humain était parfois un ami. Un amoureux. Un fou. Un juste. Maladroit parfois, souvent plein d'illusions, mais espérant. Entêté. Splendide. Candidat au sacrifice.

C'était comme ce village de campeurs, dans le Vercors voisin, qu'on avait détruit quatre fois, et que les campeurs avaient rebâti quatre fois…

La violence, cette sauvagerie désespérante, cet appétit de prendre qui caractérisait son espèce, parmi toutes les autres, le torrent de boues, de merde, de sang et de techniques dans lequel ils pataugeaient n'étaient pas l'ensemble du tableau ; d'autres choses les contrebalançaient : la fraternité, jusqu'à l'absurde, le sens de l'injustice, le goût des autres. L'amour de la Beauté.

« La police est l'ennemie jurée de… »

D'elle-même ? De toi-même ?

*

* *

Commissaire…

Flic. Rouage de l'ordre.

On comptait sur Behrs pour maintenir l'ordre, violer des intimités, des consciences. Forcer des pensées, des rêves, des intentions de sabotage, des complots.

Mais vingt ans après, il n'aimait toujours pas le viol.

Alors, depuis quatre semaines exactement, le commissaire refusait de faire ce qu'on attendait de lui.

Le mois précédent, les NRG[1] avaient enlevé et « fait parler » deux étudiants en droit, membres d'un supposé « Comité clandestin révolutionnaire » – une centaine de gamins sur Stendhal, un embryon, qui s'imaginaient fomenter un futur Grand Soir… Des imbéciles, sans doute, des gamins pleins de prétentions, parfaitement naïfs, dont les tentatives serviraient à justifier les prochaines moutures des lois sécuritaires. Mais on n'avait pas le droit pour autant de les enlever, ni de les torturer, sans jugement. En tout cas pas dans la circonscription du commissaire Hugo Behrs.

1. Nouveaux Renseignements Généraux, organe de police et de gendarmerie créé en 2045 pour coordonner la lutte contre le terrorisme et les violences urbaines, loi de sécurité XIX-2.

Il avait, de son propre chef, ouvert une enquête.

Ses flics accumulaient des preuves contre les NRG, à propos de ce rapt avec actes de barbarie.

Un juge d'instruction le suivait, soutenait son initiative, communiquait.

La presse s'en était emparée. Ça faisait beaucoup de bruit. Trop, aux yeux du ministre.

Une troisième fois, il venait de confirmer au préfet qu'il irait au bout de l'enquête.

Qu'on ne laverait pas le linge sale en famille, cette fois-ci.

Qu'on n'était pas une famille.

Dans deux jours, ou dans dix, ou dans trois mois, Hugo Behrs serait muté, il le savait. Peut-être trouverait-il enfin la force de démissionner, remplir quatre jerricans à la pompe de la caserne, les ranger dans le coffre de sa vieille bagnole, son antiquité, et de tailler la route, vers le sud, les routes d'Italie qui s'écaillent ?

Peut-être…

L'enquête, elle, serait délocalisée, enterrée.

Un nouveau juge d'instruction se montrerait plus coopératif : les mômes qui s'organisaient secrètement, pour espérer d'autres vies sous les mêmes cieux, finiraient emprisonnés, jugés, condamnés, dispersés – lois antiterroristes… Ils s'y prenaient mal, échoueraient, parce qu'on échoue toujours.

Mais ils avaient raison. Spartacus a raison. On ne peut pas continuer toute sa vie en esclave.

Au même moment, dans la forêt, La Houle se souvient encore.

Quand les « êtres humains » sont arrivés, fuyant l'UniverCity Montaigne, quand ils ont repris les granges et recréé un hameau, il a cru d'abord reconnaître des rêves anciens. Il a vu cependant que ça n'avait rien à voir. C'était plus marginal, moins doux et subversif, presque misérable…

Quand l'armée est entrée dans la Réserve, un an après l'échec des commandos, pour mettre en pièces les « cannibales », disperser leur camp, et massacrer ceux qui résistaient, il a observé de loin…

Deux ennemis qui se déchirent.

Les petits groupes de trafiquants étaient revenus dans le sud de la forêt, plus tard – des bandes de braconniers aux ambitions modestes, chasseurs vivant sur la bête, sans oser grossir comme l'avaient fait les précédents… Les « campagnes d'été » des POACHERS les harcelaient…

Mais La Houle ne pense ni aux uns ni aux autres.

Tout ça est sans importance.

Il ne pense pas non plus à tout ce qu'on omet dans ce livre.

Ce que sont devenus les campus des UniverCities, les souvenirs d'Hugo Behrs, les révoltes et les violences de 2059, les flambées de colère et d'impuissance.

La servitude des villes-centres et leurs consentements.

L'horreur de la technique. La mort.

Il ne sait pas ce qui s'accomplit dans les villages, ailleurs. Les hameaux franco-italiens d'Erri et de Nicola et de Chiara, dans les Hautes-Alpes, leur république. Il n'a plus rencontré personne, aucun « campeur », depuis la fin du hameau dans la forêt.

Il faudrait raconter cela, pourtant, ces villages heureux, ces utopies réussies, mais La Houle les néglige. Cela ne compte pas dans son paysage. La seule question qui vaille, il l'a posée à Antigone, autrefois, et elle y a répondu.

*

* *

« *Et si le monde ne pouvait pas changer*, lit-il, *précisément parce que nous prétendons vouloir le changer tout entier ? Parce que nous prétendons en tenir tous les fils, régir le chaos, le hasard, les passions, la nature, l'accident (…) comme si nous étions Dieu lui-même*[1]*…* »

1. *Do Not Count on Us*, Thomas F., *op. cit.*, p. 129.

*

* *

Il rumine cette confidence que lui avait faite Antigone, des années après l'assassinat de Xavier, un de ces soirs où le doute s'insinue, où les convictions tremblent :

« Je sais qu'il aurait accompli tout ce qu'on a fait, même en connaissant la fin. Moi, je ne sais pas. Mais lui, j'en suis certaine. »

*

* *

La Houle non plus ne regrette pas les années passées à attendre. Il les a dépensées à sa façon. Loin, très loin des rêves de non-violence de Thomas F., de Xavier, d'Antigone, de tous ces « campeurs ». Les armes à la main, de branche en branche.

Il a été violent contre les violents.

Sans doute cette violence en appelait-elle une autre en retour.

Peut-être en paye-t-on la dette, aujourd'hui.

Mais il ne sait pas faire autrement.

Il respire ce soleil. Il se sent respirer. Il lit.

Il faudra qu'il détruise leur stock d'armes, avant son décès, songe-t-il. Il faudra léguer ses livres aux petits-enfants d'Antigone, puisque Pibe ne sait pas les lire.

Il faut les sauver, eux.

Il s'appuie sur son arme pour se lever, allume une cigarette, tousse.

S'ils sont très rapides, les braconniers peuvent arriver ce soir. Il faut se préparer à les recevoir.

Et si ce sont Adam et sa compagne qui arrivent les premiers, avec Pibe, il faudra aussi les accueillir, autrement : s'expliquer, se reconnaître.

— Je ne regrette rien… répète-t-il, à voix haute

Comme s'il se débattait dans un débat intérieur. Comme s'il répondait à quelqu'un.

— … mais il faut que pour ceux-là, ça se termine bien.

TROISIÈME JOUR

24.

[Mai 2061 –
Le même matin, à la même heure,
dans la même forêt,
mais à un jour de marche]

L'enfant bat des paupières, ouvre les yeux sur le monde. Les oiseaux l'ont-ils réveillée ?

Le jour n'est encore qu'une rumeur, un on-dit, mais un pouillot l'annonce, se répète et s'obstine. Une grive musicienne finit par lui répondre. Tout dort pour le reste au-dessus et autour d'elle. Le feu s'est presque éteint. L'homme qui tient le tour de garde somnole.

Judith lui tourne le dos, elle ne le voit pas.

À cinquante centimètres d'elle, sous ses yeux, Montana est assoupie. Les reliefs que dessinent les vertèbres sur le haut de son dos et sa nuque, dénudés par le T-shirt à fines bretelles, ressemble à des implants corporels. Judith contemple cette peau puis, fascinée, détaille l'épaule de sa sœur : comme une lèpre, l'hématome s'est étendu sur l'omoplate.

Il faudrait y déposer un cataplasme avant de l'emprisonner dans une attelle…

La fillette songe à sa mère, à son père – ils feraient ça, bien sûr.

Elle prend conscience du bras de Dan qu'il a replié au-dessus d'elle dans son sommeil, sans la toucher, comme un encorbellement. Elle sent la respiration de son aîné, un souffle tiède dans ses cheveux. Elle récite :

« *Il te couvre et te protège. Tu trouves sous son aile un refuge.* »

Et :

« *Qu'il en tombe mille à tes côtés,*
qu'il en tombe dix mille à ta droite,
toi, tu restes hors d'atteinte[1]. »

Elle bat des cils, trois fois. C'est à croire qu'elle va pleurer. C'est un jour, un jour nouveau, un jour de plus entre leurs griffes.

*

Plus tard, les hommes de proie se lèvent lourdement ; ils font chauffer l'ersatz qui leur tient lieu de café, mangent du pain et quelques tranches froides du ragot. En dépit de l'ombre que pose la forêt sur le bivouac, la journée s'annonce chaude. L'air est épais.

*

1. Psaume 90.

Montana s'éveille, il lui semble quelques instants que son épaule est moins douloureuse, comme prise dans une gangue d'ankylose ; mais un geste qu'elle fait pour se redresser et c'est l'élancement, de nouveau.

Elle ferme les yeux.

Une flèche…

Tout tourne autour d'elle.

Elle respire, longuement, profondément, va s'asseoir près du feu avec son frère et sa sœur.

« Ça va ? » s'inquiète Dan du regard. Elle cligne simplement des yeux, détourne la tête. Elle lui en veut de vouloir faire le héros et de prétendre la protéger ; elle lui en voudrait davantage de ne pas le faire.

La nourriture lui fait du bien. Cette bouillie que font le pain et le café au fond de son estomac calme la nausée que la douleur a éveillée.

Elle remarque des changements discrets dans l'atmosphère du bivouac. Hier soir, déjà, les braconniers ne semblaient plus leur prêter tant d'attention. Et ce matin, ils ne les humilient pas, n'affament pas Dan. Ils les traitent comme des prisonniers qu'il faut préserver. Sans égards ni sympathie, mais comme on ménage une monture, par exemple.

Montana devine qu'ils pensent à autre chose. Un péril les préoccupe, les inquiète…

Leur chef, le grand barbu, Walter, discute avec deux de ses hommes à distance avant de les envoyer prendre leur poste à l'arrière-garde. Chacun des deux types a un fusil aujourd'hui ; hier, ils n'avaient qu'une seule arme à feu pour deux. Ont-ils des raisons de penser que quelqu'un est sur leurs traces ?

Montana jette un coup d'œil sur sa droite, voit que Dan regarde lui aussi le trio qui palabre à voix basse. Sans tourner la tête vers lui, elle caresse les cheveux de Judith et murmure :

— Tu crois que ce sont les parents ?

Dan répond, entre ses dents :

— Je ne sais pas. Mais il se passe quelque chose.

Judith a tressailli. Montana sent une menotte se glisser dans sa main gauche. Elle la serre.

Les braconniers ne prêtent pas attention à eux, ils ont l'air ailleurs vraiment, ils ne les ont pas entendus.

Quelques instants plus tard, Walter revient vers le feu.

— Levez-vous… on y va.

25.

Avec désormais moins d'une demi-journée de marche de retard sur les enfants (même s'il l'ignorait encore), Adam progressait rapidement et silencieusement sur leur piste. Il avait repris la poursuite avant l'aube.

Entre deux galops, il marchait. Corniaud s'impatientait alors, prenait de l'avance puis revenait à lui.

La rage n'aveuglait plus Adam comme elle avait failli le faire au cours de la nuit précédente. Tous les sens en éveil, comme un bouquet sous la peau énervée, il semblait effrayant de détermination et de patience, tout entier disponible à la forêt, ses indices, ses signaux, ses fausses pistes.

Il comptait sur Corniaud pour l'avertir avant de tomber sur eux.

Une fois où leur chemin retrouvait le cours d'eau, il déterra le rhizome d'une quenouille, qu'il mâcha pour tromper sa faim. Le creux dans son ventre était cependant peut-être insondable, crevasse située à l'estomac, près de la vésicule biliaire, là où se logent les angoisses mortelles et que rien ne pourrait combler avant qu'il retrouve ses enfants.

Tout en progressant, il anticipait déjà ce moment où il les verrait, et ce qu'il faudrait faire.

Dans ses pensées, étonnamment lucides et claires en dépit de son manque de sommeil, il échafaudait son plan : l'idée était de veiller sur eux de loin, sans doute depuis les arbres. Sans qu'ils le voient, ni eux, ni leurs ravisseurs.

Par sa seule présence, même distante, il s'imaginait pouvoir empêcher que des actes violents et hideux surviennent. Illusion de toute-puissance, illusion de père.

Peut-être n'était-il pas si lucide, au fond…

Mais il lui fallait croire que cela tiendrait ainsi, sur un fil, jusqu'à ce qu'Allis le rejoigne avec un fusil.

Alors, avec une arme de guerre et sa compagne à ses côtés, ils libéreraient les enfants, et probablement ils tueraient tous les braconniers.

*

Deux fois, au cours de la matinée, il eut la certitude précise d'entendre des voix humaines, celles d'une femme ou d'un enfant. C'est que la forêt imite souvent ceux qui l'habitent : elle paraît parfois lancer des cris articulés dans le bris d'une branche, le caquètement d'un oiseau, le ruissellement d'une source. Adam connaissait ces mirages, mais les deux fois, il s'arrêta tout de même, attendit longtemps, tapi. La piste que laissaient les braconniers, avec leurs trois prisonniers, était facile, évidente… Maintenant, il songeait qu'il aurait fallu renvoyer le chien, moins silencieux que lui. Mais ils étaient bien trop loin de la cabane, ils s'étaient trop enfoncés vers le sud…

Il tomba avant midi sur le feu que les ravisseurs avaient fait dans la clairière la veille. Il restait quelques braises à peine refroidies sous la cendre.

Ils n'étaient plus très loin.

Il fit rapidement le tour de la clairière pour découvrir des choses sur eux – l'ennemi. Ils avaient versé le sang – une très grande quantité de sang – sous l'un des arbres et tout son corps se crispa, sa tension ne se relâcha que lorsque Corniaud eut trouvé les restes du sanglier – tripes et gras – un peu plus loin. Pour le reste, Adam n'apprit pas grand-chose : les hommes étaient toujours six, sept ou huit (il faudrait déterminer leur nombre avec plus de précision dès qu'il les rejoindrait), et Dan, Judith et Montana semblaient toujours en état de marcher.

Les enfants avaient laissé leurs empreintes dans la terre, sous un frêne, un peu à l'écart, où l'un d'entre eux au moins avait fait ses besoins. Si les « cannibales » leur accordaient cette intimité, en ce genre de circonstances, cela signifiait peut-être qu'ils n'avaient pas… encore…

N'y pense pas.

Il est inutile de savoir ce que l'ennemi leur a fait.

La seule chose qui compte est de savoir ce que tu peux faire.

*

Et puis, trois heures plus tard, il tomba sur eux plus tôt qu'il ne l'avait prévu – et littéralement par surprise.

Il tomba sur eux à un moment où, exceptionnellement, Corniaud marchait sur ses talons, mais même dans le cas contraire, le chien n'aurait pu l'avertir : ils étaient contre le vent, un vent discret, indétectable, comme toujours dans la forêt.

Il faillit donc se jeter dans leurs bras. Il s'en fallut d'un rien, du mouvement un peu brusque de l'un d'eux sous la futaie, qui le signala.

Sans une seconde d'hésitation, Adam se jeta derrière un tronc puis grimpa dans l'arbre en quelques gestes presque réflexes. Il atteignit une branche, à six mètres de hauteur. Invisible. Prêt à fuir. Capable de les voir, mieux qu'eux.

Corniaud leva la truffe vers son maître, surpris.

Adam distinguait les hommes : ils étaient deux, vêtus de sombre, de la couleur de la forêt. Ils s'étaient assis. Faisaient-ils une halte ? Formaient-ils une base arrière ? Attendaient-ils quelqu'un ?

Ils avaient des fusils puissants. Le reste de la troupe s'était-il installé dans la clairière dont on devinait l'existence par le simple jeu des lumières, à une centaine de mètres ? Savaient-ils qu'Adam les pistait ?

*

Corniaud ne les avait pas vus.

Il gémissait, au pied de l'arbre, malheureux d'être abandonné.

— Tais-toi… Va-t'en, bon chien… Tais-toi… murmura Adam.

Le chien allait le faire repérer. Il fallait s'éloigner avant que…

26.

[Quelques instants plus tôt]

Depuis qu'ils ont surpris le conciliabule entre Walter et ses hommes d'arrière-garde, ce matin, Montana pense à ses parents. Sont-ils déjà tout proches ? Les braconniers les ont-ils repérés ? Elle devrait s'en inquiéter, mais même cette hypothèse lui semble une bonne nouvelle. Parce que, au fond, elle garde cette foi aveugle, enfantine : « Si les parents sont là, il ne peut plus rien nous arriver. »

*

Ils ont fait halte bien plus tôt que la veille, songe Dan. Apparemment, tout ce qu'espéraient leurs ravisseurs, c'était une clairière très large…

Dan les observe plus attentivement encore depuis ce matin, et maintenant, il en est presque sûr : ce ne sont pas leurs parents ou d'éventuels poursuivants du Hameau que les braconniers craignent. Ils se sont tus pendant qu'ils marchaient, tendus, comme en territoire hostile. De temps en temps, Dan a surpris leurs regards vers les branches maîtresses, comme s'il fallait empêcher un ennemi d'occuper une position privilégiée.

C'est depuis les hauteurs qu'ils redoutent quelque chose…

Sont-ils entrés sur le territoire d'une bande arboricole ?

Dan repense aux histoires que raconte son père. Des clans, dans la forêt… Des familles, des alliances, des bandes qui s'évitent. Les « cannibales » ont détruit autrefois le village de leur grand-mère… Ceux du hameau des « êtres humains » redoutent des pillards…

Dan connaît aussi l'histoire des « trois ermites ». Deux ou trois hommes armés qui vont dans les arbres, au sud de leur territoire, et qui restent à l'écart. « Ils ne nous veulent aucun mal, mais aucun bien, non plus, leur a dit leur mère. Ils n'ont jamais cherché à se faire connaître. Je ne pense pas qu'ils le souhaitent. Et ils sont armés, comme les autres. »

Sont-ils les ennemis que les braconniers guettent ?

Des alliés, en ces circonstances ?

Ennemis de nos ennemis ?

Ne compte que sur toi-même.

Trouve des solutions.

N'attends rien des autres.

Les braconniers ont laissé une arrière-garde, comme la veille et l'avant-veille. Un homme est également monté dans un chêne avec un des quatre fusils d'assaut, pour prendre un tour de guet – c'est l'un des deux plus jeunes.

Trois autres se sont éloignés vers l'ouest afin de chasser le dîner. Ils ont emporté le dernier fusil.

Dans le campement, à terre, il ne reste pour l'heure que le chef, Walter, armé d'un pistolet, et l'autre jeune type, un blond, qui a préparé le pemmican la veille et semble systématiquement cantonné aux corvées.

Walter a glissé son arme dans sa ceinture. Il s'occupe du feu.

Peut-on en profiter ?

Autour d'eux, la forêt muette pourrait être une alliée – ses branches basses dissimuleraient très vite des fuyards derrière son rideau – mais celui qui est en poste en haut de l'arbre aurait encore trop longtemps les fugitifs dans sa ligne de mire – et puis, ils seraient obligés de courir d'abord vers le sud…

Au nord il y a l'arrière-garde, à l'ouest les chasseurs…

Sur un territoire hostile, inconnu, obligés de faire un immense détour, traqués par plusieurs groupes armés, entravés comme ils le sont… Avec Montana dont l'épaule est en vrac, pieds nus, et Judith qui les retarderait, combien de chances se donne-t-il ? Une sur dix ? Sur cent ?

27.

L'un des hommes pousse un cri alors qu'Adam les a déjà dépassés dans les branches, progressant vers la clairière par leur gauche.

Il se retourne, voit Corniaud courir vers les braconniers à travers le sous-bois.

Que fait-il ? A-t-il flairé les enfants ? L'ennemi ?

Il aboie, une fois.

C'est un chien de chasse, pas un molosse…

Adam entend le coup de feu, ferme les yeux un instant. Tapi sur sa branche, comme un félin, la bouche crispée en un rictus cruel, il observe la suite.

28.

Un cri, une sorte d'aboiement, et puis soudain, un coup de feu. La détonation fait un bruit de tonnerre – des oiseaux s'envolent, tous les arbres semblent trembler. Quelques feuilles tombent.

Ce n'est pas un sanglier, cette fois, songe Dan.

Ils n'auraient pas tiré, sûrement pas.

*

Montana et Judith se sont redressées, elles aussi : serrées l'une contre l'autre, le corps tremblant, elles ressemblent à deux chiens de prairie, prêtes à fuir, à espérer.

Il se passe quelque chose.

L'espoir et la trouille, sœurs jumelles…

*

Walter, son pistolet à la main, hésite puis crie vers la forêt le nom des deux hommes qu'il a laissés à l'arrière-garde.

— Mack ! Anton ?!

Une voix finit par lui répondre :

— Tirez pas, surtout… C'est moi… Anton…

L'homme apparaît quelques instants après en traversant le rideau de feuilles. Il brandit un animal à bout de bras. Un animal dont Dan ne reconnaît pas immédiatement la robe, ni la corpulence, parce qu'il ne s'y attendait pas, ne pensait pas à lui comme une bête qu'on peut tirer.

Un instant, il le prend pour un gibier, comme le sanglier la veille…

*

Anton jette l'animal sur le sol.

— J'ai eu leur chien… Le chien des ermites. Si tu veux mon avis, ils ne doivent pas être…

— Corniaud ! crie Judith. Corniaud ! Oh non, non, mon chien !

Sa fille a crié, de l'autre côté du voile d'arbres.

Sa fille. Sa toute-petite.

Adam regarde l'homme qu'il vient d'égorger d'un geste précis, net. Il ramasse le fusil. Le chargeur est plein. Une fouille rapide : pas d'autres munitions, mais il a soixante balles.

C'est plus qu'il n'en faut.

29.

— Tu connais ce chien ?! Tu le connais ?!

Walter a donné une gifle à Judith, il l'empoigne, la secoue. La fillette, éperdue, regarde Montana, puis Dan, ne sachant si elle doit répondre…

Walter la gifle, de nouveau, un puissant aller-retour.

— Tu le connais ?

Dan a tenté de s'interposer, il prend un coup de la crosse du pistolet sur l'arcade sourcilière, recule de deux pas en se tenant le visage, tombe – étranglant légèrement Judith avec le lien qui les entrave.

Elle fait un pas dans sa direction.

Le géant barbu la soufflette une troisième fois, puis, sans dire un mot, il saisit l'épaule blessée de Montana dans sa main et la broie – la jeune fille hurle en tombant à genoux.

— Tu le connais ?! répète-t-il sans quitter Judith des yeux.

Ses yeux sont aussi brutaux, brûlants et froids que cela semble possible.

— Oui ! crie Judith, les larmes jaillissant sur ses joues ; brouillant sa vue ; exaspérée ; furieuse contre lui, contre elle-même, contre… contre tout… Oui, c'est mon chien, c'est notre chien, c'est le chien de… papa !

*

Dans le brouillard qui a suivi le coup de crosse au visage, Dan, les yeux cachés dans les mains, entend Judith avouer et comprend qu'ils ont perdu.

Un cri lui parvient, celui d'Anton.

— Ils… ils ont tué Mack !

Dan ouvre les yeux.

Anton n'est plus dans la clairière, il est retourné à l'endroit de son meurtre.

Leur père, leur mère… Ils arrivent ?

Trois coups de feu claquent, très rapprochés.

Le jeune braconnier perché dans l'arbre pousse une exclamation de surprise, puis il bascule, dix mètres de chute, et s'écrase dans la clairière.

Walter a répliqué, au pistolet, au jugé, visant l'endroit dans les arbres d'où le tir meurtrier est parti.

Ensuite, il fait deux pas en arrière et se place derrière Judith comme s'il espérait s'en faire un rempart. Il colle son arme sur la tempe de la fillette.

— Rends-toi ! crie-t-il vers la forêt. Sinon, je bute ta gamine !

*

Dan voit Anton déboucher une nouvelle fois dans la clairière, paniqué.

Les yeux fous, le braconnier se tord le cou, regarde derrière lui vers les hauteurs. Il tente de fuir, tombe comme s'il trébuchait.

On entend les tirs en même temps qu'on voit sa chute, car les balles vont plus vite que le son. Sa chemise se colore de rouge. Les munitions, trois ou quatre, ont dû entrer par le haut du dos ou par la nuque.

*

Deux nouveaux coups de feu. Cette fois, le tireur a raté le blond qui s'occupait des corvées, et qui s'est planqué derrière un orme.

— Sors du couvert, les mains en l'air ! tente encore Walter. Sors ou bien je bute ta fille ! Je te laisse le temps, je compte jusqu'à dix…

30.

« 9… 8… 7… »

Adam a épargné délibérément le blond – en feignant de le rater comme s'il se trouvait plus à l'est, masqué par l'orme. Maintenant, il opère son mouvement tournant à toute vitesse, de branche en branche, vers l'ouest, pour mettre le barbu dans sa ligne de mire.

« 5… 4… »

Sa ruse a pris : il voit le barbu tourné vers le nord-est… De profil… De trois quarts dos, presque – et d'ici, il n'y a rien, rien ni personne, entre le canon de son arme et le braconnier.

Judith est de profil, elle aussi.

Dan, agenouillé à côté du type, n'est pas dans la ligne de mire.

« 2… »

Adam épaule – il faut prendre ce risque malgré l'arme braquée sur la tempe de sa fille. De toute façon, s'il ne tire pas, le type la tue…

Au moment où il opte pour le tir semi-automatique, il entend le claquement métallique d'une arme qu'on manipule, tout près, au sol. Cela le distrait deux dixièmes de seconde.

*

Au même moment, comme s'il avait deviné, Dan crie :

— Papa, maman, il y en a trois autres, avec un fusil, vers l'ouest !

*

Adam entend la voix juste avant la rafale. Il se plaque par réflexe à plat ventre, sur sa branche…

Tout éclate, explose, se brise, autour de lui… bois… branchette… rameau… feuilles… esquilles…

Il y a un cri :

— On l'a eu !

Et ce n'est pas la voix de leur père.

— Ils sont plusieurs ? fait ensuite la voix invisible.

— Je ne sais pas, répond Walter, tendu. Je ne pense pas… Je n'ai entendu qu'une arme… Mais vérifiez déjà que celui-là est mort. Il avait le fusil de Mack…

*

— Il est bien mort, Walter ! crie encore la voix.

Dan entend les mots, les paroles incroyables qui viennent de sortir par deux fois de la forêt, vers l'ouest ; il les répète comme hébété, parce qu'il ne peut les croire.

« On l'a eu… »

« Il est bien mort… »

Papa.

Papa ?

31.

[AILLEURS, TROP LOIN]

À la distance des chutes où sont encore les braconniers, et même si ce genre de bruit voyage vite et loin à vol d'oiseau, La Houle ne peut avoir entendu les rafales.

Et de même, dans la forêt, Allis, Buck et Pibe sont-ils encore trop loin pour les avoir perçues.

Allis court derrière le sauvage. Elle sait qu'ils ont dépassé la moitié du chemin, qu'ils vont arriver cette nuit avant l'aube dans le village en ruine. L'homme qui a rédigé le billet aura-t-il une arme pour elle ?

Sait-il où est Adam ?

Lui et ce sauvage seront-ils des alliés ?

Pourquoi ?

Elle ne sait pas que son homme vient de mourir.

Elle a songé à lui comme ça, en passant, parmi d'autres questions pressantes : a-t-il retrouvé les enfants ? Va-t-il se mettre en danger ?

Elle pense les choses en les formulant ainsi : *S'il se mettait* en danger… Elle ne croit pas vraiment,

en revanche, à l'hypothèse de sa mort. Ce n'est pas réel. Il est impossible de deviner, de supposer même, qu'on perd ainsi en une seconde celui qui est toute sa vie, sa joie, sa raison d'être…

32.

[Ensuite]

Et tout ce qui suit ressemble à un cauchemar – mais la douleur, les coups rappelleront à Dan et à Montana qu'ils sont bien éveillés.

Les trois chasseurs sortent prudemment de la forêt, entrent dans la clairière par l'ouest. Deux d'entre eux traînent par les jambes un cadavre derrière eux. C'est celui d'un homme adulte, svelte, grand. Un corps vêtu de lin noir. Les enfants reconnaissent sa silhouette, même si c'est incroyable. Ils se précipitent, tous les trois : c'est bien leur père, sur le sol. Mort. Il a reçu au moins quatre balles, on voit deux impacts dans le ventre, un dans la jambe, une plaie poisseuse derrière le cou – peut-être est-ce cette balle-là qui a causé la mort, peut-être une des trois autres aurait-elle suffi.

Son visage semble surpris et livide déjà. Il est souillé de sang sur le côté gauche.

Un des trois chasseurs gifle Dan, fait barrage entre eux et lui.

Montana crie « Salauds ! » « Bâtards ! ». Un des types la repousse, hausse la voix, un autre dit :

— C'est votre père ? C'est lui ?

À ce moment, le plus vieux des trois chasseurs dit à Walter, en les désignant :

— Ce sont les enfants d'Adam.

Le barbu regarde le corps étendu, reconnaît leur victime, à son tour.

Puis il regarde les enfants.

Dan le voit sourire. Ses yeux brillent. Il s'adresse à Montana :

— Je me disais bien que tu ressemblais à quelqu'un… Ta mère… Le chef sera content.

*

Ensuite, ils rassemblent les affaires en hâte et repartent, à cause des ermites qui semblent les terrifier.

Ils n'ont rien fait pour Adam, ni pour le chien bien sûr. Ils les laissent là, sur le sol de la clairière, à la merci des charognards, dépouilles sanglantes.

Dan se retourne, regarde une dernière fois en partant.

Mon père…

Papa…

Ses jambes le portent – comment, il ne parvient pas à le comprendre. Comment il marche encore, comment la journée peut suivre son cours, mécanique, le temps s'écouler, les heures se poursuivre, la forêt perdurer, le cycle du jour, de la nuit, du monde ?

La Terre continue de tourner sans son père.

Judith titube. Il la prend dans ses bras, la loge dans son dos, l'entend renifler, crispée. Elle sanglote à bas bruit, se tait, s'alourdit encore, écrasée de fatigue, de chagrin, de douleur.

Walter vient plusieurs fois à la hauteur de Dan, pendant la marche. Il lui parle d'Adam, et Dan sent que le braconnier n'a pas de ressentiment ni de remords non plus – ils ont été compagnons, amis peut-être autrefois, mais Adam a joué selon son idée ; il a gagné, un temps, longtemps, puis finalement il a perdu aujourd'hui.

Les choses sont ainsi…

Ils marchent quatre heures durant.

Ils s'arrêtent bien après la nuit tombée, dans une clairière franche et large.

Les cinq braconniers qui restent sont nerveux. Ils se comportent en fugitifs, en clandestins, surveillant sans cesse les arbres. Ils n'allument pas de feu, mangent des restes de la veille par terre, comme des bêtes.

Ils ont posté deux tireurs au guet.

On entend une chute d'eau, quelque part, dans le lointain.

TROISIÈME NUIT

33.

Judith s'est endormie dans le dos de son frère. Judith, petite fille au pays des cauchemars, qu'il ne faut pas réveiller, surtout, parce que les enfants sages savent qu'il faut parfois fermer les yeux pour se réfugier ailleurs, dans le noir, les ténèbres du sommeil qui valent mieux que le monde.

Dan la fait passer dans ses bras et la dépose sur le sol, doucement.

Montana l'aide malgré son épaule.

Il s'allonge contre la petite, rempart dans son dos. Tant pis pour la soif, la faim, tant pis pour tout. Le plus important lui semble être de la maintenir dans cet état de silence, hors du monde.

*

Demain, tu te tueras, pense Montana. *Ou bien dès cette nuit ?*

Non. Demain. Dès que tu le pourras. On verra.

Si tu trouves le courage.

En te jetant dans leur feu, demain soir, s'ils en font un ? Sur une arme ? Dès cette nuit ?

Il faudra saisir la première occasion. Il n'y en aura pas beaucoup, sans doute.

Il faut te préparer. Tu n'as presque plus mal, déjà, rien que d'y penser…

Enfin, si.

Toute ton épaule est une brûlure, chaque mouvement t'arrache un cri. Mais tu t'es allongée sur cette épaule, hier, avant-hier ; et cette nuit de nouveau, pour domestiquer la douleur.

Tu as toujours fait ça. Accepter la douleur comme une partie de la vie. La rendre familière.

C'est ainsi qu'est la vie, dans la forêt.

*

Nuit.

Silence.

Raclement de gorge, mouvement de pieds des deux guetteurs, nerveux.

Les autres braconniers se sont allongés en cercle. L'un d'eux ronfle. Mais ils ne doivent dormir que d'une oreille, leurs armes à portée de main. Ils ne pensent qu'aux ermites, ça se voit. C'est eux qu'ils redoutent.

Ils ne craignent pas Allis, la mère des enfants, leur mère qui manquait pourtant dans le tableau de chasse avec Buck, ce soir.

Dan y pense.

Il ne pense qu'à ça. Ne doit penser qu'à ça.

Les tueurs n'imaginent même pas qu'elle puisse les menacer… Cela se voit… Ils ont tort.

Dan sait que jamais leur mère ne se résoudra à laisser ses enfants entre des mains pareilles, et maintenant c'est certain, presque certain, elle sait qui les a emmenés – comme le savait leur père…

Ne pense pas à lui.

Se tuer…

Oui…

C'est cela qu'il faut faire.

Montana se donne jusqu'au lendemain, encore… Et puis… Elle ne sait pas si les « cannibales » mangent des corps déjà tués, mais elle sait une chose : si elle se tue, ils ne pourront pas la consommer. Elle sourit, presque avec malice, les imagine devant son cadavre, aussi inerte que son père tout à l'heure. *Dans leurs culs…* Cette grossièreté enfantine la rassure encore cette nuit, comme l'avant-veille. Comme la rassure l'idée qu'elle peut leur échapper, finalement.

Le chef ne sera pas content…

*

Papa… Où es-tu ?

demande Judith dans ses rêves.

« Pourquoi m'as-tu abandonnée ?
Loin de me sauver, les paroles que je rugis[1]*... »*

*

Abandonnée, oui. Montana. Pour sa dernière nuit. Elle est si seule, vertigineusement, depuis qu'elle a vu ce cadavre : le corps de leur père, mort. Comme si le savoir vivant, quelque part, avait été jusque-là la condition inconsciente de sa liberté – la possibilité d'un retour, de retrouvailles, cette base arrière, ce réduit, ce refuge qui donne le courage du départ...

Aurait-ce été comme ça, également, plus tard, ce sentiment poignant de solitude – si elle avait pu voir ce dont elle rêvait : la Ville ?

Non, cela aurait été différent. Parce qu'ils auraient été là, loin, derrière, en recours : ses parents, son frère.

Alors tu serais partie. Tu en aurais eu le courage.

Et si ç'avait été douloureux, ç'aurait été une expérience, une expérience de plus.

*

Maman...

Pourquoi n'étais-tu pas avec papa, tout à l'heure ? Te cachais-tu ?

As-tu tout vu ?

Dan se questionne et des images affluent... Était-elle là ? Est-elle sortie, un peu plus tard, pour enterrer

1. Psaume 21.

son homme, puis reprendre la poursuite ? Pendant que Buck léchait les plaies de Corniaud ?

Est-elle en route ?

Avec une arme ?

Sur leurs pas ?

Ou bien quoi ?

Où est-elle ? Quand viendra-t-elle ?

Ce qui compte, c'est d'être prêts quand elle surgira, de savoir réagir cette fois, pour empêcher que les hommes les utilisent en otages… En boucliers humains… Être une aide, un allié. Pas un handicap.

*

Tu n'as jamais eu peur de la douleur, pense Montana.

Et de la mort, tu en as peur ?

Non plus.

Tu n'en as jamais eu peur.

Ta seule peur jusqu'ici, c'était d'être enfermée : qu'on te garde, même une heure, contrainte, entre quatre murs ; qu'on t'empêche d'aller où bon te semblait. Les punitions, les assignations, tu t'en échappais toujours, sans réfléchir, instinctivement. Cette liberté-là était ton bien le plus précieux, plus précieux que ta vie, te semblait-il.

Parfois, tes parents étaient sévères. Parce qu'ils avaient peur pour toi.

Maintenant, tu comprends mieux, tu as moins peur de mourir que de te retrouver dans une cage, au camp de tes ravisseurs. Ta mère t'a raconté ses jours là-bas, et le rôle de ton père…

Mais ton père est mort aujourd'hui…

Et ta mère ? Où est-elle ? Va-t-elle venir te sauver ?

Non.

Il n'y aura pas de salut à attendre. Mieux vaut mourir que vivre comme ils le veulent, leur servir pour leurs jeux.

Avoir mal, un petit peu, et mourir, mais choisir, rester libre…

Oui, c'est ce qu'il faut.

*

« *Même la ténèbre pour toi n'est pas ténèbre*, devrait réciter Judith dans son sommeil.

La nuit comme le jour est lumière[1]… »

*

Mais si tu te tues, est-ce que tu exposes Dan ? Et Judith ?

Dois-tu les entraîner avec toi dans la mort ? Est-ce leur rendre service ?

Ton frère. Ta sœur, ta petite sœur ?

Après tout, qu'est-ce qu'ils risquent de pire ?…

Rien.

*

1. Psaume 138.

Les braconniers ne craignent que les ermites, pas ta mère.

Ils ne peuvent pas savoir…

Un des deux gardes soupire, se lève, va pisser.

Que pourront-ils faire, malgré leurs fusils, si les ermites existent et viennent ? Les tueurs ne verront rien… *Nous non plus.*

Les ermites voient-ils, eux, dans le noir ? Existent-ils ? Sont-ils encore vivants ?

Leur mère est-elle déjà là, quelque part, au-dessus d'eux ?

Et eux, Dan, Montana, Judith ?

Existent-ils ? Sont-ils encore vivants ?

Il faut… dormir…

Excuse-moi, maman.

34.

{ET À ENVIRON UNE DEMI-HEURE
DE COURSE, VERS LE SUD
– DANS LE VILLAGE SOUS LA CHUTE D'EAU.
LA MÊME NUIT, PUISQUE TOUTES LES NUITS
FINISSENT PAR SE REJOINDRE}

La Houle entendit un bruit, un grognement humain. La voix venait de la rivière.

Il se leva, prit le fusil, alla vers la Chute en retraversant prudemment les ruines. D'assez loin, il vit Pibe qui descendait les rochers, reconnaissable entre tous, maladroit et gauche au sol. Une femme le suivait, très blonde, accompagnée d'un chien-loup : la mère des enfants. Elle ne portait pas d'autres armes qu'un arc en bandoulière.

Où était son filleul ?

La Houle s'avança vers eux. Ils parvinrent au pied de la cascade à peu près en même temps.

La femme blonde s'arrêta à trois mètres. Son chien semblait nerveux mais il n'aboya pas. Il regardait sa maîtresse, attendait ses ordres.

Ils durent hausser la voix pour se parler, à cause du bruit de l'eau.

— Vous êtes l'auteur du message ?

— Oui, je suis La Houle. Je vous attendais. Adam n'est pas avec vous ?

— Non. Il était déjà sur les traces des enfants… Je devais… Je devais le rejoindre avec un fusil. C'est pour ça que j'ai suivi votre ami.

Il hocha la tête, eut une quinte de toux.

— Vous êtes l'un des ermites, je suppose, ajouta-t-elle. Et votre ami aussi.

Il approuva de la tête, de nouveau. Pibe les écoutait, les yeux brillants, excité par ces retrouvailles dont, le premier, malgré son esprit malade, il avait pressenti l'importance.

— Qui êtes-vous ? Comment connaissez-vous Adam ?

— J'étais un des amis de sa mère et de son père. Et le parrain d'Adam. Quand les braconniers l'ont emmené avec eux, j'étais absent… Il m'a fallu six ans pour retrouver sa trace.

Elle tressaillit.

— C'est pour ça que vous nous avez sauvés ? Il y a quinze ans ? C'était vous, n'est-ce pas ?

Il acquiesça.

— Pourquoi ne vous êtes-vous jamais manifestés, après ça ?

— Il me semble que… que c'était mieux ainsi. C'est une longue histoire, une histoire compliquée.

Elle semblait disposée à l'entendre tout de suite.

Il secoua la tête.

— Pour l'instant, il faut que nous dormions. Demain, Pibe ira repérer les ravisseurs de vos enfants, depuis les hauteurs, et nous remonterons vers eux par la rivière. Nous retrouverons Adam.

— J'ai juste besoin d'un fusil, dit-elle.

— Je comprends que vous vous méfiiez de nous. Mais ce qui doit se régler demain nous concerne, nous aussi. Autant que vous.

D'un geste, il lui montra le village. Elle regarda autour d'elle. Les ruines. Les maisons détruites, les toits effondrés, la forêt et les droits immenses qu'elle avait repris sur les rêveurs.

— La mère d'Adam repose ici, ajouta-t-il. C'est moi qui l'ai enterrée.

Il toussa de nouveau, à s'en déchirer les poumons, puis s'essuya la bouche.

— Je suis toujours arrivé trop tard… Pour elle… Pour son père… Pour d'autres amis… Pour Pibe, aussi. Toujours. Mais cette fois, je vous promets que nous arriverons à l'heure.

La Houle indiqua à Allis un carré d'herbe, dans le recoin d'une maison détruite, où elle pourrait s'allonger avec son chien. Eux dormiraient un peu plus loin, dit-il.

— Pibe vous confiera son fusil, demain… S'il le faisait dès cette nuit, vous partiriez sans nous, au hasard…

Elle ne le contredit pas.

— Nous ne serons pas trop de quatre, ajouta-t-il. Pour l'heure, nous devons reprendre des forces.

DERNIER JOUR

35.

[Quatre heures plus tard]

Dan remue dans son sommeil et secoue la tête. Il ne peut plus respirer.

Il ouvre les yeux. Montana est penchée sur lui dans la pénombre. Elle a plaqué les deux mains sur sa bouche, comme si elle voulait… l'étouffer ?

Le tuer ?

Il voit des yeux ardents. Les yeux clairs de sa sœur. Elle le tue ?

Il secoue la tête, panique. Rêve-t-il encore ? Cauchemar ?

La forêt tourne au-dessus de la tête de Montana… Ils sont dans la forêt… une clairière…

Leur père est mort, les braconniers…

il se souvient, oui, ça lui revient…

Un jour tente de naître, une brume de chaleur… Et Montana le tue ?

Il s'asphyxie, il ne veut pas mourir.

Alors il se débat.

Les yeux de Montana le supplient, veulent lui dire quelque chose.

Rêve-t-il ? Même dans les rêves, il faut se battre, vivre…

« Non », fait-elle de la tête.

Elle enlève les mains, met un doigt sur ses lèvres.

Il va crier, l'engueuler, mais elle donne un coup de menton vers la forêt.

Dan regarde dans la direction qu'elle lui indique.

La brume persiste, elle est réelle, c'est la tiédeur d'avant l'aube. À travers ses lambeaux, Dan voit un des tueurs là-bas, accroupi dans un bosquet d'arbres. Il est sans doute en train de se vider les intestins. Il leur tourne le dos.

Dan se lève sur un bras, se retourne : les quatre autres tueurs sont couchés dans la clairière, sous le brouillard. Ils dorment. « On y va ? » demande Montana sans un son, en remuant les lèvres exagérément.

Il hoche la tête. Secoue Judith. Quand elle ouvre un regard étonné, il lui murmure, dans l'oreille :

— Viens, ma puce… On s'en va.

Elle écarquille les yeux, sourit en s'éveillant.

— Surtout, pas un bruit.

*

— « *L'homme est semblable à un souffle*, murmure l'enfant pour elle-même.

Ses jours sont une ombre qui passe[1]. »

*

Montana va à pas prudents, silencieux, vers la forêt profonde.

Dan l'arrête d'une main sur son bras gauche. « Non. »

« Qu'est-ce que tu fais ? » lui demande-t-elle, les yeux inquiets.

Même avec la brume, ils n'auraient pas assez de temps, ainsi entravés, pour leur échapper… Du menton, Dan indique le garde à sa sœur.

Montana comprend, lâche la main de Judith. Elle ramasse une branche morte.

Il y a une pierre à deux pas, une très grosse pierre, difficile à desceller de la terre avec les mains liées, mais c'est l'occasion.

Dan la soulève, la cale sur son torse, le visage écarlate – les bras tendus, les tempes veinées sous l'effort, il fait un pas. Un autre.

Judith avance entre eux deux, l'air attentive plus qu'apeurée.

Ils s'approchent lentement du fourré.

L'homme qui leur tourne le dos pousse des gémissements, des petits cris plaintifs.

1. Psaume 143.

Tant mieux. Concentré sur ses tripes et ses sphincters, il ne…

(Huit pas. Sept. Six…)

Montana repousse Judith en arrière.

Elle se tourne vers son frère : « Prêt ? » Il approuve.

Alors, elle fait les deux derniers pas en avant en même temps que Dan, et elle murmure simplement :

— Chuuuuut.

L'homme se retourne vers elle, surpris. Elle le cueille au profil droit – un revers du gourdin du bras gauche, malhabile et sans force, mais dans sa position accroupie, les jambes empêtrées dans son pantalon, le type tombe tout de même. Sur le côté, comme au ralenti.

Presque à leurs pieds.

Dan n'a qu'à tendre les deux bras, ouvrir les mains, lâcher l'énorme pierre.

*

Ils se sont retournés, tous les trois, d'un même mouvement, vers les dormeurs : pas une réaction.

Montana se penche sur l'homme dont la tête a été remplacée par le rocher gris, elle fouille ses vêtements, ses poches, fébrilement. Le fusil qu'il portait à la bretelle est coincé sous lui, impossible à dégager.

— Vite, tant pis… murmure Dan. On se barre.

Elle s'entête maladroitement de la main gauche, puis renonce, essaye du moins de retirer la gaine du couteau à la ceinture du type.

— Laisse, chuchote son frère.

Il s'empare du couteau nu. À ses pieds, une tache de sang rouge brunit dans l'humus, souille les feuilles mortes. « Rapprochez-vous… » mime-t-il. Ses sœurs font un pas l'une vers l'autre. Il coupe d'un coup sec le lien de cuir qui reliait Montana à Judith, puis celui qui l'attachait à sa benjamine. Le fil du couteau de chasse est tranchant comme un rasoir. Il introduit la lame entre ses mains, fait sauter l'entrave de plastique.

Il va libérer les mains de ses sœurs, mais…

— Hey, vous !

Un homme s'est levé – il est debout, dans la clairière.

Ils détalent tous les trois vers les taillis, la forêt.

Ils courent. Courent. Droit devant eux.

Un coup de feu, dans leur dos, une courte rafale, se perd très loin dans le sous-bois.

36.

La rafale a résonné dans la forêt et couru sur le sommet des arbres. Allis et La Houle se redressent dans les ruines. Pibe cligne des yeux. Buck a déjà les oreilles dressées, le regard fixe. Il aboie, trois, quatre fois.

— C'est au nord… À deux kilomètres, pas davantage !

Ils prennent leurs armes.

Le sauvage a déjà disparu dans les branches, pistolet à la ceinture, arc en main. Le chien s'est élancé derrière lui, il s'arrête au sommet de la chute d'eau, pour attendre Allis, aboie encore.

*

Elle a bondi d'une terrasse de la cascade à la suivante.

Elle court maintenant.

Mes enfants. Mon homme…

Elle va vers eux, de pierre en pierre, dans la rivière si large au-dessus de la Chute, un marécage où se retrouvent et se regroupent tous les bras qui ont circulé sous les buissons. Buck éclabousse autour de lui dans sa course entre les arbres – quelques saules, des frênes pâles, silhouettes roides, et cette brume.

Où êtes-vous ?

Une bile acide soulève l'estomac d'Allis, retournant ses intestins – tout remonte, une nausée.

Ce sont les siens, celui qu'elle aime, ceux qu'elle a fait naître.

Elle court avec une douleur au ventre : la mémoire dans le corps de chacun de ces enfants qui ont grandi en elle, sont sortis d'elle, dans des cris de douleur et de joie insensés, et il lui tenait la main, son homme, il lui caressait le front couvert d'une sueur chaude, il recevait leurs nourrissons dans ses mains alors qu'elle les mettait au monde, en priant pour que le monde soit beau pour les accueillir, en le sachant plus beau puisqu'il les recevait.

Qu'est-ce qu'un monde sans eux ? Que serait-il ?

Que serait la terre plate, ronde, couverte d'arbres, de forêts, de beauté, de montagnes et de collines, bordée d'eau, léchée de mers, que seraient les années, les douleurs, les silences – les étoiles au-dessus de la terre, la voûte comme un dôme sur la terre des hommes – sans ceux-là ?

Rien.

Rien.

Rien.

*

La Houle court avec dans la tête la somme de ses erreurs – comme des chiens à ses trousses qui lui mordent les talons et le rendent rapide, mais l'alourdissent aussi. Il est si lourd, si lent. Tant de fois il n'a pas été là à temps, en retard, tant de fois il est arrivé une minute, une seconde après – c'est tant de fois sa vie, ce regret, de n'avoir pas su deviner une minute, une heure, un jour assez tôt – et courir toujours, derrière, voir le bonheur s'échapper, tendre la main, penser qu'on pourra l'attraper…

Et cette fois ?

Aurait-il fallu qu'il parte à la rencontre des braconniers dès la veille ? Qu'il remonte vers le nord, avec son fusil, seul, plutôt que d'attendre les deux autres à la Chute ? Fallait-il ne pas dormir, cette nuit ?

S'ils arrivaient trop tard, que se pardonnerait-il ?

Rien ?

*

Et Pibe ?

Pibe vole de branche en branche, silhouette dans la brume ; il n'a plus rien de l'acrobate, du nageur d'altitude, de l'homme des bois, de l'ange, du sauvage des îles, du gamin dans une meute, ivresse de l'émeute, du très vieil enfant – tout ce qu'il fut, aux yeux de tous.

Il ne balbutie plus.

Ne prononce aucun nom.

Son visage ne reflète aucun souci ni préoccupation ; juste une concentration pure, qui est tension, énergie, acuité – ne pas tomber, *atteindre les hommes de proie, sauver la jeune fille et les deux autres – tuer ceux qui tuent…*

Il n'est que force, vitesse. Sans grâce.

Brutal.

Efficace.

Il est dans un présent, immédiat – *ne pas tomber, atteindre la branche suivante*, être prêt, arriver à temps, *tuer ceux qui tuent la Beauté et l'espoir du monde…* –, lui, l'idiot, le simplet, le dément, l'adolescent autrefois écrasé de chagrin, de culpabilité à la folie, au point qu'on l'avait relégué dans un asile, à l'écart, que sa douleur effrayait les siens et laissait les médecins démunis, qu'on l'enfermait en camisole, au point qu'il en a perdu la parole, la langue commune… Il est dans l'évidence d'une mission qu'il faut accomplir. Dans la certitude du Bien.

Il n'est qu'action.

37.

« *Sois fort, mon fils, sois fort. Brave.*
Respire …
Tu as une arme. Deviens la lame. Ne te perds pas, ne te perds jamais. »

Caché à quatre pattes au cœur du fourré (un fourré épais, sombre, arbustes et ronces, sorbier et houx, un roncier creux en sa base dans lequel ils se sont glissés et qui leur fait comme un terrier), Dan entend la voix de son père dans son crâne. Puis il y a un bruit de course.

Il s'allonge, rampe vers le passage par lequel ils sont entrés, pour regarder. Il voit deux hommes passer à deux mètres de leur refuge – juste leurs jambes, d'abord – puis quand ils s'éloignent, il les distingue : le blond et l'autre, l'un des vieux, celui qui a identifié son père…

L'assassin de son père…

« Tu viens de tuer, toi aussi. J'aurais voulu t'en garder… Tellement…

Mais c'est le monde. Sois lucide. Sans haine.

Cherche à vous garder de la violence, prends-la sur toi, s'il le faut…

Sois inconscient pour elles. Moi, j'ai donné ma vie. »

Les tueurs les cherchent. Ils ne les ont pas vus.

On entend de loin le cliquetis que font leurs armes, leur équipement, leurs ceintures, chaque fois qu'ils reviennent. Ils tournent en rond dans cette zone aux arbres bas, une sorte de maquis.

Ils ont dû voir des traces.

De toute façon, Montana n'aurait jamais pu grimper dans un arbre, avec son épaule…

*

Comme le premier jour… Quand ils se sont emparés de toi et qu'ils ont joué…

La terreur de Montana est de nouveau indicible.

Elle est entre leurs pattes… Presque… De nouveau…

Si tu retombes entre leurs pattes, cette fois…

C'est une terreur plus effrayante encore car elle ne peut insulter quiconque, se retourner contre qui que ce soit. Elle doit se taire, se terrer. Comme un animal. Taire, terrée, terrifiée, même mot…

Attendre. Ne rien faire. Sentir les battements dans sa poitrine. Sa sœur qui se blottit contre elle. Petite. Vulnérable.

Elle ne peut même pas se mettre en première ligne, à cause de son épaule.

Cachée derrière Dan, elle ne voit rien, entend les voix qui s'approchent, s'éloignent. Elle ne voulait pas qu'on la protège ni qu'on l'épargne. Elle n'avait pas peur de mourir, hier soir…

Mais là…

Là, elle se sent à leur merci.

Il suffit qu'ils s'approchent, se mettent à fourrager dans les fourrés…

Et le pire, c'est qu'elle est responsable pour sa sœur et son frère. S'ils n'ont pas fui par les branches, tous les trois, dans les hauteurs, c'est à cause d'elle.

Ils seraient loin déjà, insaisissables…

*

Le cœur de Judith ralentit, après la course folle. Dans l'obscurité du buisson qui dessine une mandorle, un bouclier, un ventre maternel autour d'eux, qui voile leurs yeux et les dissimule, elle n'a presque pas peur parce que sa récitation l'enveloppe.

Et ces bruits, autour d'eux, ce buisson… Cela ressemble à un jeu, mortellement sérieux, mais si similaire aux siens.

Loup, y es-tu ?

*

— Ils sont par là ! a crié le blond. Venez !

Ils entendent des courses lourdes, des éclats de voix : les deux autres tueurs ont rejoint les premiers.

*

Un cri, dans les branches, au-dessus de leurs têtes, pas très loin.

— Je ne les vois pas !

C'est le blond, de nouveau…

Dan recule en rampant toujours, se retourne vers ses sœurs qui se terrent au secret du fourré. Elles le regardent, leurs yeux brillent dans le noir. L'excitation, la peur, la tension…

— Je te dis qu'ils n'ont pas pu faire de l'escalade, avec l'épaule de la fille…

Walter, le géant barbu, vient de parler.

C'est lui le plus redoutable.

Enfin non – ils sont tous à craindre. Ils sont là tous les quatre, il leur restait quatre fusils, ils en possèdent un chacun, tous également dangereux – mais c'est Walter que Dan redoute le plus.

Son cœur bat dans sa poitrine. Trop maigre. Trop étroite pour cette peur, ces questions…

Combien de temps tiendront-ils, planqués ainsi dans leur fourré ? Combien ? Si les tueurs entament une battue, buisson par buisson ? S'ils prennent le temps de les rechercher méthodiquement ?

« Ta mère arrive », lui dit son père.

Ce sont des chasseurs. Ils savent faire et connaissent la forêt. *S'ils ne se décident pas à décamper, combien de temps tiendrons-nous ?*

Pourquoi ne se hèlent-ils plus ?
Où sont-ils ? Que font-ils ?
Sont-ils partis ?
Daniel, régulièrement, en regardant ses sœurs, met un doigt sur les lèvres. Ne pas bouger, surtout. Pas un geste, le moindre bruit…

38.

« Il n'y a pas plus grande inconscience que se promettre l'amour pour toujours – sinon, peut-être, faire des enfants… » disait Antigone, dans le parloir de la prison aux fenêtres grillagées. Elle riait. Aux larmes.

« Ou alors, ce qui serait plus inconscient encore, c'est de porter l'enfant d'un garçon mort et qu'on aimait. De croire qu'on pourra le mettre au monde, l'élever seule… »

Elle avait les larmes plein les joues, barbouillées, comme une enfant.

Séparée de La Houle par cette table rivée au sol, dans le parloir de cette prison où il purgeait sa peine, elle secouait la tête… Son ventre arrondi.

« J'ai peur », a-t-elle dit, en lui prenant la main. « S'il te plaît, Papa, reviens-nous, reviens-moi… Après ça.

J'ai besoin d'un parrain… Pour l'enfant… J'ai si peur, pour moi, pour lui… Pour celui qui grandit dans mon ventre. »

Maintenant, c'est l'heure de tenir cette promesse – l'heure des résolutions, où tout se récapitule.

L'heure de ne pas trembler. D'être là. À temps.

La maladie ronge La Houle plus encore qu'il ne le pensait – depuis combien de temps n'a-t-il pas couru ? Il tousse. Mais il court en toussant, la bouche ouverte, un filet de bave rosâtre à la commissure des lèvres qu'il essuie d'un revers de manche. Un goût ferreux de sang, comme cela arrive ces temps-ci, depuis six mois.

Les poumons. C'est par là qu'on l'attaque.

Mais ce n'est pas si grave, de mourir, si, une fois, une seule fois, on a pu vivre à temps.

Courir. Être là. S'interposer, enfin…

Où sont-ils ?

Adam ? Son filleul ?

Les enfants ?

Il doit s'appuyer de nouveau à un arbre, hors d'haleine.

*

Allis court.

Dans une clairière, Buck a débusqué un cadavre. Un homme mort, le visage écrasé sous une pierre. Où sont les enfants ? Et Adam ?

Où est Pibe, qui devait les guider ?

*

Pibe est arrivé.

Guidé par leurs cris, leurs appels, il les voit.

Autour de lui, c'est un de ces endroits où les arbres se raréfient, où l'immense océan d'arbres, dressés, fiers, cède le pas aux buissons, à quelques bosquets plus épars. C'était autrefois une prairie, ou peut-être un village, un parking, avant la Réserve.

Ils sont à découvert. Ils voient le ciel. Le ciel les voit.

Il prend le temps de repérer les ennemis un à un, embrasse toute la scène : les tueurs sont dispersés, ils sont trois, plus un quatrième perché dans un arbre. Impossible de le déloger, celui-là, avec son arc.

Où sont les enfants ? Et Adam ?

Le quatrième, celui de l'orme, crie en désignant le massif de sorbier, à vingt mètres de son arbre.

39.

— Je le vois ! Le garçon… Là, dans le buisson, le sorbier ! Il a bougé !

La voix du blond a claqué presque au-dessus d'eux, depuis les branches d'un arbre que les enfants ne voient pas.

Des cris, des courses.

Dan se tourne vers ses sœurs, leur parle par signes comme leur père leur a appris à la chasse. « Ne bougez pas… Attendez… Un moment… Puis rampez vers l'autre côté ! Trouvez une issue ! »

Il tend le couteau de chasse à Montana, les regarde avec amour, sachant qu'il les voit pour la dernière fois… Puis il se retourne et rampe dans l'espèce de tunnel obscur que le bouquet de houx forme à la base du bosquet.

La lumière l'éblouit.

Les chasseurs sont là, à contre-jour, debout à l'entrée du tunnel. Trois géants.

Il fait grand jour maintenant. Le soleil se découpe, rond et net comme une lune, derrière une brume qui le lacère.

Son père lui avait appris une phrase que disaient les Indiens avant la bataille : « C'est un beau jour pour mourir… » Il sourit, se relève, l'énonce dans sa tête. *Un beau jour…*

— Où sont-elles ? Tes sœurs ?

Debout, il leur fait face, ils ne lui semblent plus si grands, si redoutables.

— Parties… Depuis longtemps…

Son sourire est narquois. Il n'éprouve aucune peur. Il est prêt à mourir.

— … Par les arbres… Là-haut. Je vous attendais pour vous distraire, si vous étiez arrivés trop tôt. On dirait que je n'en ai même pas eu besoin ?

Une gifle. Il se touche la joue, sourit. Il sent qu'il sera fort, qu'il fera du mieux possible. Cela l'a empli d'un grand calme, soudain. Et si cela ne suffit pas… *« Il faut que cela suffise, Dan »*, dit la voix dans son crâne.

— Je vois la petite ! crie le blond.

Dan se retourne : le blond est perché dans un orme un peu isolé, à une vingtaine de mètres dans son dos. De là, il voit tout…

Son mensonge n'a pas tenu plus de dix secondes…

*

Pibe a bondi pour se placer en lisière de la haute forêt, sur un châtaignier. Sur sa branche, dans un mouvement fluide, il a sorti une flèche *killer bee buzzcut* du carquois, et il a bandé l'arc.

Le garçon est sorti…

*

Dan se plante résolument face aux trois tueurs, devant « l'entrée » du fourré, entre eux et ses sœurs.

Walter secoue la tête, sourit, s'apprête à le bousculer – il lui suffira d'une chiquenaude pour l'écarter. Ensuite il se glissera dans le passage végétal, l'élargira avec sa grande carcasse comme un border terrier, un rat-de-tunnel, il se saisira de ses sœurs comme un russel va forcer des lapereaux au fond d'un trou.

Mais au moment où Dan rentre déjà la tête dans les épaules, anticipant le coup, Walter tombe à genoux.

Dan voit une pointe ressortir à la naissance du nez. Sanglante.

Walter ouvre la bouche. Tombe à plat ventre.

Dan voit qu'une flèche est entrée dans son crâne par l'os pariétal. Nette. Franche.

— Les ermites ! crie le blond.

D'instinct, Dan a plongé.

Il voit un deuxième homme tournoyer sur lui-même, puis tomber à côté de Walter, trois flèches fichées dans le dos comme un porc-épic.

Une rafale retentit juste au-dessus de lui. Une autre. Il met par réflexe les mains sur les oreilles.

Le vieux chasseur, celui qui a tué son père, s'est retourné, laissé tomber sur un genou, il arrose au fusil d'assaut l'arbre d'où partaient les flèches.

Dans l'orme, le blond tire aussi, au jugé.

Les branches du châtaignier crépitent.

*

Pibe a déjà quitté sa position, mobile, insaisissable. Il est dans un chêne, puis dans un autre chêne. Il s'arrête derrière un paravent de branches. Mais il sait qu'il est touché. Ses bonds ont été moins rapides qu'ils n'auraient dû.

Désormais, à cause de la blessure à l'épaule droite dont le sang coule sur son bras, il va être de moins en moins vif.

C'est la même épaule que la jeune fille, songe-t-il, confus… La même douleur qu'un coup de cutter dans le flanc un soir de guerre urbaine. Le même sang qui poisse.

— Joan… Jay… grommelle-t-il.

Il pose l'arc, inutilisable désormais, sort le pistolet qu'il a à la ceinture.

*

Le vieux chasseur tire encore une fois. Puis, soudain, Dan le voit se relever, et décrocher.

Le tueur se met à courir, à fuir, éperdument. Parce qu'il ne veut pas mourir.

Il sait que les ermites ne laissent pas une chance.

Il est moins courageux que lorsqu'il s'agissait d'abattre Adam en traître…

— Simon ? crie le blond, depuis son orme.

Un coup de feu claque. Un deuxième.

C'était une arme différente, probablement un pistolet. *Un des ermites a une arme à feu*, pense Dan.

Le blond réplique en mitraillant deux chênes.

Silence.

— Simon ? Simon ?!

— Il est parti, crie Dan toujours allongé à plat ventre. Il vous a laissé tout seul !

Pibe se sert de son automatique de la main gauche, mais c'est une arme imprécise à cette distance. Et puis, il ne parvient pas à *voir* le quatrième tueur dans son arbre – il devine grossièrement l'endroit où il se cache.

S'ils continuent à se tirer dessus, à trente mètres l'un de l'autre, depuis leurs positions, le blond finira par profiter de sa puissance de feu bien supérieure.

Il faudrait se rapprocher…

*

— Toi, le gamin, lève-toi ! Lève-toi ! Les mains en l'air !

Trois tirs font trois impacts, trois petites gerbes de poussière, des claquements mats dans la terre, à moins d'un mètre de Dan.

— Lève-toi, je te dis !

Le blond a hurlé, cette fois.

Il tient Dan dans sa ligne de mire depuis son arbre. Pas le choix…

Lentement, les mains bien au-dessus de la tête, le garçon se redresse et se retourne vers l'orme. Il ne voit pas le tireur dans les feuilles épaisses du presque été. Mais le tireur le voit.

— Bien !

Deux tirs, de nouveau, à travers le sorbier et le houx entremêlés.

— À vous, maintenant, les filles ! Sortez à votre tour du buisson… Rejoignez votre frère !

Dan entend deux merles chanter, quelque part, et se répondre. Son père lui avait dit que certains oiseaux n'avaient pas peur des coups de feu, qu'ils continuaient leur manège comme si de rien n'était – ils le font même sous les obus qui sifflent, paraît-il – en pleine préparation d'artillerie, au-dessus des tranchées, au cœur d'une fusillade…

Pour la première fois depuis une heure, l'adolescent doit s'avouer qu'il a peur.

Il n'en reste qu'un, un seul braconnier, alors qu'ils étaient huit ; mourir maintenant, dans ces conditions, ce serait trop bête…

Quand il a vu Walter puis l'autre type tomber, quand il a vu Simon fuir, il a cru qu'ils allaient pouvoir s'échapper. Il y a cru *vraiment*. Qu'ils allaient vivre…

Mais non. Ils sont piégés. Le blond les tient sous son feu, il a une arme plus puissante que celle de l'ermite, il sait s'en servir.

Si l'ermite avait un fusil, lui aussi… Si seulement…

Ou s'ils étaient plusieurs…

Mais là, c'est foutu. Il n'y a rien à faire contre…

« Calme-toi… analyse… Ne t'affole pas. Ta mère arrive. »

Montana, en sortant du buisson derrière Judith, vient se coller à son frère – elle glisse quelque chose dans son dos, dans sa ceinture, juste avant de lever la main gauche.

Le couteau… Dan sent la lame contre sa peau…

— Maintenant, venez vers moi ! Tous les trois ! Vite… Si vous traînez, j'abats la petite !

40.

La Houle s'essuie la bouche, relève les yeux dans le vague. On tire de nouveau, là-bas… Et tout à coup, il tressaille. Une silhouette vient de déboucher, assez loin, entre deux bosquets de noisetiers. Un homme en armes. Il est vêtu de noir et de kaki, comme ils le sont tous puisqu'ils jouent à la guerre. Il se rue vers la rivière, saute dans son lit, d'une pierre à l'autre, se précipite vers l'aval et la Chute…

Vers lui, sans le savoir.

Le braconnier ne l'a pas encore vu. La Houle est là depuis deux minutes à essayer de reprendre son souffle au pied du noyer énorme, aux racines gonflées d'eau comme un mangle-chandelle dans la mangrove…

L'homme tient un fusil. Pour l'instant, il fuit, cela se voit, comme si sa vie en dépendait, en proie à la panique…

A-t-il croisé Pibe ?

Adam ?

La mère des enfants, Allis ?
Qui fuit-il ?

(C'est Simon, le vieux chasseur. L'assassin d'Adam.)

— Hey, toi !

La Houle a épaulé en criant. Il tient l'homme en joue. Sa cible, à une vingtaine de mètres, s'est figée brutalement. La Houle voit sur son visage qu'il ne se laissera pas prendre ; qu'il va tenter un truc désespéré, imbécile…

Une quinte de toux, brutale, plie l'ermite en deux à cet instant, l'empêchant deux secondes d'appuyer sur la gâchette. L'homme a le temps de tirer, à hauteur de hanche. Presque en même temps que La Houle.

Le tueur est frappé en plein mouvement, comme saisi au vol.

Il s'affaisse lourdement dans la rivière, dérive aussitôt sur le dos, entraîné par le courant, jusqu'à une pierre, plus loin, à six mètres…

La Houle, plié en deux, crache cette bave sanglante qui ne vient pas d'une blessure, mais de son corps.

L'homme l'a raté. La maladie l'aura. Partie remise.

Sans même aller voir sa victime, sans se soucier des yeux qu'avait Simon, l'assassin de son filleul, au moment de quitter ce monde, La Houle se met à courir vers le nord.

41.

Pibe ne tire plus pour éviter de se faire repérer. Il souffre. Son épaule palpite et devient plus roide, lourde, le muscle refroidit. Il s'est encore déplacé dans les arbres mais il n'est plus si agile. Son sang coule sur son bras, goutte, tombe à terre, huit mètres en dessous de lui. Cela l'affole. Il n'est plus si rationnel, non plus. Va-t-il mourir ? Perdre toute sa vie, goutte à goutte, par ce sang ?

Peur enfantine…

Il ne pourra plus bondir pour éviter les rafales, si l'autre réplique.

L'autre… Le tueur perché dans l'orme a appelé les enfants à lui. Il veut sans doute les utiliser comme boucliers pour fuir. C'est pour ça qu'il leur a dit de se rapprocher…

Pibe comprend.

Il ne faut pas lui indiquer l'endroit où il se trouve. Pour que l'homme ne puisse pas répliquer, et, surtout, pour qu'il ne positionne pas les enfants convenablement entre eux deux.

Attendre…

Ne surtout pas rater son coup… Un seul coup…

*

— Avancez… encore… Très bien… Écartez-vous un peu les uns des autres… comme ça… Vous allez rester placés comme ça, à cinq mètres de l'arbre où je suis… En arc de cercle…

Il y aura forcément un des trois enfants dans la ligne de mire de l'ermite, Dan le sait…

Forcément ?

Et l'ermite, dans ce cas, que fera-t-il ?

Ami ? Ou ennemi de nos ennemis, simplement ?

Ne compte sur personne, Dan.

— Levez les mains très haut… Même toi, la fille ! Les deux mains, j'ai dit !

— Je ne peux pas ! J'ai… J'ai l'épaule qui…

Le couteau… Le couteau de chasse… À cinq mètres, il sera trop loin pour le frapper quand le type descendra… Et il lance mal le couteau… Ils se sont amusés, souvent, avec Montana, sur des arbres, en visant un nœud, une branche – elle est plus habile que lui mais avec son bras, son épaule…

C'est pour ça qu'elle lui a glissé le couteau…

Elle compte sur toi…

Un seul essai, un seul… En plus, il a le soleil dans les yeux, le type sera à contre-jour.

Dan a décidément toutes les mauvaises cartes en main…

*

Allis a entendu les rafales. Elle a couru vers elles.

Depuis quelques instants, la forêt se tait de nouveau.

Elle est devenue un maquis.

Buck court. La forêt reprend, là-bas, il y a de grands arbres…

Buck aboie, franchit une souche d'un bond, oblique.

Allis entend un éclat de voix, aperçoit trois silhouettes – ses trois enfants, qu'elle reconnaît instantanément. Ils sont les mains en l'air, tournés vers un arbre. Un orme.

À cinquante mètres.

*

Le blond,

(Il s'appelle Michel, se fait appeler Mike. Il a rejoint le camp des braconniers il y a quelques semaines, pour l'appât du gain, avec l'idée que ce serait plus facile, ici, de se faire un gros paquet de fric vite, même illégalement – une fortune rapide, et ensuite, il se tirerait loin… Il n'était pas prêt à ça, sans doute. Le rapt. Les meurtres. Il n'avait pas de rêves de violence, juste l'idée de tirer son épingle du jeu : se constituer un magot et se trouver, ensuite, un endroit à l'abri pour en jouir. Mais chaque choix a ses contreparties…)

le blond, donc, bondit de l'orme, se laisse tomber à terre. Protégé par l'arc de cercle des trois enfants, espère-t-il. C'est son pari.

Il n'a pas vu la femme arriver précisément à ce moment.

Et au moment exact où il touche le sol,

Pibe qui s'est approché dans les fourrés, silencieux, tire sur lui, au pistolet automatique, de la main gauche qui tremble trop sous le recul ;

Daniel, d'un mouvement rapide, arrache le couteau de sa ceinture, dans son dos, le lance sur lui et le manque ;

Buck bondit vers lui, mais il est encore à vingt mètres ;

Allis épaule, lâche quatre coups, tirs semi-automatiques tout en marchant – ça ne s'oublie pas, tirer, tuer l'ennemi, c'est comme d'autres choses apprises, le vélo, la natation, tu tires sur un humain et ça te revient, c'est comme à la chasse,

quatre tirs, quatre impacts,

dans la tête du blond deux fois, dans son cou, son bras droit.

Il est secoué, comme un pantin, démantibulé,

« Mike »,

quatre fois (Pibe l'a raté),

chaque tir le cueille, retarde le moment où le corps va tomber, le suspend encore quelques centièmes de seconde, debout, bipède, humain. Puis Allis cesse le feu, et le blond tombe à terre comme s'il était un sac de chiffons.

42.

Elle se précipite vers ses enfants. Jette son fusil par terre au moment de les rejoindre. N'a même pas la prudence de vérifier que le type est bien mort ni de repenser une seconde aux coups de feu qu'elle a entendus, dans son dos, trois minutes avant, vers la Chute.

Non, elle est sûre de son fait, ou parfaitement inconsciente, tout à sa joie, son soulagement.

Les larmes brouillent ses yeux.

Buck a bondi dans les bras de Dan.

Elle serre la petite d'abord, qui a couru vers elle, s'est jetée contre elle, en criant « Maman ! », puis Dan se colle à elles, les étreint, Buck saute et aboie autour d'eux, et Montana, Montana aussi, se soude au groupe, malgré son épaule noire, fracturée, malgré tout ça…

— Où est votre père ? demande Allis aux enfants.

Dan la regarde, secoue la tête.

— Il est mort, dit Montana.

Allis ferme les yeux.

*

Ensuite, seulement, ils se souviennent qu'ils ne sont pas seuls, et se retournent tous les quatre, en même temps, vers Pibe. L'homme sauvage, demi-nu dans son short rouge, s'est immobilisé à quinze mètres et les regarde. Il paraît emprunté, comme toujours sur le sol, l'air de ne pas savoir quoi faire de ses membres maigres et trop longs – une expression de joie enfantine déforme étrangement ses traits. Son pistolet automatique pend au bout de son bras gauche. Le bras droit dégouline de sang.

À ce moment, un dernier acteur arrive sur la scène. Au bruit que fait son souffle rauque, ils se retournent. La Houle. Il a un fusil en main. Il s'est arrêté devant les deux morts criblés de flèches, à l'entrée du buisson.

— Combien étaient-ils ? demande-t-il. J'en ai eu un à la rivière…

— Tous les autres sont morts, répond Dan. Tous.

ÉPILOGUE

Au dernier soir sur cette terre

Parfois, ces dernières années, il allait voir ce que devenait son filleul.

Il avait vu apparaître puis crier et courir les enfants d'Adam. Trois, puis deux, quand les loups avaient emporté Jolan ; puis trois, de nouveau... Il allait les regarder près du hêtre, là où il avait décidé d'abandonner Adam et Allis à leur destin quinze ans plus tôt. Il voyait les enfants grandir, son filleul prospérer – comme une vigne, un cep –, sa femme devenir belle comme un plant d'olivier ; différents du rêve qu'avait fait Antigone pour eux tous, mais les parents se trompent toujours à propos des rêves d'avenir qu'ils ont pour leurs enfants.

La Houle s'était tenu là. Fidèle. Sur la marche.

Entre leur forêt et celle des tueurs.

Il restait à la frontière, sur la ligne entre les rêveurs et les violents.

Entre les mondes.

Berzerk mourut.

Pibe patrouillait encore dans les arbres, revenait l'avertir quand des petites bandes de braconniers montaient trop au nord. Ils les tuaient alors et prélevaient leurs armes (même si d'autres fusils entraient toujours dans la forêt, deux pour chacun de ceux qu'ils retiraient de la bataille).

Ils constituaient un rempart, endiguaient le mal.

C'est la seule chose à faire, quand on est devenu vieux : faire rempart de nos corps devant les rêves, pour qu'ils puissent s'élever à l'abri de ce bouclier, pousser, mauvaises graines, de travers, dans des herbes folles, arbustes, arbres, forêts, forêts de rêves… Et qu'un jour, il soit beaucoup trop tard pour les couper.

La Houle prenait soin de Pibe. Il veillait sur Adam. Il relisait le livre.

*

* *

Et maintenant, ce soir, ils enterrent Adam.

Après être redescendus au village en ruine pour extraire la balle, recoudre l'épaule de Pibe et soulager provisoirement celle de la gamine – Montana – ils ont remonté l'un des cours d'eau.

Ils sont allés chercher le filleul de La Houle dans la clairière où il gisait avec le chien Corniaud.

Ils ont enterré le setter sur place, rapidement.

L'homme, le père, l'époux – son filleul –, ils l'ont chargé sur un brancard de fortune en le liant pour qu'il ne tombe pas ; puis l'ont transporté jusqu'ici. Cinq heures de marche. Cortège funèbre. Allis et Daniel, le fils d'Adam, se relayaient pour marcher derrière lui. Lui, La Houle, il ouvrait la route et n'a jamais donné son tour même quand les quintes de toux l'obligeaient à s'arrêter.

La fillette marchait devant eux avec le chien.

Pibe fermait la marche, à côté de l'adolescente.

Ils ont creusé une fosse à côté de celle d'Antigone. Xavier, lui, dort, à côté de Joan à l'Abbaye. Et si les deux amoureux sont séparés pour toujours, du moins le fils rejoint-il sa mère.

La Houle tousse.

Il regarde le corps d'Adam une dernière fois avant de le recouvrir, poignée par poignée.

Il regarde cette femme blonde, ces enfants graves, la famille qu'Adam s'était créée et qui va devoir continuer malgré cette absence, ce gouffre.

Il repense à tout, tout ce qu'il a fallu traverser, les drames, les épreuves. Tout ce qui se termine, aujourd'hui, pour Adam, avec une mort violente et injuste. Une de plus.

Mais étrangement, dans toute cette litanie de violences où l'homme rendu à sa sauvagerie n'apparaît ni meilleur, ni pire que l'homme civilisé – où des filles meurent, à l'âge où elles sont en fleurs, et émouvantes comme elles, et comme elles piétinées, la tige cassée net ; où des garçons durs, des garçons robustes, des garçons courageux sont brisés, emportés juste après l'envol –, il se souvient surtout des belles choses. De ce qui a été vécu au hameau, dans les granges. Cette bibliothèque qu'ils ne finiraient jamais, qu'un saboteur avait incendiée, mais que les enfants des écoles de B. et des villages voisins étaient venus visiter, en juin, un mois avant le drame – files de mômes surexcités, curieux, piqueniquant dans la prairie, envoûtés par les histoires racontées, studieux ou cancres, attentifs, distraits, espiègles, vivants ; et cette fierté, la fierté immense de La Houle, ce jour-là.

Le travail d'arrache-pied, cette fatigue superbe.

Les corps dans l'herbe, les corps de ses amis en juin, allongés dans les coquelicots à la fin de la journée.

Le ventre d'Antigone qui s'était arrondi. Ses seins si ronds aussi. Cet air radieux qui lui allait tellement mieux que la colère, la rendait belle, elle, « pas belle comme nous », « la sale bête, l'entêtée, la mauvaise »…

Les confidences d'Anti sur la trouille qu'elle avait, pour l'enfant.

Un fils. Ce serait un fils…

La fierté de Xavier. Leur amitié, virile, forte, d'anciens rivaux, leur amitié tissée d'estime, de travail commun, de ce savoir qu'il partageait : parfois, il faut diriger les autres ; on le fait, à contrecœur, mais on le fait tout de même…

Le silence de Jay, cette gravité joyeuse qui faisait briller ses yeux, cette profondeur dans laquelle elle s'enfonçait au fur et à mesure, éclosion, découverte ; ce silence qu'elle allait chercher régulièrement à l'Abbaye, qu'elle lui imposait quand ils marchaient ensemble.

Son propre corps, poussé jusqu'à l'épuisement, dans des courses à travers la forêt.

Les livres lus, découverts, classés, caressés…

Puis plus tard, beaucoup plus tard – après Pibe, la prison, le cauchemar –, les corps de nouveau.

La satisfaction du travail accompli, de la fatigue, encore une fois, du *résultat* – les yeux pleins d'orgueil de Pibe et de Berzerk quand ils avaient eu fini leur maison perchée à vingt mètres, exploit impossible.

Leurs soirs paisibles dans le nouveau hameau, près de la Chute. Sachant, cette fois, ayant éprouvé que tout n'est qu'un sursis – qu'on vole des heures de beauté à ce monde. En savourant le miel encore davantage, mais avec moins d'insouciance, une ombre, déjà.

Dans ce village aujourd'hui en ruines, il avait eu tant d'amis, des alliés, des frères et sœurs.

Des corps vivants, autour de lui, aimants, courageux, robustes, des corps et des âmes sans peur, libérés de cette peur qui nous empêche…

Les heures à parler avec Antigone, à se parler de tout, de ce qui aurait pu être, de ce qu'il aurait fallu faire, de ce qu'ils avaient accompli.

Les jeux des enfants.

La fierté des jeunes gens devenus artisans, coureurs des bois, trappeurs, parents – tout ce qu'ils n'auraient jamais été, dans les villes-centres et leurs marges.

Le goût des fruits retrouvés. L'eau qui a enfin le sien.

La vie même. Pleine. Entière.

Une vie sans haine, sans presque plus de colère, parce qu'il n'y a personne contre qui se retourner, parce qu'on essaye tous, ensemble…

Tu agitais le drapeau, Paul.
Pibe.
Joan brandissait les fumis,
vos couleurs, dans la fumée, la nuit,
et elle hurlait,
vous hurliez, tous les deux au-dessus de tous les autres,
de triomphe,
de joie,
Tu sentais ta poitrine se gonfler, tes côtes craquer, s'ouvrir – ce cri de triomphe,
Tu ne l'avais jamais poussé,
cette victoire
sur la peur
sur l'ennui
sur le monde
sur tous ceux qui voulaient vous interdire
de prendre la rue, et le monde.

On n'est qu'un seul corps, pensais-tu, *qu'un seul corps,*

tous les deux,
tous les trente,
une seule clameur qui traverse les Anglais.
Nom de Dieu, ce qu'on est vivants.

*
* *

Joan dort. Elle dort depuis trente-cinq ans, à moins d'une centaine de mètres de l'endroit où Montana est sortie de l'Abbaye torse nu, sous le regard de Pibe, à l'endroit précis où, certainement, elle aurait décidé de dormir.

Décider, elle n'en a pas eu le temps tout à fait.

Elle est dans le silence incroyablement habité de la clairière. Des oiseaux chantent. Des arbres bruissent. Du vent se lève.

Les tombes des moniales sont alignées, simples rectangles de terre autrefois ratissés, désormais occupés par les herbes folles et des arbustes chevelus, des rosiers redevenus hirsutes, ronces presque, lianes, des aubépines, et également deux jeunes chênes semés le long du jardin par la forêt.

Quand Joan et Xavier sont morts, que l'État leur a refusé une sépulture au village de B., les religieuses sont intervenues pour accueillir les corps.

Au loin, dans les deux étangs, c'est l'heure où les carpes grasses, lourdes, remontent à la surface gober quelques insectes harassés de soleil.

On entend parfois le saut de l'une d'elles hors de l'eau.

Les arbres, autour de la clairière, sont pour la jeune femme une garde fidèle. Le soir, ils se meuvent, semblent se replier, rassembler leurs charmilles, regrouper leur chapiteau de branches pour la nuit, pleins de la sève chaude du jour.

Le couple d'écureuils est revenu. Il joue, folâtre, mime des amours crépusculaires, des fuites et des poursuites sur le mur du réfectoire en flammes, à deux pas.

Joan, sous la terre, dans la terre même puisqu'elle dévore tout, le bois des cercueils, le corps des gisants, Joan dort depuis trente-cinq ans.

Joan. Jay.

— C'était qui, ma grand-mère ?

Montana regarde La Houle dans la nuit bleue. Elle n'a rien dit, tout à l'heure, devant la tombe. Pas un mot. Elle n'a pas parlé davantage pendant qu'il lui soignait l'épaule et confectionnait son attelle, stoïque. C'est comme si elle avait attendu la pénombre pour rompre le silence.

Maintenant qu'ils ont regroupé les affaires, qu'ils s'apprêtent à partir, elle s'est approchée de lui.

— Antigone ?

— Oui.

La voix de la jeune fille tremble.

— Tu veux savoir quoi ? demande La Houle.

— Quel genre de fille c'était…

Il sourit.

— D'un genre qui n'existe pas…

— Raconte-moi quand même.

Il ferme les yeux.

Antigone…

Ce n'était pas ton « genre » d'avoir la trouille. En apparence du moins.

Mais si ta voix s'éraillait, tout le temps, c'était peut-être de la cacher sans cesse, ta peur – en haussant le ton. Rire fort, parler fort. Des phrases en coups de fouet. En provocations, dures, cassantes. En défis droit dans les yeux. Debout sur tes ergots…

Une façon enrouée, crâneuse d'être au monde,

de gueuler à tue-tête –

parce qu'il ne t'écoute pas, le monde, il ne croit pas que tu puisses le déranger fût-ce un instant ; il va rouler sur toi comme un torrent, un fleuve, même,

chose impossible à endiguer,

sans que tu puisses rien y faire.

Il a les années pour lui, et la multitude, le nombre, l'habitude, tout le reste,

Tu vas t'épuiser, à nager à contre-courant,

Et tu seras finalement un débris dans son flot, quand il t'aura rompue, et lentement, lentement, tu descendras vers le fond. Une alluvion. Un sédiment.

Mais tu ne te laisses pas faire.

Il se tourne vers la jeune fille, lui sourit.

— Voilà. Tu sais tout ce qu'il y a à savoir. Tu crois que tu lui ressembles ?

— Peut-être… Parfois, j'ai l'impression de n'être qu'un fétu face au courant… Sur le chemin, et dans le lit du fleuve. Que je ne compte pour rien, que je ne pourrai pas lui résister. Que je n'aurai pas la force.

— Ta grand-mère pensait comme ça… elle avait peur de ça.

Si tu parlais plus fort que les autres, c'était à cause de ça.

Si tu te haussais sur la pointe des pieds.

Tu comptais sur ta vitesse, ta hargne, ton rire enroué, pour prendre le monde par surprise.

L'empêcher de passer outre, outre à toi, sur toi, à travers toi.

Frapper la première.

Le défier un instant.

Le ridiculiser…

Qu'il soit obligé de tourner la tête, le monde, dans ta direction, de te considérer, de compter avec toi. Grain de sable. C'est comme ça, pour ça, que tu nous as tous entraînés là-dedans. Ici. Maintenant. Pour toujours.

— Tu l'aimais ? demande Montana.

— Ce fut un privilège de la connaître…

— Tu ne me réponds pas…

— … Et je suis resté inconsolable, après sa mort.

La jeune fille sourit, tristement.

— Tu l'aimais.

— Il faut être deux pour ça. Celui qu'elle aimait, c'était Xavier. Le père de ton père. Un mec bien.

« Nous ne savons pas si la Sécession durera autant que notre fidélité à son idée, qui sera longue. Et c'est en cela, aussi, finalement, que nous rompons les amarres, vraiment, avec vous. Parce que cela, cette incertitude, cet espoir sans assurance, nous semble profondément désirable, profondément politique, donc responsable – puisque nous y consentons et nous y risquons.

Le risque que nous voulons courir, c'est que pour le plus malheureux d'entre nous, celui qui aura à en payer le prix le plus haut, le départ vaille mieux que ce statu quo.
Plutôt vivants qu'assurés.
Plutôt liés que libérés.
Plutôt dissidents que dans vos traces.

Et si nous en mourons, que j'en meure le premier.

Votre dévoué élève,
Votre ancien collègue,
Et désormais votre dissident, Thomas F[1]. »

1. *Do Not Count on Us,* Thomas F., *op. cit.*, dernière page.

Judith vient de heurter une racine en marchant dans la pénombre. Elle a trébuché et failli tomber, comme ivre. Mais elle poursuit son chemin, devant eux, lève le nez en l'air de nouveau, regarde vers les hauteurs, oublie la terre sur laquelle elle marche. Petite silhouette au milieu des bois immenses. Créature de conte. Merveille de l'enfance.

Ses pieds vont buter, une fois de plus, dans un instant.

— Regarde… Ta sœur rêvasse en marchant, sourit Allis.

— Oui, répond Dan. C'est ce qu'elle fait de mieux. Rêver.

— Et toi ?

— Moi ? Je ne rêve plus.

— Moi non plus. Pour l'instant. Mais ça reviendra… Ça revient toujours.

Dan regarde sa mère, surpris. Comme si elle avait injurié la mémoire de son père – comme si elle avait proféré un blasphème.

— Toujours ?

— Oui. Je crois. Je resterai inconsolable, inachevée. Mais il reste vous trois. Il faut que je rêve pour vous.

Silence.

— Je croyais que ça durerait toujours, tu sais… Avec ton père… Qu'il serait toujours là. Que nous rendrions notre dernier souffle à la même seconde, exactement. Sans jamais se laisser l'un sans l'autre. Je l'espérais tellement que j'avais fini par le croire…

Silence.

… Tu sais, on dit que quitter l'enfance, c'est perdre ses utopies… Devenir raisonnable. Moi, je crois que c'est l'inverse. C'est plutôt les choisir.

— Et maintenant qu'il n'est plus là… Tu vas croire en quoi, maman ?

— En vous. Vous. Je sais que je vais pouvoir vous regarder grandir… Vous voir vous élever… Vous laisser le temps de devenir comme des arbres, les pieds ancrés et la tête dans le ciel. Un jeune homme, deux jeunes femmes fous et pleins de sagesse. Prêts à risquer leur peau… Sur des rêves, des illusions peut-être, mais prêts à tout y engager, en brûlant vos navires, sans remords ni possibilité de… de retour.

Dan écoute, gravement. Il se tait. Comme un aîné, toujours plus sérieux que les autres, plus soucieux, et qui porte en héritage les espoirs et les craintes de ses parents.

Pense-t-il à l'homme qu'il a tué, ce matin ?

À ses sœurs, saines et sauves ?

À son père ?

À Jewel, la fille du Hameau, dont les boucles brunes, frisées, serrées comme la laine d'un mouton, sont si épaisses qu'il faudrait y passer les doigts des heures, épaules nues, nuque gracile, pour la connaître – et qui pourrait bien être son utopie, sa sécession, son pari intime ?

*

* *

Un oiseau chante, malgré les ombres. Quelque part dans les hauteurs, sa femelle lui répond, un trille plein d'espérance. Judith ne reconnaît pas l'espèce de ce passereau nocturne. C'est son père qui les lui apprenait. Comment fera-t-elle sans lui ?

La nuit est bleue. Elle marche le nez en l'air.

La forêt exhale encore la chaleur du jour – des parfums de sève et d'humus et de bois… Ce souvenir de la Beauté, c'est encore la Beauté même.

— « *Alors, nous étions comme en rêve*, récite-t-elle, *Notre bouche était pleine de rires, nous poussions des cris de joie*[1]. »

---

1. Psaume 125.

Ils vont vers une cabane perchée, le repaire des ermites.

Il y aura d'autres médicaments pour soigner Montana, et des vivres…

— *« Il s'en va, il s'en va en pleurant, il jette la semence ;*

il s'en vient, il s'en vient dans la joie, il rapporte les gerbes »,

poursuit l'enfant aux yeux graves.

Elle a les yeux clairs,

les yeux gris comme ceux de sa grand-mère ;

comme les galets sur le lit, au fond de la rivière, que frôlent des truites vives aux ouïes affolées ;

comme le plomb fondu dans le creuset, la colère ;

comme le ciel juste après l'orage, quand il se lave de la pluie et que le sol fume.

Remerciements

Nous sommes l'étincelle représente une importante entreprise, dans mon travail de romancier.

Je suis redevable à Xavier d'Almeida, mon éditeur, de l'avoir suscitée, par un échange ; puis de m'avoir accompagné, guidé, ramassé parfois, encouragé, égaré et subi, aussi, pendant de très longs mois, avec confiance, endurance, et le souci surtout de ma parfaite liberté.

*

Merci à ceux et celles, plus nombreux que d'habitude, qui m'ont lu et orienté dans ma propre forêt.

Julia R. sait que le livre et Antigone lui doivent beaucoup ; les herbes folles et le goudron lui sont dédiés, comme convenu.

Au fil de l'écriture, le Pow-Wow (K. et Alice B.-H.), Silène E. et Claire R., notamment, ont lu et m'ont éclairé de leurs remarques. Merci. Ma gratitude va également à Sarah M. pour sa lecture initiale, à Véronique D. pour sa lecture finale (et pour les deux jours en Dordogne, chez elle et Jean-Pierre). Merci enfin à toutes celles et tous ceux, chez PKJ, parmi les libraires ami(e)s, dans les salons, qui aiment ou aimeront le roman et l'accompagnent déjà.

*

Comme toujours, et plus que jamais, ce livre est adressé aux miens.

Ma femme et mes quatre enfants sont à la fois ma raison de chercher des lumières quand les ténèbres paraissent profondes, et la raison de croire que ces lumières existent.

Leur simple existence, leur présence dans notre maison et sur d'autres terrains du monde, leurs colères, leurs joies et leurs sécessions sont des conséquences et des questions ; des motifs et des motivations ; des sources d'admiration. Rien n'est plus politique (et révolutionnaire), je crois, que d'être quotidiennement amoureux et de se promettre joyeusement un « toujours », de faire des enfants, de les voir s'élever…

Ils sont aussi mes premiers lecteur et lectrices, subtils et exigeants, à chaque version :

Juliette, ma compagne dans tous les moments, de doutes et de merveilles ;

Théophile (auquel s'ajoute désormais Anne-Lou C., que je remercie pour sa lecture et ses réflexions, et à qui le roman est adressé, également) ;

Madeleine ;

Sarah ;

et Louanne, qui lira un jour, et à qui Judith ressemble parfois dans son innocence grave.

La copine Marion B. vient de finir *…l'étincelle.* « C'est une magnifique déclaration d'amour à ta femme et à tes enfants », m'a-t-elle dit généreusement – j'espère que les miens liront et reliront désormais ce roman ainsi.

Ouvrage composé par
PCA – 44400 Rezé

Imprimé en Espagne par Liberdúplex

S31467/01

Pour plus d'informations :

#lisez engagé !
www.lisez.com

Imprimé sur du papier issu de forêts gérées durablement.

PKJ • www.pocketjeunesse.fr
POCKET JEUNESSE

92, avenue de France – 75013 Paris